미국의 길2 미국 교육편

글로벌 엘리트는 어떻게 키우는가

미국의 길2 미국 교육편

글로벌 엘리트는 어떻게 키우는가

2017년 3월 27일 1판 1쇄 박음
2017년 4월 5일 1판 1쇄 펴냄

지은이 강인영, 강정애, 김정선, 박선영, 이정민, 한은숙, 황윤정, 김한훈
감수 조세핀 김
펴낸이 김철종
책임편집 장웅진 디자인 이찬미 마케팅 오영일
인쇄제작 정민문화사

펴낸곳 (주)한언
출판등록 1983년 9월 30일 제1-128호
주소 110-310 서울시 종로구 삼일대로 453(경운동) KAFFE빌딩 2층
전화번호 02)701-6911 팩스번호 02)701-4449
전자우편 haneon@haneon.com 홈페이지 www.haneon.com

ISBN 978-89-5596-783-8 04940
     978-89-5596-744-9 (세트)

이 도서의 국립중앙도서관 출판예정도서목록(CIP)은 서지정보유통지원시스템 홈페이지(http://seoji.nl.go.kr)와
국가자료공동목록시스템(http://www.nl.go.kr/kolisnet)에서 이용하실 수 있습니다.(CIP제어번호: CIP2017007145)

미국의 길2 미국 교육편

글로벌 엘리트는 어떻게 키우는가

강인영, 강정애, 김성선, 박선영, 이정민, 한은숙, 황윤정, 김한훈 지음
조세핀 김 감수

한언

편집자 일러두기

• 본서의 인명과 지명은 국립국어원의 외래어 표기 원칙을 준수하였습니다.
• 이미 사망했을 경우에는 인명에 생몰년도를 병기했으나, 현재 생존해있다면 병기하지 않았습니다.
  예) 조지 워싱턴George Washington(1732~1799), 버락 오바마Barack Obama

추천사(가나다순)

미국은 왜 강한가? 그 답을 이 책에서 찾을 수 있었다. 국제학업성취도평가(PISA)에서 중위권에 머물고 있는 미국이, 매년 가장 많은 노벨상 수상자를 배출하며 초강대국의 지위를 유지하는 데는 그만한 이유가 있었음을 이 책으로 확인할 수 있었던 것이다. 특히, 한국 교육과의 비교를 통해 쉽게 이해할 수 있으며, 중간중간 미국 교육을 경험해본 이들이나 교육 당사자들과의 생생한 인터뷰는 아주 흥미로웠다. 문화·역사·철학·과학 등 다양한 분야의 집합체로서 미국의 교육을 다루고 있기에 미국 그 자체를 이해하는데도 큰 도움이 되었다. 미국의 교육에 관심이 있거나 유학을 준비하는 이들은 물론, 미국이 가진 진정한 힘을 알고 싶은 사람들은 꼭 읽어보기를 바란다.

강성태(《공부의 신》 공저자, 공신닷컴 대표)

미국 대학교에서 강의하면서 미국에서 초·중·고 교육을 받고 자란 학생들과 한국 학생들 간의 큰 차이를 절감했다. 미국에서 교육을 받고 자란 학생들은 어떤 문제를 해결할 때 틀에 박힌 정형화된 방식보다는 다양한 관점에서 창의적으로 생각한다. 한국 학생들이 시험이나 과제로 주어진 문제를 푸는 데는 더 우수할 수 있으나, 창의성을 필요로 하는 일에는 미국 학생들이 훨씬 우수하다. 필자도 미국과 한국의 기초 교육이 다르다는 것은 익히 알고 있었으나, 이런 사고방식의 차이점이 어디서 유래하는지 항상 궁금했다. 미국 교육에 대해 포괄적이면서도 구체적으로 설명한 이 책을 통해 이제는 미국과 한국 교육의 근본적 차이점과, 한국 교육의 문제점이 무엇인지 확실하게 깨달았다. 미국 교육에 대해 체계적으로 이해하고 싶은 분들과 자녀를 진정한 인재로 키우고 싶은 학부모들께 이 책을 추천하고 싶다.

김태윤(퍼듀 대학교 의공학과 교수)

미국은 한국 유학생들이 가장 많이 찾는 나라다. 하지만 정작 미국 교육의 힘이 무엇이고 어떤 구조를 갖고 있는지 명쾌하게 말하는 사람을 보지 못했다. 이 책은 미국의 교육을 교사로서 혹은 유학생으로서 경험했거나 깊이 공부한 연구자들이 미국의 교육 시스템에 대해 다각도로 접근한 결과물이다. '헬조선', 'N포세대'로 통칭되는 우리 청소년들에게 희망을 줄 수 있는 교육에 대한 인식의 지평을 이 책은 더욱 넓혀줄 것이라고 확신한다.

박재홍(《하버드는 공부벌레 원하지 않는다》 공저자, CBS 아나운서)

초강대국 미국의 교육에 대한 궁금증을 확 풀어주는 책이다. "미국 교사들은 학생이 주연이 되어 경험을 쌓을 수 있게 도와준다"는 말이 실감난다. 저자들의 다양한 현장 경험들과 사례들도 재미있다. 자녀를 둔 학부모는 물론 교육계 종사자들과 타 직종의 관리자들에게도 읽어보라고 권하고 싶다.

박찬원(성균관대학교 석좌교수, 전 코리아나화장품 사장, 사진작가)

다양한 문화와 인종을 하나로 통합한 미국의 저력은 어디에서 왔을까? 미국 교육의 최대 강점은 개별화 교육과 다양성을 함께 추구하고, 학생들이 배움의 주체가 되는 것이다. 이는 창의성, 비판적 사고력, 문제 해결 능력 향상이라는 최근 한국 교사들의 화두와도 직결된다. 미국 교육의 전반적 시스템을 분석·연구하여 벤치마킹해야 한다는 과제를 지니고 있는 우리에게 이번 책은 매우 의미 있고 유익한 자료임에 틀림없다.

윤건선(인천국제고등학교 교감)

우리는 미국에 대해서 잘 안다고 자신한다. 하지만 막상 미국의 실체를 아느냐고 물으면 제대로 답하지 못하는 경우가 허다하다. 미국의 교육 시스템이 대표적인 예다. 세계는 미국과 중국이라는 G2가 주도한다지만, 엄밀하게 보면 미국은 아직 세계 유일의 초강대국이다. 이러한 미국의 위상의 저변에는 교육 시스템이 자리잡고 있다. 미국의 교육 시스템 전반에 걸쳐 이론과 실무를 겸비한 저자들이 공동으로 저술한 이 책은 미국의 교육 시스템의 내부까지 상세히 소개하고 있다. 이 책을 통해 미국 교육 시스템의 진면목을 접할 수 있는 좋은 기회를 얻을 수 있을 것으로 믿는다.

이승희(서울대학교 의과대학 교수)

이 책은 부모가 자녀와 함께 읽으면서 "왜 미국 교육인가?"를 서로 묻고 답해볼 수 있는 교육 가이드북이다. 건강한 환경과 배움의 성취가 자연스럽게 이루어지는, 그래서 즐겁고 행복한 삶의 토대를 제시하는 미국의 교육 현장을 목격할 수 있다.

　이 책은 '단순히 아는 것(Knowing About)'과 '진정으로 아는 것(Knowing)'이 다르다는 사실을 보여줌으로써 한국의 교육 환경을 직접 변화시키는 데 도전해보려는 동기마저 부여한다. 무엇보다 미국 교육의 핵심에 접근함으로써 사고의 지평을 넓혀가는, 마치 비밀의 문을 여는 듯한 기분이 들게 하는 내용들이 담겨있다. 미국 교육부의 정책 지원과 국가 혁신 전략으로 기반을 조성하는 교육 체계, 발산적 사고의 구체적인 모습을 제시하는 미국의 교육 현장, 그래서 "미국의 교육이 부럽다"라는 주장에 공감하게 하는, 우리 교육이 나아가야 할 길을 보여주는 《지리부도》와 같은 책이다. 그래서 이 책을 읽으면서 나도 꿈을 꾼다.

채광수(서울언북초등학교 교장)

차례

1장 "모든 사람은 제각각 다르다"는 전제로
　　 미국 교육은 시작된다

정책 / '참여'를 중시하는 미국의 대학교 수업 / 글로벌 인재 양성을 위한 리더십 교육 / 학업 지속을 돕기 위한 대학교의 다양한 서비스

미국에서 교육을 받고 자란 학생들은 어떤 문제를 해결할 때
틀에 박힌 정형화된 방식보다는 다양한 관점에서 창의적으로 생각한다.
창의성을 필요로 하는 일에는 미국 학생들이 훨씬 우수하다.

_ 김태윤(퍼듀 대학교 의공학과 교수)

생각하는 힘을 길러내는 미국 교육

최근 20~30대 젊은이들뿐만 아니라 청소년들도 '금수저·흙수저' 같은 자조적인 말을 쏟아내고 있다. 사교육에 의한 부의 대물림 현상이 갈수록 심해지면서 한국 개천에서는 이제 용은커녕 이무기도 나오지 않는다고 한다. 부유한 집안의 자녀들이 어릴 때부터 고액의 사교육을 받아서 명문 대학교에 진학할 가능성이 높기 때문이다.

사실 금수저·흙수저와 같은 사회 구조적 불평등에 대한 비판적 시각은 미국에도 존재한다. 어떤 면에서 미국은 우리보다 불평등이 훨씬 심한 나라다. 예를 들면, 하버드 대학교(Harvard University)나 스탠퍼드 대학교(Stanford University)와 같은 미국 명문 사립 대학교에서는 '동문 우대(Legacy Preference) 제도'가 버젓이 존재한다.[1] 하버드 대학교 출신 부모를 둔 학생이 하버드 대학교에 지원하면 입학 사정에서 어느 정도 우대해주는 식이다.

이뿐만이 아니다. 미국에서는 동문 부모가 학교에 거액을 기부하면 자녀의 입학 가능성은 더욱 높아진다. 부모의 경제력은 물론 신분·학력까지도 자녀에게 상속되는 것이다.

하지만 미국의 교육은 지금도 계층 간 이동 사다리로서 잘 기능하고 있다. 가난해도 교육을 통해 학력을 상승시켜 고소득과 높은 사회적 지위를 취할 수 있는 기회가 여전히 많은 나라인 것이다. 미국 테네시 주 내슈빌Nashville에서 만난 프랭크 존스Frank Jones 씨는 일주일에 세 번씩 교회에서 이민자들에게 무료로 영어를 가르치는 82세 미국인이다. 1958년에 의과대학을 졸업한 후 40년간 외과 전문의로 일하다가 은퇴한 그는, 미국 교육에 대해 다음과 같이 말했다.

> 난 미국에서 태어났습니다. 내가 어렸을 때 아버지가 돌아가셔서 가난했지만, 다행스럽게도 내 고향에는 훌륭한 교육 환경을 제공하면서도 저렴한 학비로 다닐 수 있는 공립 학교와 주립 대학교가 있었어요. 학비 대부분은 세금으로 충당되었지요. 이 미국 사회는 내게 질 좋은 교육을 지원하는 등 많은 도움을 주었습니다. 그래서 나도 다른 사람들을 도움으로써 사회에 진 빚을 갚아야 한다는 의무감을 가지고 있습니다.

미국에서는 지금도 학교 교육에 대한 사회적 신뢰도가 높다. 이렇듯 공교육에 대한 높은 신뢰는 교육 기회의 형평성(Equity)이 전제되어야 가능하다. 미국 연방정부는 이미 반세기 전부터 저소득층 자녀들이 중상류층 자녀들과 동등하게 초등학교를 다닐 수 있도록 지원하는, 즉 교육 기회의 불평등을 해소하고 빈곤의 세습을 퇴치하기 위한 헤드스타트Head-Start 프로그램을 운영하고 있다.[2] 미국의 많은 중·고등학교들도 비영리 교육 기관들과 함께 저소득층 청소년들을

하버드 대학교의 존 하버드(John Harvard, 1607~1638)의 동상

하버드 대학교의 이름은 영국 청교도 목사 존 하버드의 이름을 딴 것이다. 청교도들은 살길을 마련하는 것조차 이려웠던 정착 초기인 1636년에 후손들을 위해 미국 최초의 대학인 하버느 대학교를 세웠다.

대상으로 기업가정신 교육을 하고 있으며, 창업 지원 등을 통해 청소년들이 그들의 삶을 창조적으로 개척할 수 있는 기회를 제공하고 있다. 또한 대다수 미국 대학교들은 입시에서 흑인, 히스패닉, 아메리카 원주민과 같은 소수인종 학생들을 배려하는 정책을 실시하고 있다. 이는 교육이 계층 이동의 사다리가 되어야 한다는 사회적 공감대가 형성되어있기 때문이다.

물론 미국에서도 입시 경쟁이 치열해지면서 시간당 500달러가 넘는 고액 과외를 받는 일부 고소득층 자녀들도 있다. 그러나 연간 30조 원 이상이 소모되는 한국의 비정상적인 사교육 시장과는 달리 미국의 사교육 시장은 과열된 편이 아니다.

한국의 미래는 교육에 달려있다. 인재를 키우는 것이 국가 경쟁력을 확보하는 길이기 때문이다. 하지만 한국처럼 온 나라가 교육에 목을 매면서도 공교육이 설 자리를 잃고 교권이 바닥까지 추락한 나라도 흔치 않을 것이다. 막 걸음마를 뗀 아이에게 영어 조기 교육을 시키는 것은 차치하더라도, 영어 발음을 좋게 하려고 어린 자녀의 설소대를 절개하는 수술이 유행하는 나라가 어떻게 교육 선진국이 될 수 있겠는가?

유치원에 들어가기 전부터 경쟁에 내몰린 아이들은 대학교에 들어와서는 취업을 위해 스펙 쌓기에 열중하면서 사회의 경쟁 논리에 잠식당한다. 어린 시절부터 경쟁에서 이기려고 항상 남을 의식하며 비교당하는 아이들이, 타인을 존중하고 배려하며 비판적으로 사고하는 민주시민이 될 가능성은 결코 크지 않다. 오히려 1등이 되기 위한 경쟁에서 언젠가는 밀릴 수밖에 없는 대다수의 아이들은 좌절감이나 패배감에 젖을 것이다. 이렇듯 지성과 인성이 균형을 이루지 못한 교육은 후진 교육이다. 물론 인재를 키우지 못하는 국가는 선진국 대열에 설 수 없다.

그래서 미국을 비롯한 여러 선진국들은 전인교육全人敎育(Holistic Education)을 교육의 목적으로 두고 이를 실천해왔다. 전인교육은 '지식이나 기능 따위를 가르치는 데 치우치지 아니하고 인간이 지닌 모든 자질을 조화롭게 발달시키는 것을 목적으로 하는 교육'이다.[3]

'지성에 인성을 더하는 것'

워싱턴 주 벨뷰(Bellevue)에 있는 치누크 중학교(Chinook Middle School) 건물 외벽에는 마틴 루서 킹 (Martin Luther King, Jr.) 목사(1929~1968)의 명언이 다음과 같이 새겨져 있다.

"교육의 역할은 집중적으로 생각하고 비판적으로 사고하도록 가르치는 것이다. 지성에 인성을 더하 는 것, 이것이 교육의 진정한 목적이다(The function of education is to teach one to think intensively and to think critically. Intelligence plus character – that is the goal of true education)."

인간은 교육을 통해 세상에서 살아가는데 필요한 지식과 지혜를 얻는다. 무엇보다 사람들 간의 어울림, 다른 사람들과 공동체 속에서 조화롭게 살아가는 데 필요한 관계성·사회성을 갖추며 소통을 배우고 경험해야 한다. 그것을 이루는 곳이 학교다. 미국의 학교 교육도 물론 완전하지는 않지만, 그래도 미국 사회에 필요한 다양한 인재들을 키워왔음은 부인할 수 없는 사실이다.

이에 따라 이 책의 공저자들은 미국이 키우는 인재들의 모습과, 그런 인재들을 만들기 위한 사회문화적 요인들, 그리고 미국의 교육 시스템이 어떤 과정을 통해 한 인간을 인재로 성장시키는지를 살펴볼 것이다.

먼저, 미국과 한국의 교육 내용과 방법, 결과에서 차이가 나는 이유는 무엇일까? 이는 확고한 교육 사상에 입각해 교육 정책·제도를 일관되게 끌고 가느냐 그렇지 않느냐의 차이다. 교육에 대한 확고한 철학에 입각해 장기적인 교육 방향을 정립한 국가는, 설령 당장의 교육 정책·제도가 잘못됐더라도, 올바른 방향으로 수정해가면서 나아갈 수 있다. 하지만 교육에 대한 철학 없이 오로지 단시일 내에 가시적인 성과를 보여주려고 한다면 잘못된 정책·제도를 바로잡지 못하고 갈팡질팡한다. 그 피해는 고스란히 학생들과 학부모들 그리고 온 나라의 몫이 된다.

미국의 교육은 철학적 기반이 견고하여 세태의 변화에 흔들리지 않는다. 한 예로 20세기 초 교육철학자 존 듀이John Dewey(1859~1952)의 진보주의 교육 사상은 '경험으로의 교육'을 지향하며 미국의 교육 개혁을 이끌었다. 듀이에 의해 전개된 실천적 이상주의는 학생들의 경험과 흥미, 욕구에 초점을 맞춘 다양한 체험 활동을 중심으로 한 전인교육 프로그램을 마련하는 데 토대가 되었다. 이처럼 미국의 교육은 그 방향성을 확고히 유지하고 있기에 시간이 지나도 교육의 큰 틀이 흔들리지 않으며, 다양한 환경 변화에 적절히 대처할 수 있다. 미국의 교육 사상이 교육 개혁과 교육 과정에 미친 영향은 제6장 '글로벌 인재를 육성하는 미국 교육의 뒷이야기'에서 보다 자세히 살펴보도록 하겠다.

공저자들은 한국 교육의 대표적인 문제로 교육 철학의 부재를 꼽는다. 즉, 정부의 핵심 인사들에게 교육이 왜 필요한지에 대한 존재론적·사명론적 고민이 부족해서 교육의 방향을 세우지 못하고, 정권 혹은 교육부 수장이 바뀔 때마다 교육 정책·제도가 바뀌는 것이 가장 큰 문제라는 것이다. '업적'으로 내세울 만한 단기적 성과에 급급하여 '선진국의 교육 제도'라는 것들을 명품 가방 쇼핑하듯이 벤치마킹할 뿐이다. 견고한 교육 철학을 기반으로 삼아 그 시대에 부합하는 교육 제도를 마련하는 것을 단단한 반석 위에 집을 짓는 것에 비유한다면, 교육에 대한 방향도 세우지 않은 채 다른 국가의 교육 제도·프로그램을 무분별하게 도입하는 것은 모래 위에 집을 짓는 것과 다름없다.

이 책은 이러한 한국 교육의 실태에 절망하여 미국 교육에서 대안을 찾으려는 학부모, 교사, 학생, 교육 정책 관련자, 교육계 종사자 등을 위한 책이다. 특히 자녀 교육에 관심이 많은 학부모들이 이 책의 주요 독자층이다. 한국 학부모들 중 상당수가 자녀 교육에 나름 일가 견이 있다지만, 자녀를 지성과 인성을 겸비한 글로벌 인재로 키우는 과정에서 지금껏 간과한 부분들이 있을 것이기 때문이다. 그래서 공 저자들은 그분들이 이 책을 통해 자녀 교육 과정에서 그동안 경시했 거나 놓쳤던 소중한 교육의 가치들까지 찾기를 진심으로 바란다.

"모든 사람은 제각각 다르다"는
전제로 미국 교육은 시작된다

스위스의 국제경영대학원(IMD)이 발표한 2016년 국가 경쟁력 순위에서 미국은 평가 대상 61개 국가 가운데 홍콩과 스위스에 이어 3위를 차지했다.[4] 줄곧 1위를 기록하던 미국에 3위는 낯선 등수이기는 하나 미국이 지닌 글로벌 경쟁력을 가늠하기에는 충분하다.

　미국이 반세기 이상 경제, 과학, 문화, 군사, 의료 강대국의 경쟁력을 유지하며 범사회적 시스템을 견고히 지탱할 수 있었던 이유는, 인재를 키워내는 교육 시스템을 갖추고 있기 때문이다. 소아마비 백신을 최초로 개발한 조너스 솔크Jonas Salk(1914~1995)와 같은 창의적 시민, 공동체 정신으로 사회복지관을 설립한 제인 애덤스Jane Addams(1860~1935)와 같은 민주시민, 공립 학교에서의 인종 분리 정책이 위헌이라는 판결을 이끌어 낸 연방대법원장 얼 워런Earl Warren(1891~1974)과 같은 다양성을 존중하는 세계시민을 꾸준히 키워내는 교육 시스템이 안정적으로 작동하기 때문인 것이다.

1. '글로벌 인재'를 키워내는 미국 교육

남들이 가는 길을 따라가지 않고
자신이 원하는 길을 가는 미국 아이들

미국은 한국을 비롯한 여러 나라 사람들이 공부하러 가는 나라다. 미국 국제교육연구원(IIE)이 발표한 보고서(Open Doors 2015)에 의하면, 2014~2015년 기준으로 미국 대학교에 재학 중인 외국인 수는 97만 4,926명이다. 그중 한국인은 6만 3,710명으로 중국과 인도에 이어 세 번째로 많다.[5]

미국 고등학교(9~12학년)에 다니고 있는 외국인 유학생 수는 7만 3,019명이다. 그중 한국인은 8,777명(2013년 기준)으로 중국에 이어 두 번째로 많다. 특이한 점은 학생비자(F-1)로 미국 중등 교육 기관(중·고등학교)에 재학 중인 외국인의 95%가 사립 학교에 다닌다는 것이다.

미국의 사립 학교는 학비가 공짜가 아니다. 기숙사비를 제외하고도 학비만 연간 2만 달러가 넘는 학교도 수두룩하다. 그럼에도 외국인 학생들의 사립 중·고등학교 등록률이 높은 이유는 다음과 같다.

밴더빌트 대학교 경영대학원 졸업식

'철도왕' 코넬리어스 밴더빌트(Cornelius Vanderbilt, 1794~1877)의 기부로 세워진 밴더빌트 대학교는 연구 중심 사립 대학교로, 경영대학원의 경우 전 세계 30여 개 국가에서 온 유학생들이 공부하고 있다.

하나는 사립 학교가 공립 학교에 비해 교육 여건이 우수하고, 다른 하나는 미국의 이민 규정 때문이다. 미국 이민 규정에 의하면 중등 교육 기관에 F-1 비자로 등록할 경우, 사립 학교는 졸업할 때까지 다닐 수 있지만 학비가 무료인 공립 학교는 1년만 다닐 수 있다.[6] 그래서 장학금을 받으며 학교에 다닐 수 있더라도 미국의 높은 생활비나 의료비 등을 고려하면 중·고등학생의 유학 비용은 만만치가 않다.

교육 시스템의 질이 낙후된 국가의 학생들이 미국 학교로 유학 가는 건 그나마 이해가 된다. 하지만 국제학업성취도평가(PISA)에서 세계 최상위 성적을 내는 한국의 많은 청소년들이 이렇게 미국으로 조기유학을 가는 건 어떻게 해석해야 할까? 아버지·아들 부시 대통령들이 졸업한 필립스 아카데미 앤도버Phillips Academy Andover처럼 명문 사립 학교로 유학을 가면 하버드 대학교와 같은 명문 대학교에 진학할 가능성이 높고, 그러면 좋은 일자리를 구할 수 있다는 기대감 때문일까?

물론 이런 것만이 한국 학생들이 미국 유학을 떠나는 이유라고 보기는 어렵다. 미국 명문 대학교 졸업장이 한국에서 성공을 보장한다는 것도 다 옛 이야기이기 때문이다. 어학연수가 목적이라고? 그렇다면 굳이 미국으로 갈 필요가 없다. 국내 국제학교라든가, 상대적으로 미국보다 안전한 캐나다나 영국에서도 영어를 배울 수 있기 때문이다. 게다가 미국의 일반 공립 학교는 사립 학교에 비해 교육 시설이 열악하고, 명문 대학교 진학률도 낮다.

하지만 한국 부모들이 자녀를 미국의 공립 학교에라도 보내려고 애쓰는 이유는[7] 입시 위주 교육 풍토에서 자녀를 교육시키고 싶지 않아서다. 사실, 많은 학부모들이 교육의 보다 지존한 목적과 가치를 추구하기에 자녀를 미국으로 유학 보낸다고 한다.

그렇다면 도대체 미국 학교는 한국 학교와 무엇이 다를까? 현재 미국 일리노이 공과대학교(Illinois Institute of Technology)에 다니는 김윤희 씨는 미국 유학생활에 대해 다음과 같은 말을 했다.

가난하지도 부유하지도 않던 딸부잣집 육남매 중 둘째로, 머리가 썩 좋은 편도 아닌 제가 미국에서 대학교를 다닌다는 건 생각해볼 수도 없는 일이었습니다. 그래서인지 대학수학능력시험을 망치고 도망가듯 미국으로 온 저는 미국에서 전문대(Community College)

에 다니는 것조차 호사로 여길 정도로 감사했습니다.

물론 미국에서 전문대를 다니며 외로움과 열등감을 이겨나가기도 쉽지 않았습니다. 간단한 영어 표현조차 말하기 힘들었던 것과, 보이지 않는 인종차별로 인해 우울하기도 했습니다. 하지만 그럴수록 더 열심히 공부해야만 했습니다. 언어는 어려웠지만 수학이나 과학 등은 쉽게 이해할 수 있었고, 같이 수업을 듣는 친구들이 모두 일과 공부를 병행하는 만학도들이어서 그랬는지 때로는 제가 그 친구들을 도울 수 있어서 좋았습니다.

한국에서 고등학교에 다닐 때에는 치열한 수능 준비로 생각해볼 여력이 없던 '내가 좋아하는 과목들'에 대해서도 생각해볼 수 있었고, 무엇보다 수학, 물리학, 생물학, 사회학, 심리학, 작문, 요가, 체력 단련 수업까지 제가 흥미를 느낀 모든 과목들을 빠짐없이 들어볼 수 있었습니다.

그러나 갑자기 집안 사정이 어려워져 유학을 포기하고 귀국해야만 했습니다. 하지만 한국으로 돌아오는 게 힘들다고 여기지 않았던 이유는 애초에 미국 유학이 제게 과분하다고 생각했기 때문이었습니다. 고등학생 시절에 저보다 더 공부를 잘하는 친구들을 보면서, 나는 특별하지 않다고 생각했습니다.

하지만 제 가능성을 높이 평가한 미국 대학교의 교수님들과 친구들 덕분에 저는 한 장학 재단에 들어갈 수 있었고, 미국에서 귀국한 지 1년 반만에 그 재단의 추천으로 미국 4년제 대학교 경영학과에 장학금을 받고 편입할 수 있게 되었습니다.

믿기지 않게도 전문대에서 2년 동안 수강했던 모든 과목들이 교양 과목으로 인정받아 전공 과목 70학점만 더 이수하면 4년제 대학교를 졸업할 수 있게 된 것도 너무 감사했습니다. 제가 억양이 강한 편인데 끝까지 제 말을 들어주는 친구들 덕분에 학생회와 전공 동아리, 그리고 여학생 기숙사(Sorority)에 들어가서 자유롭게 활동했습니다. 그리고 거기서 사귄 친구들과 함께 라크로스Lacrosse라는 운동팀에도 들어가서 학교 대표로 시합에 참여했습니다. 또한 교수님들이 제가 학과 사무실 일과 조교 일을 할 수 있도록 추천해주셔서 용돈을 벌기도 했습니다.

제가 꿈에 그리던 큰 회사에서 먼저 인턴을 하던 친구들의 추천으로 저도 그 회사에서 1년 넘게 인턴을 할 수 있었습니다. 마지막 학기에는 교수님의 추천으로 대학원 수업을 듣게 되었는데, '4+1 복수 학위제(Duel Degree Program)' 추천을 받아 1년만에 석사 학위를 받을 수 있었습니다.

특별하지 않던 제가 낯선 미국에서 새로운 일에 도전할 수 있었던 이유는, 항상 제게 "뭐가 필요한데(What do you want)?"라고 물어봐준 친구들과, 낯선 환경을 직접 극복하면서 생긴 자신감 덕분이었습니다. 저는 아직 크게 성공한 것도, 제 길을 확실히 찾은 것도 아닙니다. 다만 이제는 더 이상 다른 사람들을 버겁게 따라가는 대신, 불안하고 힘들지라도 제가 원하는 길로 혼자 차근차근 나갈려고 합니다. 그럴 수 있게 된 것이야말로 미국 유학생활을 통해 얻은 가장 큰 유익이라고 생각합니다.

엄마 아빠가 안 봐도 스스로 공부하는 미국 아이들

한국의 교육 시스템만큼은 아니더라도 미국의 교육 시스템도 완전하지는 않다. 헤드스타트Head Start, 차터 스쿨Charter School, 낙오아동방지법(NCLB: No Child Left Behind Act of 2001), 공통핵심국가성취기준(CCSS: Common Core State Standards)과 같은 다양한 교육 개혁을 추진하고 있지만, 그 성과에 대한 평가는 여전히 엇갈린다. 오히려 빈부의 양극화로 인한 교육 재정의 불평등과 사회 계층 간 차별적 교육이 심각한 사회적 문제를 낳고 있다. 또한 미국은 경제협력개발기구(OECD: Organization for Economic Cooperation and Development)의 국제학업성취도평가에서 10년 넘게 읽기, 수학, 과학 등 모든 분야에서 중위권에 머무르고 있다.

그런 가운데 버락 오바마Barack Obama 대통령은 한국의 교육열을 수차례 예찬했다. 이는 한국 학부모들의 열렬한 교육열 덕분에 오늘날 한국이 경제대국으로 발전할 수 있었음을 보여주는 것이다. 그러나 성적지상주의로 사교육이 공교육의 뿌리마저 흔들어대는 한국에서 사람을 사람답게 만드는 전인교육이 이루어진다고 믿는 이들은 많지 않을 것이다. 실례로 한국에서는 경쟁 자체가 목적이 되버리면서 웃지 못할 일들이 종종 벌어지고 있다. 지난 2015년에 "성적과 입시 위주의 교육 병폐를 치유하고 올바른 인성을 갖춘 시민을 육성한다"는 취지로 전인교육의 핵심이라 할 수 있는 인성교육(Character Education) 관련 법(인성교육진흥법)이 시행되자, 바로 다음 날 '착해 보이게 해준다'는 인성교육 학원들이 우후죽순처럼 개원하지 않았던가!

교육의 궁극적인 목적이 '아는 게 많은 사람'을 키우는 것이라면, 학생 1인당 공교육비 지출이 세계에서 가장 높은데도 국제학업성취도평가의 읽기, 수학, 과학 성적이 중위권인 미국은 교육에 실패한 나라다. 게다가 미국은 인종 문제와 연방정부 제도(연방정부, 주정부, 지방정부가 권한을 나누는 구조)로 인해 교육 재정의 불평등을 해결하지 못하고 있다. 한 예로 등록금이 5만 달러가 넘는 사립 중·고등학교에 다니는 학생들은 대학교 못지않은 양질의 교육을 받는데 반해, 빈민 지역의 공립 학교는 교재마저 부족한 경우가 부지기수다.

그렇다면 여기서 질문을 몇 개 던져보자. 국제학업성취도평가에서 최상위 성적을 자랑하는 한국은 타인과 더불어 사는 데 필요한 시민의식 함양을 목적으로 한 진정 제대로 된 인성교육을 실시하는가? 한국 학생들은 미국 학생들보다 행복한가? 2012년 국제학업성취도평가 보고서에 의하면, 미국 학생 중 약 80%가 학교에서 행복하다는데 반해, 행복하다고 답한 한국 학생은 60%에 불과했다. 결국 조사 대상 65개 국가들 가운데 한국은 꼴지(65위)였다.[8]

이쯤되면 한국의 교육을 본받아야 한다고 강조한 오바마 대통령의 의도가 궁금할 따름이다. 미국의 학생 1인당 공교육비 지출이 세계에서 가장 많다고는 하나, 부모의 등골을 휘게 하는 한국의 과도한 사교육비 지출에 비교할 바는 아니기 때문이다. 한창 꿈을 꾸며 뛰어놀 청소년기에 학원에 갇혀 부모가 시키는대로 마지못해 공부하는 한국 학생들에게 행복은 사치가 돼버린 지 오래다.

아이들은 행복해야 한다. 성공한 사람이 행복한 게 아니라, 행복한 사람이 성공한 것이라고 말해주어야 한다. 행복은 자신이 원하는 삶의 방향과 목표를 향해 달려가면서 그 속에서 성취감을 맛볼 때 느끼는 만족감이다. 똑같은 목표를 향해 달리더라도 남들이 만든 쳇바퀴 위에 올라가서 달리는 것과, 자신만의 바퀴를 만들어 달릴 때의 마음은 전혀 다르다.

확고한 인생의 이유인 비전Vision을 갖추고서 어떤 삶을 살 것인지 스스로 고민하는 사람은, 그 비전을 이루어가는 과정이 고달파도 행복할 수 있다. 그것은 자신이 선택한 삶이기 때문이다. 그리고 온갖 시행착오를 경험하더라도 그 과정에서 자신의 가능성을 찾으려는 사람은 인재로 성장한다. 결국, 미국이 국제학업성취도평가에서 괄목할 만한 성과를 보여주지 못하더라도, 청소년들이 자신의 인생을 스스로 개척할 수 있도록 키워주는 미국의 교육 시스템은 실패했다고 평가할 수는 없는 것이다.

한 나라의 교육이 제 기능을 다하는지 살펴보려면 학생들의 학업 성취도는 물론 학습 동기, 흥미, 자아효능감(Self-Efficacy), 자아개념(Self-Concept), 가치 인식과 같은 정의적 영역의 요소들도 함께 평가해야 한다. 앞서 말한 전인교육의 정의를 되새겨보면, 교육은 인간이 지닌 모든 자질을 조화롭게 발달시키는 것이다. 자신이 얼마나 소중한 존재인지 알게 해주는 것도, 서로 다름을 이해하고 타인을 배려하며 갈등을 대화로 풀 수 있도록 소통 능력과 성품을 키우는 것도 교육의 중요한 목적인 것이다.

현재 한국은 갖가지 사회적 갈등과 분열로 몸살을 앓고 있다. 계층·세대·이념 간 갈등에 더해 층간소음으로 인한 이웃 간 폭력과 살인까지 벌어지고 있다. 한국보건사회연구원이 발간한 보고서에 따르면, 한국의 사회갈등지수는 OECD 조사 대상 24개국 가운데 5위로, 미국(11위)보다 갈등이 훨씬 심각한 것으로 나타났다.[9] 물론 미국도 고질적인 인종갈등이 폭력 사태로 격화되면서 퍼거슨 시 소요사태와 같은 사회적 혼란을 야기하기도 한다. 분노한 시위대가 던진 화염병에 건물이 활활 타오르고, 이에 경찰들이 시위대를 향해 발포하는 걸 보면서, 미국이 인종갈등으로 곧 끝장나는 건 아닐까 우려마저 든다. 그렇지만 미국은 언제 이러한 갈등을 겪었냐는 듯이 신속하게 사회적 안정을 되찾는다.

교실에서 카드놀이를 하는 아이들
미국 텍사스 주의 한 초등학교에서 수업 시간에 과제를 먼저 끝낸 아이들이 교실 한켠에 모여 교육용 카드로 놀이를 하고 있다. 이러한 활동은 아이들이 학교를 즐거운 곳으로 여기도록 해준다.

이것이 어떻게 가능할까?[10] 현상적으로 보면 미국 사회에 엄정한 법질서가 확립되어있기 때문이다. 그러나 교육 측면에서 보면, 어려서부터 학교 교육은 물론 가정 교육을 통해 익혀온 시민의식이 미국인들의 의식 속에 면면히 흐르고 있기에 이런 일이 가능한 것이다. 즉, 전인교육을 통해 체화된 공동체 의식과 다양성에 대한 존중이 법만으로는 해결할 수 없는 미국 사회의 갈등과 충돌을 희석시키는 중요한 역할을 하는 것이다.

글로벌 인재가 되도록 동기를 주는 '격려'와 '칭찬'

학교는 교사들이 학생들을 성장시키기 위해 지속적으로 교육하는 공간이다. 학생들이 성장을 하는 데 필요한 두 축은 열정과 역량이다. 미국 교사들은 학생들이 각자가 잘하는 것에 몰입할 수 있도록 돕는다. 몰입이 지속되려면 열정이 필요하다. 영국의 철학자이자 수학자인 앨프리드 화이트헤드Alfred Whitehead(1861~1947)는 이렇게 말했다.

"평범한 교사는 지껄인다. 좋은 교사는 잘 가르친다. 훌륭한 교사는 스스로 해보인다. 위대한 교사는 가슴에 불을 지른다."

한국의 엘리트 집단인 교사들이 지식을 전달하는 데 능하다면, 미국 교사들은 학생들의 열정을 불러일으키는 데 능하다. 실로 위대한 인생을 살았던 위인들의 삶을 보면 공통적으로 뚜렷한 목표와 그것을 향한 열정이 있었음을 발견하게 된다.[11] "자유를 달라! 그렇지 않을 거면 죽음을 달라!"는 연설로 미국독립전쟁에 불을 지핀 패트릭 헨리Patrick Henry(1736~1799)는 독립된 조국에 대한 열정이 있었고, 미국의 노예제 폐지 운동을 이끈 윌리엄 개리슨William Garrison(1805~1879)은 인권에 대한 열정이 있었으며, 미국인이 가장 존경하는 인물 중 1명인 '땅콩박사' 조지 워싱턴 카버George Washington Carver(1864~1943)는 땅콩 연구와 빈민 구제에 대한 열정이 있었다.

이러한 열정을 이끌어내는 최고의 방법이 바로 '격려'와 '칭찬'이다. 미국 교사들은 한국 교사들보다 학생을 더 많이 칭찬하고 격려하며 긍정적인 자극을 준다. 물론 한국 학부모들의 눈에는 미국 교사들이 마음에도 없는 칭찬을 남발하는 듯 하지만, 아이들의 자존감(Self-Esteem)을 높이는 데 칭찬만큼 효과적인 것도 없다. 비난과 두려움 같은 부정적 감정은 자존감을 낮추지만, 칭찬과 같은 긍정적 감정은 자존감을 높이고 사고를 확장시켜 문제를 창의적으로 해결할 수 있도록 도와준다.[12]

교사에게서 칭찬을 받으며 성장한 아이들은 친구들과도 관계를 잘 맺는다. 반면, 자신의 존재 가치와 능력에 대한 믿음이 낮은, 즉 자존감이 낮은 아이들은 남이 나를 어떻게 생각하는지 걱정하느라 다른 아이들과 친밀한 관계를 맺지 못하는 편이다.[13] 이렇듯 타인들의 시선을 두려워하면 자기 자신이 행복해질 시간이 줄어든다. 정작 남들은 내가 그들을 신경 쓰는지조차 알지 못하는데, 내 삶만 점점 더 메말라간다.

남과 비교하지 않고 불완전한 자신의 모습을 있는 그대로 인정하고 받아들일 때 자존감은 높아진다. 자기 자신에 대한 긍정적인 인식

교사의 교육 철학이 담긴 학급 운영 지침서

미국 남부의 한 초등학교 교사가 학기 초 학부모들에게 보낸 학급 운영 지침서에는 칭찬에 관한 교사의 교육 철학이 다음과 같이 담겨 있다.
'아이들은 칭찬을 통해 성장합니다. (중략) 제가 매일 어머님·아버님의 아이의 긍정적인 부분을 찾아서 말해줄 수 있도록 도와주세요. 내재적 동기 부여는 학습 의욕을 최대로 끌어올립니다."

이 견고해지는 것이다. 견고한 자존감은 감성과 사고를 확장시켜 창의성 개발의 밑바탕이 된다.

　칭찬과 격려를 통한 긍정적인 자극을 달리 표현하면 '동기 부여(Motivation)'다. 이는 '움직이다'라는 뜻의 라틴어 '모웨레movere'에서 유래했다. 사람의 마음을 열고 행동하도록 움직이게 만드는 것, 이것이 동기 부여의 핵심이다.[14] 교사로부터 긍정적인 자극을 받은 학생들은 자신의 약점보다 강점에 집중하게 된다. 강점은 키우면 경쟁력이 된다. 약점을 보완하기 위해 시간과 에너지를 쏟다 보면 정작 자신의 강점을 잃어버리는 경우가 많다.

　미국 교육의 핵심은 바로 학생들이 자신의 강점에 몰입하도록 자극한다는 것이다. 《손자병법》의 〈허실虛實〉 편을 보면 피실격허避實擊虛라는 전법이 나온다. 적의 강한 곳은 피하고 약한 곳을 공격하라는 뜻이다. 달리 해석하면 내가 남들보다 잘할 수 있는 분야·재주를 찾고, 그것을 강화하는 것이 성공 가능성을 높인다는 의미다.[15]

　미국 교사들은 학생들의 열정을 불러일으키기 위해 학생들 각자가 주연이 되어 경험적으로 역량을 쌓을 수 있게 도와준다. 단순히 지식을 전달하는 게 아니라, 학생들 스스로 활동함으로써 지식이 몸에 배어 자기 것이 되게끔 이끌어주는 것이다. 창의성, 비판적·통합적 사고력, 문제 해결 능력처럼 성과를 창출하는 데 핵심적인 역량들은 주입식 교육으로 쌓이는 것이 아니다. 이러한 역량들은 학생들이 배움의 주체가 되어 또래들과 함께 자유롭게 질문하고 토론하며 답을 찾아가는 자기주도적 탐구 학습과 논리적 사고 훈련 등을 통해 길러진다. 그래서 한국의 교사들도 학생들이 스스로 역량을 쌓을 수 있도록, 스스로 길을 만들 수 있도록 이끌어야 한다.

파사 보즈Partha Bose의 《전략의 기술Alexander the great's art of strategy》에는 알렉산드로스 대왕의 아버지 필리포스 왕이 아들을 위해 스승을 찾는 이야기가 나온다. 알렉산드로스가 훗날 그의 신하가 될 귀족의 자식들과 함께 교육받기를 원하던 필리포스 왕은, 아들이 왕이 되었을 때 접하게 될 다양한 문제들을 해결할 수 있도록 훈련시킬 스승을 찾았다. 그 스승이 바로 그리스의 대표 철학자 아리스토텔레스였다.

아리스토텔레스는 알렉산드로스와 그의 또래들에게 통치에 필요한 지식과 기술을 가르치지 않았다. 대신 문제를 푸는 데 필요한 다양한 관점과 패턴을 찾는 방법을 가르쳤다. 그 결과 알렉산드로스는 아리스토텔레스의 가르침과 또래들과의 토론을 통해 스스로 문제를 풀어가는 구조화된 사고력을 갖추게 되었다.[16]

교칙 위반에 엄격한 미국 학교

앞서 말했듯이 미국 교사들은 지나치다 싶을 정도로 학생들을 칭찬한다. 그렇다면 이렇게 칭찬을 아끼지 않는 미국 교사들의 교권은 어느 정도일까? 미국의 부모들은 군사부일체君師父一體 정도까지는 아니더라도 "교사는 우리 아이의 성장을 돕는 파트너다"라는 생각은 가지고 있다. 그래서 대다수의 미국 학부모들과 학생들은 교사들을 신뢰하고, 학업은 물론 학교생활 전반에 걸쳐 교사의 결정을 존중하며 따른다.

미국에서 교사의 사회적 지위는 높은 편이 아니다. 하지만 교사가 학교에서 갖는 권한은 한국에서보다 훨씬 막강하다. 예를 들면, 교사의 권고에도 학생이 동일한 잘못을 반복하면 교사는 학부모를 소환해 상담할 수 있다. 수업 태도가 불량하거나 성적이 지조한 학생은 교과교사에 의해 스포츠팀 가입과 경기 출전을 제한당하기도 한다.

학생이 교사의 지시를 따르지 않으면 교사는 해당 학생은 물론 학부모에게도 책임을 엄중히 물을 수 있다. 학생의 교칙 위반이 학교 규정에서 허용한 횟수를 초과하면, 학교는 해당 학생을 징계위원회에 회부해 전학·퇴학시킬 수 있다. 한국에서와 달리 학부모나 학생이 학교 결정에 반발해 난동을 피우는 경우도 거의 없지만, 설사 그럴 경우에는 학교에 상주하는 경찰이 바로 체포한다.

미국의 거의 모든 학교에서 정직, 책임, 공정, 시민의식과 같은 인성 덕목들을 수업 시간에 가르치며, 교칙 위반에 대해서는 엄격한 제재를 가한다. 미국의 대표적인 여학생 사립 학교인 엠마 윌러드 스쿨Emma Willard School에 다니는 해나 랭Hannah Lang 양의 경험담을 들어보자.

> 우리 학교 학생들은 학교에 계속 다니고 싶기에, 그리고 교칙을 어기면 학교에 못 다닐 수 있다는 걸 알기에 부정 행위나 교칙 위반을 하지 않습니다. 또한 학생들은 교사들과 매우 강한 유대감을 맺고 있지요. 제 친구들 중 다수가 자기들이 좋아하는 선생님을 실망시키지 않기 위해 '나쁜 짓'하기를 싫어해요.
>
> 우리 학교에는 '또래 교육자(Peer Educator)'와 '또래 시험 감독관(Peer Proctor)'이란 프로그램도 있습니다. 11학년과 12학년은 기숙사에 살면서 교칙과 관련한 다양한 문제들과 감정적인 문제들을 서로 도와가며 해결하도록 훈련받지요.
>
> 엠마 윌러드 스쿨에는 품행감독위원회(Conduct Review Committee)도 있는데, 이 위원회에는 교사들은 물론 각 학년을 대표하는 몇몇 학생들도 참여합니다. 품행감독위원회는 누군가가 교칙을 어길 때마다 회의를 통해 징계를 결정합니다. 이러한 과정을 통해 학생들은 공정성과 정직의 중요성 등을 배우지요.

이렇듯 미국 학교는 교칙을 엄격하게 적용하기 때문에 학생들은 교사와 학교의 권위를 무시하지 못한다. 학교에서 배우고 익히는 준법정신은 사회에 나가서도 법을 지키고 타인을 존중하는 시민의식 형성으로 이어진다.

교권이 강하다고 해서 교사와 학생들 간의 관계마저 딱딱한 건 아닙니다. 학생들이 스스럼없이 교사를 찾아가 조언을 구하는 모습이 낯설지 않은 나라가 미국이다. 학교의 다양한 방과 후 프로그램도 교사와 학생 간의 친밀한 관계를 만드는 데 일조한다.

그렇다면 한국 교사들의 권한은 미국과 비교해봤을 때 어느 정도일까? 한국교원단체총연합회가 발표한 '2015년 교권 회복 및 교직 상담 결과'에 따르면 한국의 2015년 교권 침해 상담 사례는 488건이었다.[17] 학생이 교사를 폭행하고 학부모가 교실문을 발로 차고 들어와 교사의 뺨을 후려친 뉴스가 더 이상 새롭지 않다면, 한국에서 교권은 이미 바닥까지 떨어진 게 아닐까? 교권 침해로 인해 교사들의 교육 신념이 무너지고 소명 의식이 사라져버린다면, 그래서 교사들이 학생들의 학업과 생활 지도에 소극적으로 대처한다면, 그 피해는 고스란히 학생들의 몫이 될 것이다.

교권과 학습권은 떼려야 뗄 수 없는 관계를 맺고 있다. 교권이 바로 서야 교사가 학생들의 인성을 제대로 교육할 수 있다. 물론 미국 학교의 막강한 교권에 부작용이 없는 것은 아니다. 하지만 신뢰를 바탕으로 교칙이 지켜지고, 교권과 인권이 함께 존중될 때 성숙한 시민 사회가 형성될 수 있다.

집중 탐구 001　교과교사? 상담교사?

미국에서는 교과교사(Content-Area Teacher)와 상담교사(School Counselor)의 역할이 명확히 분리돼있다.

먼저 교과교사의 업무를 살펴보자. 교과교사는 기본적으로 수업을 담당하고 학생들의 과제와 시험을 평가한다. 수업 준비나 과제 평가를 위해 야근을 하거나 주말에 학교에 나와 일하기도 한다. 또한 일과 전이나 방과 후에는 미리 약속한 학부모, 학생, 또는 다른 교사들과의 교과 관련 미팅도 한다. 축구, 수영 등 스포츠를 담당하는 교사들과 밴드, 오케스트라 등 음악을 담당하는 교사들은 이른 아침이나 방과 후에 일하는 경우도 많다. 이와 같이 교과교사는 수업·학생 관련 업무를 주로 담당한다. 공문 처리, 각종 증명서 발급 등의 행정적인 일들은 '스태프 Staff'라고 칭하는 교직원들이 담당하기에 한국처럼 교사들이 잡무에 시달리는 일은 거의 없다.

미국에서는 담임교사(Home-Room Teacher)를 맡은 교과교사의 역할도 한국의 담임과는 차이가 있다. 한국은 담임이 교과 수업은 물론 학생들의 학교생활과 진로를 지도하는, 소위 상담교사의 역할도 한다. 하지만 미국의 담임교사는 그렇지 않다. 미국에서 담임을 맡은 교과교사는 아침에 학생들이 홈룸Home-Room(해당 교사의 교과교실)에 모이면 출석 상황을 체크하고 몇 가지 공지사항을 전달해주는 역할만 한다.

학생들은 등교 후 5~15분의 홈룸 시간이 끝나면 각자 1교시 과목 교실로 이동해 수업을 받는다. 또는 일주일 시간표가 매일 동일한 학교에서는 1교시 과목의 교사가 담임이 되기에, 학생들은 홈룸 시간을 마치자마자 이동할 필요 없이 바로 1교시 수업을 시작하기도 한다. 담임교사는 홈룸 시간에 학생이 교실에 없으면 행정실에 결석 상황을 보고한다. 학교 행정실에서 학생들의 출결 상황을 관리하는 것이다.

각종 대회나 동아리활동 정보 등 대부분의 학교 공지사항은 학교 홈페이지나 교육청 홈페이지에 게시된다. 그래서 교사가 직접 학생들에게 전달하지 않는 정보들도 많다. 이런 경우 학생이나 학부모가 학교 홈페이지를 통해 직접 필요한 정보를 확인해야 한다. 한국의 학부모들처럼 담임교사를 '카톡 단체방'과 같은 SNS에 초대해 밤늦게까지 궁금한 것을 물어보는 것은 상상할 수 없는 일이다.

다음으로 미국 상담교사의 업무를 살펴보자. 미국의 중·고등학교 상담교사는 한국의 담임교사와 같은 역할을 한다. 학생들의 학업과 진로를 지도하고, 이성교제와 같은 개인적 고민도 상담해준다. 이렇듯 학생들이 학교에서 바르게 성장할 수 있도록 돕는 것이 상담교사의 역할이다 보니, 상담교사의 자격 요건은 까다롭다. 상담교사는 청소년 심리에 대한 해박한 지식은 물론, 학생들의 신상 정보, 학교 규정, 학업 관련 각종 시험·대회 정보, 진학 정보, 장학금 및 저소득층 지원 프로그램 등을 알고 있어야 한다. 특히 미국에서 고등학교는 학생들이 대학교 입학이나 직장인으로서 사회에 첫 발을 내딛기 위한 마지막 여정이기에 상담교사의 역할은 매우 중요하다. 미국의 중·고등학교 상담교사는 대부분 상담 관련 석사·박사 학위를 소지하고 있으며, 주기적으로 상담교사 연수 프로그램을 통해 전문성을 향상시킨다.

'경쟁'보다 '나의 발전'이 더 중요한 미국 학생들

미국도 한국과 마찬가지로 매사 경쟁해야 하는 사회다. 그런데 미국인들에게 경쟁은 이기기 위해 서로 겨루는 일만은 아니다. 자신의 역량을 향상시키기 위한 자기 계발 과정이며, 협상을 통해 문제를 해결하는 방법 중 하나다.

미국에서 단기 체류자들이나 이민자들이 '경쟁' 문화를 처음 접하는 경우는 대개 자동차를 구매할 때다. 자동차 판매가격이 어느 정도 정해져있는 한국과 달리, 미국은 자동차 딜러와 고객 간의 협상을 통해 가격이 결정된다. 사고 싶은 차가 있으면 딜러숍에 가서 딜러가 제시하는 차 가격을 깎는 것에서 딜러와의 협상 경쟁이 시작된다. 이

때 차와 딜러에 대한 정보, 같은 도시의 여러 딜러숍에서 받은 견적서가 있으면 딜러와의 가격 협상에서 조금 더 유리한 위치를 점할 수 있다. 만약 이러한 협상 과정이 귀찮다면 딜러와의 경쟁에서 한 발 물러나 그냥 큰돈을 주고 차를 구입하면 된다.

교육 분야도 마찬가지다. 미국에서는 뛰어난 인재를 유치하기 위한 경쟁이 대학교에 일반화되어있다. 미국의 대학교나 대학원에 합격하면 입학허가서(Admission Letter)를 받는다. 이 입학허가서에는 "합격을 축하합니다"라는 간단한 인사말과 함께 입학생이 받게 될 장학금과 각종 혜택들이 자세히 적혀있다. 예를 들면 "귀하는 등록금 일정액 또는 전액 감면, 연방정부 장학금 얼마, 주정부 장학금 얼마, 대학교의 A 장학금 얼마, B 장학금 얼마를 받게 될 것입니다"라는 식이다. 대학원생의 경우 추가로 생활비나 연구에 필요한 컴퓨터·기자재 관련 비용이 지원되기도 한다.

이때 미국인들은 여러 학교에서 받은 입학허가서의 내용을 바탕으로 해당 학교의 입학담당자와 협상을 하기도 한다. "제가 이 학교에 꼭 오고는 싶은데, 다른 학교에서 더 좋은 장학금을 제안해서 고민 중입니다. 혹시 장학금을 더 줄 수는 없겠습니까?" 하고 말이다. 이렇게 학교 측과 협상을 해서 실제로 장학금을 더 받기도 한다. 물론 학교에서 놓치고 싶지 않을 정도로 뛰어난 합격생인 경우에 그렇다.

파격적인 학비 감면과 장학금 혜택도 한국의 대학교에서는 흔치 않지만, 대학교를 상대로 학비를 협상하는 학생은 한국에서는 찾아보기 힘들다. 오히려 건방진 학생으로 찍히게 될지도 모르겠다. 하지만 유능한 인재가 있다면 조직이 줄 수 있는 최대의 조건을 제공해서라도 그 인재를 데려오려는 것이 미국인들의 사고방식이다.

이러한 경쟁은 교수 채용 과정에서도 쉽게 볼 수 있다. 미국 교수들은 다른 학교로 옮길 마음이 없더라도 다른 학교에서 스카우트 제의가 오면 가서 면접을 보고 오퍼 레터Offer Letter를 받아온다. 오퍼 레터에 제시된 다른 학교의 연봉이나 혜택이 더 좋으면, 이를 이용하여 지금 재직 중인 학교에서 연봉 인상을 위한 협상을 할 수도 있다. 소위 '스타 교수'의 경우 자기 연구실 전체 스태프Staff들과 학생들을 데리고 갈 수 있을 만큼의 연봉, 연구비, 실험실 등에 대한 지원을 받아내기도 한다. 오히려 한 학교에 충성하며 다른 학교의 스카우트 제안을 모두 물리친다면 그 교수는 연봉을 별로 높이지 못할 것이다. 물론 그 학교에 대한 충성심으로 이해될 수도 있지만, 다른 학교가 탐낼 만큼 유능한 인재는 아니라는 인상도 주기 때문이다.

우리는 경쟁에서 이기거나 1등이 되는 것을 목표로 삼는 경향이 있다. 그렇기에 상대방을 쓰러뜨려야 경쟁에서 이긴 것이라고 생각한다. 그러나 미국은 경쟁의 과정에서 경쟁자와 서로 의논하고 절충하며 협상하는 것에도 큰 가치를 둔다. 이러한 미국인들의 경쟁은 크게 세 가지 특징을 보인다.

첫째, 미국인들에게 경쟁은 앞서 말했듯이 '협상의 한 과정'이다. 미국인들은 협상 시 경쟁을 통해 얻을 수 있는 실리적 이득에 초점을 맞추기에 목표지향적이며 에두르지 않는다.[18] 한국인을 비롯한 아시아인들이 상황중심적인 것과 비교된다.

둘째, 경쟁에서 중요한 것은 논리적 타당성과 합리적 근거다. 앞서 언급했듯이 자동차를 저렴하게 구입할 때조차 미국인들은 차에 대한 정보와 다른 딜러숍이 제시한 가격 조건 등 경쟁에 필요한 자료를 철저히 준비한다. 그래야 더욱 저렴하게 구입할 수 있기 때문이다. 준비한 만큼 경쟁에서 유리한 위치에 서게 되고, 결국 노력한 사람이 이기는 것이다.

셋째, 미국에서는 경쟁에서 지는 것은 부끄러운 일이 아니다. 한국의 경우《1등만 기억하는 더러운 세상》이라는 책이 출간될 정도로 1등에 대한 집착이 심각하다. 이에 대한 반성의 목소리가 나오고 있지만, 지금도 올림픽 경기에서 은메달을 따는 것은 아쉽다는 인식이 팽배하다. 반면 미국은 이기는 사람만 살아남는 나라는 아니다. 미국은 진 사람에게 다시 기회를 주는 나라다. 실패에 대한 배려가 있는 사회다. 재차 열려있는 기회는 한 번의 경쟁에서 지더라도 세상이 끝나는 것이 아니라는 것을 많은 이들에게 알려주고, 지는 것을 깨끗이 인정할 수 있도록 도와준다.

미국의 교육 역시 정당하게 최선을 다하면서 협상하며 경쟁하는 것이 중요하다고 강조한다. 특히 나와 타인들을 비교하면서 "내가 남보다 얼마나 잘하는가?"를 확인하기보다, "내가 얼마나 발전했는가?"

미국 상원에서 타협안을 제시하는 헨리 클레이

미국의 국무장관을 지낸 헨리 클레이(Henry Clay, 1777~1852)는 '위대한 타협가'라 불린다. 그는 상원 의원 신분이던 1850년 노예 제도 존속 문제로 첨예하게 대립하던 남부와 북부에 타협안(Compromise of 1850)을 제시했다. 이 타협안 덕에 미국의 연방 시스템이 붕괴되는 것을 1861년에 남북전쟁이 발발할 때까지 막을 수 있었다.

피터 로터멜(Peter F. Rothermel), 미국 1817~1895, 〈미국 상원, 1850〉,1855년경.

출처: 위키미디어 공용(https://commons.wikimedia.org/wiki/File:Henry_Clay_Senate3. jpg)

또는 "내가 세운 목표를 얼마나 달성했는가?"를 물으며 자기 자신 과 경쟁함으로써 발전하는 것이 더 큰 가치가 있다고 가르친다. 미국 의 애니메이션 〈쿵푸 팬더3Kung Fu Panda 3〉의 주제가인 〈쿵푸 파이 팅Kung Fu Fighting〉에는 이런 가사가 있다.

'남과의 (주먹)전쟁 전에 자신과의 (마음)전쟁이 시작된다(Before the battle of the fist, Comes the battle of the mind).'

이 가사는 자신과의 경쟁에서 의미를 찾는 미국인들의 가치관을 여실히 보여준다.

하지만 우리의 경쟁 방식은 진정 경쟁력 있는 인재를 길러내고 있는가? 저자도 미국에서 차를 두 번 구입했는데, 처음에는 딜러와의 협상에서 패해 비싼 값에 구입했다. 그러나 두 번째 구입 때는 철저한 준비를 바탕으로 딜러와의 심리 경쟁에서 승리하여 좋은 가격에 구입할 수 있었다.

다시 말하건데 한국식 대립 구도의 경쟁은 무수한 패배자를 양산할 뿐이지만, 미국에서 일상화된 경쟁 구도는 자신을 향상시키는 협상 구도의 경쟁이다. 미국은 이러한 경쟁을 통해 지금껏 수많은 글로벌 인재를 육성해왔다. 그리고 이렇게 육성된 인재들의 활약으로 오늘도 국제경제와 통상·외교에서 막강한 교섭력을 발휘함으로써 국가 경쟁력을 강화하고 있다.

'표절'을 범죄로 여기도록 가르치는 미국 학교

미국인들은 정직하지 못하거나 법을 어기는 사람을 인재로 여기지 않는다. 규칙과 법을 지키지 않을 경우 지위고하를 막론하고 그에 상응하는 처분을 받으며, 사회지도층에는 더욱 엄격한 법의 잣대를 들이대는 곳이 미국이다. 실례로 지난 2009년 폰지 사기(Ponzi Scheme) 혐의로 미국 연방수사국(FBI)에 체포된 전 나스닥 증권거래소 위원장 버나드 메이도프Bernard Madoff는 법원에서 징역 150년을 선고받았다.[19]

교육 분야도 마찬가지다. 지식의 도용인 표절(Plagiarism)은 미국에서 가장 비윤리적 범죄 중 하나다. 미국 노스캐롤라이나 주의 더럼Durham 교육청의 경우, 표절을 "타인이 제작한 언어, 구조, 아이디어나 생각 등을 베끼는 행위다"라고 규정하고[20] 이 내용을 유치원생부터 초·중·고등학생들과 학부모들이 모두 볼 수 있도록 지침서에 명시해놓고 있다. 어렸을 때부터 표절에 대한 경각심을 갖도록 교육하는 것이다.

또한 미국에서는 중학생 때부터 다른 사람의 글이나 자료를 인용하는 방법을 철저하게 가르친다. 자신의 글을 뒷받침하기 위해 권위 있는 사람의 말과 글을 끌어 쓰는 것은 물론, 자신의 생각이 기존 논문이나 책에서 주장하는 것과 어떻게 다른지 드러내기 위해서라도 인용하는 법을 가르친다. 또한 각 대학교의 라이팅 센터Writing Center에는 인용하는 법을 지도하는 조교가 따로 있을 정도다. 특히 대학 입시 때 지원자들이 제출하는 에세이나 교수들의 연구 논문 등은 다양한 표절 검사 프로그램을 통해 표절 여부를 확인한다. 저자도 대학교에서 매주 학생들의 과제를 채점할 때 표절 검사 프로그램을 사용해 표절 위험군에 해당하는 학생들을 찾아내고 있다.

게다가 미국 학교에서는 의도적이든 실수든, 일단 '표절'로 판명나면 징계를 받는다. 안타깝게도 미국에 온 많은 한국 유학생들은 표절에 대한 경각심이라든가 윤리 의식이 희박한 편이다. 실제로 미국의 한 명문 대학교에 박사 과정으로 유학 온 한국인 학생은 학기 시작한 달 만에 제적을 당해 귀국했다. 이유인 즉, 대학원 수업 과제 중 하나가 교과서에서 간단하게 답을 찾아 적는 것이었는데, 이 학생은 교과서에 나온 문장을 인용 표시 없이 그대로 써서 제출한 것이다. 이를 파악한 담당교수는 그 학생을 학교 징계위원회에 회부했고, 결국 이 학생은 제적 처리된 것이다. 실수였다고 변명할 수 있을지 모르겠으나, 표절에 대한 무지함도 미국에서는 용납되지 않는다. 미국 학교의 윤리규정(Honor Code)은 타인의 생각과 아이디어를 인용 표시를 하지 않은 채 사용하는 것마저 범죄 행위로 간주한다.

이에 반해 한국은 도덕불감증에 걸린 사회인 양 표절에 대해 관대해도 너무 관대하다. 국무총리나 장관 후보자가 인사청문회에서 논문 표절 문제를 지적받았어도 그대로 임명되는가 하면, 제자의 논문을 베껴 학술지에 게재한 부도덕한 교수가 학교에서 학생들을 계속 가르치기도 한다. 한국 사회의 무너져가는 윤리와 도덕이 회복되려면 남의 지식을 훔치는 표절 행위에 대해서도 엄격한 도덕적·법적 잣대를 들이대야 할 것이다.

2. 글로벌 인재 육성을 목표로 하는 미국의 교육과 입시

아이의 자립심을 길러주는 미국식 읽기 교육

　미국인들이 휴양지로 많이 찾는 바닷가에서 인상적인 광경을 봤었다. 사람들이 해수욕을 하지 않을 때는 책을 읽는 모습이었다. 휴양지에서 독서를 즐기는 미국인들의 모습은 낯설기도 했고 한편으로는 허세라는 생각마저 들었다. 그 후 몇 년 간 미국 생활을 하면서, 여행지에서 독서를 즐기는 그들의 모습이 책을 평생 친구로 삼아 즐길 줄 아는 삶의 한 모습임을 깨달았다. 미국인들의 독서 습관은 읽기 교육을 강조하는 미국의 학교 교육 과정은 물론, 독서를 독려하는 가정 분위기와 지역 사회의 협조가 더불어 영향을 끼친 결과다.

　미국의 학교 교육 과정에서는 영어를 비롯한 여러 과목들이 '읽기'를 중요한 성취 기준이자 목표로 삼고 있다. 읽기 교육은 학생들의 사고력을 끌어올리는 수단으로 이용되기도 한다. 읽기를 통한 지식 획득, 읽은 내용을 이야기하거나 쓰는 것을 통해 얻게 되는 커뮤니케이션 능력과 구조화된 사고력이 미국 교육 과정에서 높이 평가되기 때문이다.

　미국의 읽기 교육의 특징은 크게 세 가지다.

첫째, 다독은 물론 정독을 강조한다. 책을 많이 읽는 것도 중요하지만, 질 좋은 책을 다양한 방법으로 반복해서 읽게 하여 읽기 능력을 향상시킨다. 특히 책을 읽을 때 읽기 전 활동(책 표지를 보고 내용 추론하기, 책의 제목을 보고 떠오르는 것 이야기하기 등), 읽기 중 활동(익숙하지 않은 단어 찾기, 한 단락을 읽고 주요 문장에 동그라미 치기, 한 장을 읽고 두 줄로 요약하기, 한 쪽에서 한 단어를 골라 새로운 문장 만들기 등), 읽기 후 활동(책을 소개하는 문구 만들기, 책 속 인물이 되어 상황 설명하기, 책 속 배경이 되는 곳을 그림으로 표현해보기, 책 내용을 바탕으로 친구와 이야기하거나 토론하기, 독후감 쓰기)을 함으로써 책의 주제는 물론, 작가의 마음까지도 헤아려볼 수 있는 시간을 준다.

둘째, 학생의 흥미와 수준을 고려한 읽기 교육이 강조된다. 대부분의 미국 학교에서는 읽기를 주제로 한 프로젝트를 실시한다. 이때 교사는 최소한의 가이드라인만 제시할 뿐, 학생 스스로 본인의 흥미와 수준에 맞는 책을 고른다. 따라서 개개인의 선택을 존중한 수준별 읽기 교육이 이루어질 수 있다.

셋째, 가정, 학교, 지역 사회가 연계한 읽기 교육이 활성화되어있다. 미국 가정에서는 아이들을 위한 책을 생각만큼 많이 구입하지 않는다. 한국에서는 아이가 있는 가정 중 대부분이 방 안 천장까지 빼곡히 책을 쌓아 도서관을 방불케 하는 것에 비하면 의외이기도 하다. 대신 미국의 부모들은 아이와 함께 도서관을 방문해 아이가 관심을 갖고 있는 주제에 관한 책들을 빌린다. 그러다 보니 미국 학생들은 책을 빌려 읽는데 익숙하다. 학교 도서관과 지역 도서관에서는 아이들의 수준에 맞는 다양한 책을 구비해놓고, 다양한 읽기 관련 프로그램을 활발히 진행하여 아이들의 독서 활동을 뒷받침한다.

미국의 지역 도서관은 책을 볼 수 있는 공간을 넘어 문화의 중심 마당으로 자리매김을 한 지 오래다. 아이들을 위한 읽기 프로그램뿐 아니라 다양한 연령층을 위한 문화 프로그램을 제공하기에 지역 주민 모두가 독서를 비롯한 문화 활동을 쉽게 즐길 수 있다. 이렇게 생활문화로서 책 읽기는 아이들이 책을 평생 친구로 삼을 수 있는 기반이 되고 있다.

컴벌랜드 초등학교 도서관(Cumberland Elementary School Library)
미국 컴벌랜드 초등학교에서는 각 반별로 일주일에 한 시간씩 도서관 수업을 진행하고 있다. 이 시간에 사서교사(Librarian)는 아이들에게 도서관에서 지켜야 할 에티켓과 책을 소중하게 다루는 방법을 알려주며, 다양한 활동을 통해 아이들이 책과 친하게 지낼 수 있도록 돕는다.

반면, 한국의 읽기 교육은 대학수학능력시험에 대비하기 위한 읽기 교육이었다고 해도 과언이 아니다. 단순한 지식과 정보 획득을 위한 읽기가 강조되었고, 대학수학능력시험에 나올 만한 문학 작품 읽기가 학생들에게 중요한 과제였다. 교과서는 문답 형식의 구조로 이루어져 읽을거리를 제공하는 역할과는 거리가 멀었다.

이제 우리도 제대로 책을 즐기며 읽는 방법을 가르칠 필요가 있다. 월 평균 6.6권의 책을 읽는 미국인과 0.9권의 책을 읽는 한국인의 읽기 능력이 차이가 날 수 밖에 없다는, 그래서 책 내용은 물론 인터넷 공간에 오르는 게시글까지 오독하는 경우가 많다는 사실도 인지하면서 말이다. 그래서 휴가지나 공원에서 여유롭게 책을 즐기는 미국인들을, 일주일에 한두 번씩 서점에서 혹은 도서관에서 부모와 함께 책을 읽고 자유롭게 토론하는 미국 아이들을 다시 한 번 눈여겨보게 된다.

집중 탐구 002   슬로 리딩

빠름에 지친 현대인들이 '느림(Slowness)'에 관심을 기울이면서 '슬로 리딩Slow Reading' 또한 주목을 받기 시작했다. 기존의 책 읽기 방식이 읽기 기술에 초점을 맞추고 있다면, 슬로 리딩에서 제시하는 책 읽기 방식은 읽기의 즐거움에 초점을 맞춘다.

《슬로 리딩Slow Reading》의 저자인 존 미에데마John Miedema는 "책을 천천히 읽는 것은 책 읽기 자체에 온전히 집중함으로써 읽기 본연의 즐거움을 찾는 과정이기에 좋다"고 했다.[21] 빠르게 읽어버린 책은 마치 단숨에 삼켜버린 음식처럼 소화되기는커녕 맛조차 느낄 수 없다. 속독 중심의 책 읽기는 책 읽기 본연의 즐거움을 느낄 겨를도 없이 독서록에 한 권의 책을 더하는 행위일 뿐이라는 것이다.

미국 뉴햄프셔 대학교 영어과 교수인 토머스 뉴커크Thomas Newkirk도 기존의 책 읽기 방식을 "문자 해독(Decoding the words)에 불과하다"고 비판하며 슬로 리딩을 학교 교육에서 강조해야 한다고 주장했다.[22] 실제로 미국에서는 많은 학교 교육자들이 뉴커크의 생각에 동조하여 슬로 리딩을 교육 과정에 반영하고 있다.

기존의 책 읽기	슬로 리딩
• 속도 강조 • 문자 해독 수준의 책 읽기 • 시험에 대비한 내용 파악 중심의 책 읽기 • 효용성을 강조한 책 읽기	• '책 읽기의 즐거움' 강조 • 반복하여 읽기 • 큰 소리로 읽기 • 책 속 단어나 문구 중 마음에 와 닿는 부분을 손으로 직접 옮겨 쓰기

스스로 생각하게 도와주는 미국식 쓰기 교육

미국인들은 집에 《가정 요리책 Family Recipe Book》이 있을 정도로 쓰기를 좋아한다. 여행을 가면 기행문을 쓰고, 집안에 아기가 태어나면 육아일기를 쓰며, 편지나 엽서, 카드도 한국인들이 놀랄 정도로 자주 쓴다. 특히 미국의 교육은 쓰기를 강조하기에 모든 과목 활동에서 글쓰기가 빠지지 않는다. 미국의 쓰기 교육은 다음과 같이 세 가지 특징을 지닌다.

첫째, 글의 논리적 연관성을 강조한다. 앞뒤 문장의 인과관계, 주장과 근거 간의 명확한 관련성을 중요시하는 것이다.

저자가 미국 대학원에서 석사 과정 첫 학기를 보낼 때의 일이다. 수업은 세 시간 내내 특정 주제에 대해 학생들의 다양한 의견이 오가는 토론 형식으로 진행되었다. 수업이 끝난 후 교수님께서는 매주 수업이 시작되기 전에 수업 주제와 관련된 책을 읽고 2~3장 분량의 서평을 쓰라는 과제를 주셨다. 한국에서 중·고등학생 시절에 배운 대로 책 내용을 요약하고 느낌을 덧붙여 완성했다. 그런데 교수님께서 수업 후 부르시더니 다음과 같이 질문하셨다.

"여기 이 문장의 의미는 뭔가?"

"이 문장과 그 다음 문장은 어떤 연관이 있는가?"

그 다음 주에는 과제를 제출한 뒤 저자가 먼저 교수님을 찾아갔다. 저자의 글에 구체적으로 어떤 문제가 있는지, 어떻게 고쳐나가면 좋을지 여쭙기 위해서였다. 교수님은 다음과 같이 말씀하셨다.

"글쓰기에서 가장 중요한 건 논리적 연관성일세. 단어와 단어, 문장과 문장, 단락과 단락, 주제와 주제 사이의 논리적 인과관계와 연관성이 가장 중요한 거야. 자네의 글에는 연관성이 부족해!"

이로써 글을 쓸 때 논리적 연관성을 가장 많이 고려해야 한다는 걸 확실히 깨달았다. 해당 글과 관련된 배경 지식이 전혀 없는 사람, 심지어 중학생 수준의 지식을 가진 사람이 읽어도 충분히 이해할 수 있을 만큼 쉽고 간결하면서도 문장들 간의 연관성이 명확한 글이 좋은 글인 것이다.

그런데 이렇게 논리적 연관성을 지닌 글을 쓰려면, 우선 자신의 생각을 논리적으로 정리할 수 있어야 한다. 즉 어떤 문제나 과제의 원인, 이슈, 해결안 등을 상위 개념에서 하위 개념으로 계층적으로 분석해 구조화하는 사고가 필요하다.[23]

이러한 논리적 사고의 틀은 다양한 시각과 경험을 지닌 학생들이 함께 토론하며 의견을 나눌 때 보다 확장될 수 있다. 그래서 미국 학교에서는 학생들이 글을 쓰기 전에 생각을 정리할 수 있도록 시간을 충분히 준다.

한국 학교에서도 논리적인 글쓰기를 강조하지만, 대개 교과서의 지문을 읽고 주제를 파악한 후 글을 쓰는, 교과서 의존적 글쓰기 형식을 취하고 있다. '읽기 ⇨ 쓰기'의 2단계 과정이 이루어지는 것이다. 하지만 미국 학교에서는 주어진 글을 읽고 그에 대한 글쓰기 주제가 정해지면, 해당 주제에 대해 학생들끼리 자유로운 토론·토의를 진행한다. 바로 글쓰기에 들어가지 않고 생각을 나누는 시간을 가지게 함으로써 다양한 시각에서 문제에 접근하도록 하는 것이다. 이러한 토의·토론 후 학생들은 마인드맵Mind-Map, 표, 그림 등을 이용하여 글로 표현할 자신의 생각을 간단히 정리한다. 그 뒤 비로소 본격적으로 글쓰기에 들어간다. '읽기 ⇨ 자신의 생각 발표하기 ⇨ 다른 학생들과 토론하기 ⇨ 자신의 생각 정리하기 ⇨ 글쓰기'의 5단계 과정으로 진행되는 것이다. 이로써 미국 학생들은 자신의 생각을 어떻게 논리적으로 정리할지 충분히 고민할 수 있다.

둘째, 스토리북Storybook을 활용한다. 스토리북 활용은 뭐든지 쓰고 기록하는 미국인들의 생활 습관에 영향을 미친 교육법이다. 미국 초등학교에서는 미니북Mini-Book 만들기, 일러스트레이션을 넣은 책 만들기, 동물을 주제로 한 우화 만들기, A부터 Z까지로 시작되는 단어들이 들어간 책 만들기, 플립북Flip-Book 만들기, 자서전 쓰기 등 다양한 책 만들기 활동을 한다. 이때 아이들은 직접 상상력을 발휘하여 책에 들어갈 이야기를 만들고, 삽화를 그리며, 책에 어울리는 표지를 디자인하는 등 실제로 책 형식을 갖춘 스토리북을 제작한다. 이렇듯 스토리북을 활용하는 쓰기 교육을 통해 아이들은 창의성은 물론 융합적 사고력도 함양하게 된다.

한국 학교에서도 수업 시간에 8컷책이나 병풍책 만들기 등의 스토리북 활동이 이루어지기는 한다. 하지만 대개 수업 시간에 배운 내용을 복습하거나 교과 내용을 정리하는 데 초점이 맞춰져 있다. 그래서 저자는 미국 초등학교에서 교사들이 주로 사용하는 스토리북 만들기의 4단계 과정을 소개하겠다.

〈표 1-1〉 스토리북 만들기의 4단계 과정

1단계	1. 책을 읽고 뒷이야기를 바꾸기 2. 책을 읽고 사건의 순서를 바꾸어 이야기 짓기 3. 책 속 주인공을 바꾸어 이야기 꾸미기
2단계	1. 책 속에 등장하는 주요 사건 2~3개를 토대로 새 이야기 만들기 2. 내가 책 속 주인공이 되어 내 이야기 만들기
3단계	1. 내가 좋아하는 동물을 토대로 우화 만들기 2. 내게 가장 의미 있었던 사건을 몇 가지 정하여 나만의 자서전 만들기
4단계	1. 우리 가족의 역사를 조사하여 가족사(Family-History)책 만들기 2. 내가 쓰고 싶은 주제를 스스로 정하여 이야기책 쓰기 3. 일러스트레이션 또는 삽화를 넣어 이야기 만들기 4. 책을 만들고 그에 어울리는 표지 만들어 책 완성하기

셋째, 리딩 로그Reading Log를 활용한다. 미국 학교에서 널리 활용되는 리딩 로그는 책을 읽은 후 학생들이 책 내용을 간략하게 기록·

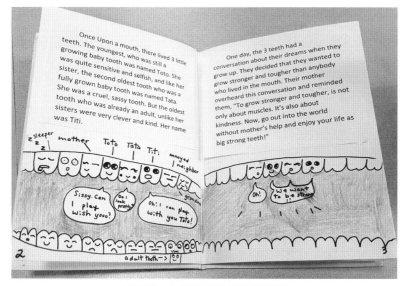

북페어(Book Fair)에 전시된 스토리북

미국 초등학교에서는 아이들의 읽기·쓰기 습관을 길러주고, 책 판매 수익금의 일부를 학교 기금으로 적립하기 위해 1년에 한두 차례씩 북페어 행사를 한다. 사진은 워싱턴 주 우드리지 초등학교 (Woodridge Elementary School) 북페어에 전시된 3학년 학생의 스토리북이다.

정리할 수 있는 일종의 독서노트다. 매일매일 어떤 책을 읽었고, 몇 쪽부터 몇 쪽까지 읽었으며, 핵심 주제는 무엇인지, 또 가장 인상 깊었던 내용은 무엇이며 왜 그렇게 생각하는지 등을 간략하게 적는 것이다. 리딩 로그는 작성하는 데 오래 걸리지는 않지만, 아이들은 리딩 로그를 작성하면서 자신의 생각을 보다 체계적으로 정리할 수 있게 된다.

한국에서도 읽고 쓰는 교육은 계속 강조되어왔다. 하지만 읽기 교육이 앞서 말했듯이 시험·수능 대비에 초점이 맞춰졌듯이, 쓰기 교육도 사고력 확장보다는 대학 입시 논술에 초점이 맞춰져있다. 그래서 대학 입시를 앞둔 고등학생들은 물론 신문 기사의 내용을 이해조차 못하는 초등학교 저학년 학생들도 독서논술학원에 다니며 신문 사설을 요약하고 대학 입시 논술에 대비한 쓰기 방법을 익힐 정도로 우리의 쓰기 교육은 미국의 쓰기 교육에 비해 그 뿌리가 얕다.

사실 '쓰다'라는 단어를 《국어사전》에서 찾아보면 "머릿속의 생각을 종이 혹은 이와 유사한 대상 따위에 글로 나타내다"라고 나와있다. 과연 한국의 쓰기 교육이 학생들에게 제대로 쓰는 방법을 깨우쳐주는 교육인지 생각해볼 필요가 있다.

한국 학원의 논술 특강은 대부분 시험에 대비하여 높은 점수를 받을 수 있게 해주는 글쓰기 '방법'을 알려주는 강의들이다. 사고력을 확장시키는 교육 활동보다, "서론과 결론은 한 단락, 본론은 세 단락, 중심 문장은 각 단락 맨 앞에, 한자어나 전문 용어나 통계 자료는 최소 2개 이상 본론에 넣는다"와 같이 수학 공식처럼 글 쓰는 요령과 방법을 가르치는 경우가 많다.

요컨대 미국의 쓰기 교육은 자신의 생각을 담아내는 데 초점을 맞춘다. 쓰기 전에 충분히 생각하고, 자신의 생각을 창의적·논리적·비판적으로 표현할 수 있는 능력을 키워주는 데 집중하는 미국식 쓰기 교육에 주목해보자.

'융합적으로 사고하는 인재'를 뽑는 미국 입시

한국이나 미국이나 명문 대학교의 입시 경쟁은 치열하다. 하지만 주변 사람들에게서 막연히 미국 입시가 더 쉽다는 이야기를 듣고, 미국에서는 중고등학생 때 놀면서도 명문 대학교에 합격할 수 있다고 착각하는 한국 부모들이 있다. 그러나 미국에서도 아이비리그 Ivy League(미국 북동부의 8개 명문 사립 대학교들)와 같은 명문 대학교에 입학하기 위해서는 SAT(Scholastic Aptitude Test)나 ACT(American College Testing)와 같은 대학입시표준시험에서 만점에 가까운 점수를 거둬야 하는 것은 물론, 예체능이나 리더십 부문에서도 눈에 띄는 성취를 보여야 한다. 오죽하면 미국에서도 자녀에게 명문 대학교에 합격할 스펙을 만들어주기 위해 최대 수만 달러를 들여 다른 나라에서의 봉사활동에 참여시키는 부모들이 있다는 이야기가 심심치 않게 들려오겠는가.

그렇다면 미국과 한국 입시 제도의 결정적 차이는 무엇일까? 바로 "입시 과정에서 어떤 유형의 인재를 선발하느냐"이다.

한국에서 명문 대학교에 가는 학생들은 대개 초·중·고 시절 12년간 교육부가 정한 학습 내용을 철저히 암기하고 시험에서 한 문제라도 덜 틀리는, 즉 사소한 실수를 저지르지 않는 '꼼꼼한' 학생이다. 이에 반해 미국의 명문 대학 입시에서는 학생들의 학업에 대한 도전정신과 함께 비非교과 영역에서 보여준 각 개인의 개성과 차별성까지 두루 평가한다. 이를 통해 융합적 사고를 할 줄 아는 인재를 선발하는 것이다.

즉, 미국의 입시 과정에서는 자신의 수준보다 조금 더 어려운 과제를 선택해 성공적으로 수행한 경험이 많은 도전적이고 성취지향적인 학생이 더욱 높은 평가를 받는다. 이와 관련하여 미국의 교과목을 예로 들어보겠다. 미국 고등학교에서는 수학 과목을 학생들이 자기 수준에 맞춰 들을 수 있다. 그래서 학생들이 고등학교를 졸업할 때까지 수강하는 수학 과목의 수준은 천차만별이다. 미국 대학 입시에서는 쉬운 과목(예를 들면 미적분학)에서 A학점을 받은 학생보다는 어려운 과목(예를 들면 선형대수학)에서 B학점을 받은 학생을 더 높이 평가하는 경향이 있다. 즉, 어려운 과제에 도전하고 거기서 자기의 역량을 최대한 끌어올리는 학생을 더욱 높이 평가하는 것이다.

〈표 1-2〉 고등학교 수학교과의 수준별 반 편성 사례

	하위반	중위반	상위반	최상위반
9학년	Algebra1(대수학1)	Geometry & Finite math(기하학과 유한수학)	Algebra2(대수학2)	Pre-Calculus(기초미적분학)
10학년	Geometry & Finite math(기하학과 유한수학), Geometry(기하학)	Algebra2(대수학2)	Pre-Calculus(기초미적분학)	Calculus(미적분학)
11학년	Algebra2(대수학2)	Pre-Calculus(기초미적분학)	Calculus(미적분학)	Multivariable Calculus(다변수미적분학), Statistics(통계학)
12학년	Pre-Calculus(기초미적분학), Trigonometry/Algebra3(삼각함수/대수학3)	Calculus(미적분학), Statistics(통계학)	Multivariable Calculus(다변수미적분학), Statistics(통계학)	Linear Algebra(선형대수학), Group Theory(그룹이론)

미국에서 명문 대학교에 지원하는 학생들은 대개 SAT나 ACT 같은 대학입시표준시험이나 고등학교 내신 점수가 거의 만점에 가깝다. 그래서 미국의 대학교들은 입시 과정에서 예체능이나 봉사활동 등 비교과 영역까지 살펴봄으로써 개개인의 재능과 개성, 인성, 창의

성 등을 깊이 있게 확인한다.

대다수의 미국 학생들은 방과 후 음악, 미술, 운동 클럽 등에서 열심히 활동한다. 중·고등학교 6~7년간 예체능 클럽활동에 열심히 참여한 학생들은 각각의 활동 영역에서 필요한 기술과 능력을 몸에 익히는 것은 물론, 단체 활동을 통해 리더십, 타인에 대한 존중과 배려, 팀워크, 규칙 준수 등도 자연스레 배우게 된다. 향후 공동체의 일원으로서 사회생활을 하는데 필요한 역량을 청소년 시절에도 꾸준히 몸에 익히는 것이다.

최근 한국의 주요 대학교들도 대학 입시 때 '학생부종합전형(이하 '학종')'의 비중을 확대함으로써 비교과 영역 활동에 대한 평가를 강화하고 있다. 그러나 이러한 대학 입시 제도의 변화가 아직까지는 한국 중·고등학교 교육 과정의 실질적인 변화를 이끌어내지는 못하고 있다.

미국의 대학 입시에서 요구하는 에세이도 지적 능력과 논리력 평가는 물론, 본인의 인성과 경험, 창의성 등을 녹여 자기 자신을 어떻게 드러내는지를 깨우치기 위한 것이다. 그래서 학원에서 배운 판에 박힌 글쓰기가 아니라 자신만의 개성을 살리는 글쓰기가 중요하다. '특이한 에세이(Uncommon Essay)'로 유명한 명문인 시카고 대학교(University of Chicago)는 매년 지원자들에게 지원 동기와 이 대학교가 학생에게 제공해야 할 서비스 등에 대해 기술하라는 필수 질문과 함께 5개의 독특한 질문 가운에 하나를 골라 답안을 작성해 제출시키고 있다.

그 5개의 질문은 시카고 대학교 학생들로부터 받은 500개가 넘는 질문들 중에서 엄선되며, 지원자가 원하면 자신이 직접 질문을 만들어 답변할 수도 있다. 그 독특한 질문의 예는 "홀수는 왜 특이한가?(What's so odd about odd numbers?)"나 "당신은 왜 다른 곳이 아니라 여기에 있나?(Why are you here and not somewhere else?)" 같은 것이다.[24]

물론 답변의 형식이 정해진 것은 아니기에 지원자들은 전통적 에세이에서부터 시나 도표, 사진 등까지 활용해 자신이 원하는 형식으로 답변을 제출할 수 있다. 물론 이런 에세이를 쓰기 위해 사교육의 힘을 빌리는 경우는 거의 없다. 미국 학생들은 유치원생 때와 초등학생 때부터 자신의 생각을 말이나 글 등 여러 형태로 표현하는 데 익숙하기 때문이다.

미국과 한국 입시의 또 다른 차이는 바로 대학입시표준시험을 치를 수 있는 횟수다.

한국에서 '고등학교 3학년'은 특별한 의미를 지닌다. 물론 재수나 삼수 혹은 그 이상으로 대학수학능력시험을 다시 칠 수도 있겠지만, 대개 고등학교 3학년 연말에 치는 단 한 번의 대학수학능력시험으로 대학 입시 정시가 결정된다는 인식이 강하다. 이에 반해 미국의 대학수학능력시험인 SAT는 연간 7번 시행되며, 학년에 관계없이 시험을 볼 수 있고, 시험 치는 횟수도 제한이 없다.

이제껏 친 SAT 시험 점수를 모두 요구하는 대학교도 있지만 대부분 자신의 최고 SAT 점수를 선택해 대학 입시 전형에 제출할 수 있기에 대학입시표준시험에 목숨을 거는 경우는 거의 없다. 또 대부분 고등학교 2학년 말에서 3학년 초에 자신이 필요한 SAT 점수를 따게 된다. 일부 지역에 SAT 대비 학원이 있지만 대중적이지는 않다.

이 때문에 한국과 미국의 고등학교 3학년의 생활은 판이하게 다르다. 한국에서는 수험생들이 야간 자율학습 뒤에도 학원들을 돈다. 물론 수능 성적을 올리기 위해서다. 이에 따른 수면 부족과 학업에 대한 스트레스는 한국에서 고등학교 3학년 시절을 보내는 누구나 겪는 일종의 통과의례다. 미국의 고등학교 3학년은 다른 학년 학생들과 크게 다르지 않다. 미국 동부의 유명 사립 기숙 고등학교에서 미국의 대학 입시를 준비한 한 지인은, 공부를 더 하고 싶어도 밤 10시 반이면 불을 꺼야 했고, 아무리 시간을 연장해도 밤 11시 반이면 잠자리에 들어야 했다고 한다. 이를 어기면 주의를 받았다. "미래의 행복을 위해 오늘의 행복을 포기하라"는 말이 통하지 않는 것이다.

사람들은 "한국 대학 입시 제도의 가장 큰 문제점은 경쟁이 지나치게 치열한 것이다"라고 말한다. 맞는 말이다. 아이들이 초등학생 시절부터 밤늦게까지 학원에 다녀야 하는 한국 사회는 지나치게 경쟁적인 사회다. 그러나 이보다 더 심각한 문제는 그렇게 치열한 경쟁을 하면서도 아이들이 정작 미래 사회에 필요한 지식과 기술, 능력을 제대로 쌓지 못한다는 것이다. 사고력을 확장시키고 자신의 개성과 창의성을 키우기보다 주어진 텍스트를 달달 외우고 실수하지 않는 암기형 인재로 성장하기 때문이다. 한창 성장하는 초·중·고등학생 시절에 같은 내용을 반복 학습하고 작은 실수에도 벌벌 떨게 만드는 사회에서 과연 스티브 잡스Steve Jobs(1955~2011)와 같은 창의적 인재가 나올 수 있을까?

학생들의 성장을 돕는 미국의 입학사정관제

1년 365일 내내 입시전쟁이 이루어지는 한국에서 최근 '학종'으로 학교 안팎이 시끄럽다. 주요 대학교들이 입시에서 학종 비중을 대폭 확대함에 따라 또 다른 사교육비 지출이 늘어 계층 간 불평등을 심화하고 입시의 공정성을 훼손할 것이라는 반대의 목소리가 커지는 것이다.

학종은 교과 성적은 물론 생활기록부, 교사추천서, 자기소개서, 면접 등을 통해 학생들의 학교생활을 종합적으로 평가하는 전형이다. 한마디로 학교생활을 얼마나 충실히 했는지 들여다보겠다는 것이다. 학종은 교과 성적은 물론 비교과 영역의 활동들도 비중 있게 평가하는 미국의 입학사정관제를 벤치마킹한 것이다.

미국은 이미 오래전부터 자원봉사활동은 물론, 학생 개개인의 적성과 흥미, 재능에 따라 음악, 미술, 무용, 스포츠 영역의 다양한 클럽활동을 교육 현장에 접목시켜왔다. 학생들의 성장을 돕는 교내 활동이 학교 교육의 중심이 된 것이다.

물론 미국 입시에서도 에세이 표절과 대필 같은 문제가 종종 발생

한다. 하지만 지속적인 제도 개선과 입학사정관의 자질 검증 등으로 학부모들과 학생들이 받아들일 수 있을 정도의 공정성과 투명성, 신뢰성을 갖추었기에 미국에서는 입학사정관제가 대학 입시 전형의 기본 축으로 자리를 잡게 되었다.

사실 제도 자체만 놓고 봤을 때 학종은 창의성 개발과 독서 활동을 통한 지적 자극, 적극적인 진로 탐색, 인성 개발, 교권 회복 등 긍정적인 측면이 다른 어떤 입시 전형보다 많다. 다만 학종이 본래 취지대로 학교 중심의 공교육을 정상화시키는 역할을 하려면 다음과 같은 두 가지 조건을 충족시켜야 한다.

첫째, 학교의 교육 과정과 수업 방식, 학교생활에 실질적인 변화가 일어나야 한다. 학생들이 자신의 재능을 발견하고 진로를 탐색하며 희망하는 전공과 관련한 다양한 활동을 할 수 있도록 체육, 과학, 예술, 경영, 커뮤니케이션, 리더십, 외국어 등 다양한 교과가 비중 있게 편성되어야 한다.

미국 고등학교에서는 언어, 수학, 과학, 사회 이외의 과목들은 모두 선택과목이다. 교과가 학생들의 관심사와 적성을 반영해 다양하게 편성되는 것이다. 학생 개개인마다 흥미, 욕구, 재능이 모두 다르다는 전제하에 중등 교육 과정이 차별적으로 운영되기에 미국에서 입학사정관제가 정착될 수 있었던 것이다.

또한 학종이 성공적으로 정착되려면 수업의 혁신이 일어나야 한다. 교과서 위주의 단편 지식 전달 수업에서 창의력과 비판적 사고력을 키우는 토론·발표 중심 수업으로 전환되어야 한다. 다행히 최근 중·고등학교는 물론 초등학교에서도 수업이 모둠 활동, 주제별 수업, 프로젝트 학습 등 학생 참여 중심으로 더한층 변화하고 있다.

무엇보다 학종이 정착하려면 비교과 영역에서의 활동이 학종을 대비하기 위한 형식적인 교육 활동으로 전락해서는 안 된다. 자율 활동과 동아리활동은 오랫동안 참여하고 몰입해야 재능을 계발하고 미래의 전공과 직업을 결정하는 데 도움이 된다. 봉사활동도 진정성을 가지고 꾸준히 해야 학생들이 공동체 의식을 함양할 수 있고, 인성을 갖춘 시민으로 성장할 수 있다. 그래서 미국 학교에서는 교사와 학생 모두 비교과 영역 활동에 진지한 자세로 임하며 많은 시간을 투자한다.

둘째, 학종의 공정성과 신뢰성을 더욱 높여야 한다. 이를 위해서는 우선 학생부를 기재하는 교사가 학생들을 공정하게 평가할 수 있어야 한다. 명문 대학교 진학률을 높이기 위해 일부 상위권 학생들의 생활기록부만 정성껏 써준다든가 집중적으로 관리해서는 안 된다.

물론 지금처럼 교사 1명이 30명 이상의 학생들을 수시로 관찰하면서 행동 특성과 종합 의견을 공정하게 생활기록부에 기재한다는 것은 거의 불가능하다. 물론 이 또한 교육을 개혁하는 과정에서의 과도기적 진통이라고 볼 수도 있으나, 장기적으로는 미국처럼 학생들의 출결과 공지사항 전달 등은 담임교사가 담당하고, 수업은 교과교사가 전담하며, 학생들의 적성과 진로 지도는 상담교사가 맡는 시스템을 갖추어야 한다. 교사들은 업무 부담이 줄어들면 학생들을 보다 더

서울언북초등학교 학생들의 모둠 활동

이러한 노력과는 별개로 '학생부를 잘 포장해서 써주는 교사가 좋은 교사'가 되는 일이 없도록 보다 표준화된 학생부 작성 가이드라인을 제공해야 한다. 특히 학부모에게서 금품을 받고 학생부를 조작한 교사는 무관용 원칙에 따라 교단에서 영구히 퇴출시켜야 한다. 또한 학부모나 학생이 사실과 다른 내용을 생활기록부에 적어달라고 요구할 경우 졸업을 못할 정도의 불이익을 줄 수 있는 법적·제도적 장치도 마련해야 한다. 부모의 재력에 따라, 컨설팅 업체의 도움 여부에 따라 생활기록부의 내용이라든가 자기소개서가 달라진다면 학종은 '금수저 전형'이라는 오해에서 끝내 벗어나지 못할 것이다.

미국 퍼듀 대학교 입학사정관과의 인터뷰
자신만의 스토리로 승부하라

Q1. 입학사정관이 되기 위한 과정을 말씀해주십시오.
특별히 정해진 과정은 없습니다. 퍼듀 대학교 국제입학처에서 근무하는 입학사정관들의 경우, 학부 전공과 경력 등이 매우 다양하지요.
저는 대학교에서 국제경영과 마케팅을 전공했고, 대학원에서 경영학 석사 학위(MBA)를 취득했습니다. 다른 나라 사람들과 교류하면서 사업하는 것에 관심이 많았기에 첫 직장을 구할 때도 여러 나라 사람들과 교류하면서 경력을 쌓을 수 있는 일을 찾았습니다. 그러던 중 국제입학(International Admission)을 담당하는 일을 시작했습니다. 국제입학처의 다른 분들의 경우 정치학, 커뮤니케이션학, 동아시아학을 전공했습니다.
국제입학처의 입학사정관이 되는 데 중요한 것은 커뮤니케이션과, 다른 나라의 문화에 대한 관심과 열정입니다.

Q2. 입학사정관의 주요 업무는 무엇입니까?

주요 업무는 입학지원서를 검토하고 학생을 선발하는 것입니다. 그리고 다른 나라에 가서 우리 대학교를 홍보하고 우수한 학생들을 모집합니다.

퍼듀 대학교 국제입학처의 경우 6명의 입학사정관이 한국, 중국, 일본, 인도 등 여러 나라들을 방문해 우수한 고등학교와 대학교의 학생들과 학부모들을 만나 학교를 홍보합니다. 2015년에는 한국의 제주도와 인천에 가서 대학 박람회에 참석했고, 국제학교를 방문해 학생들과 토론과 면담을 했습니다.

Q3. 한국 학생들에 대한 인상은 어떠셨습니까?

일반 고등학교가 아닌 국제학교를 방문했기에, 일반적인 한국 고등학교의 분위기를 느끼지는 못했습니다. 하지만 학생들이 매우 우수하다는 것과 학교 시스템이 경쟁력을 갖추고 있음을 엿볼 수 있었습니다.

Q4. 학생 선발 시, 주요 평가 항목은 무엇입니까?

학생의 지속적인 학업 성취 과정과 영어 구사 능력, 에세이, 비교과 활동 경력 등을 평가합니다. 외국 학생들은 학업성취도는 매우 높지만 영어 구사 능력이 낮은 경우가 종종 있지요. 그래서 외국 학생들이 미국에서 자신의 능력을 펼치면서 공부할 수 있는지를 중점적으로 평가합니다.

학업성취도가 높지도 낮지도 않은 지원자는, 에세이 및 비교과 영역의 활동을 보고 판단합니다. 제 개인적으로는 에세이를 심사할 때 잘 짜인 형식보다는 지원자의 성장 과정과 성격 등이 담긴 스토리 형식을 보다 더 선호합니다. 지원자의 독특하면서도 고유한 모습을 볼 수 있으니까요. 물론 학생 선발 평가 항목은 학교마다 다릅니다.

Q5. 미국 대학교에 입학하려는 한국 학생들에게 조언 부탁드립니다.

우선 지원하는 학교의 입학 절차를 정확히 알고 준비해야 합니다. 모든 입학 정보는 학교 홈페이지에 명시돼있고, 또 입학담당자에게 이메일을 보내거나 전화로 확인할 수 있습니다.

다음으로 지원서 제출 기한을 반드시 엄수해야 합니다. 마감일 이후에 도착한 지원서는 철저히 배제합니다. 가급적 마감일보다 일찍 지원서를 제출하세요. 마지막으로 학교 수업에 충실해야 합니다. 영어 구사 능력도 향상시켜야 하고요. 입학 경쟁이 치열한 상황에서는 이 부분이 더욱 중요합니다. 그리고 자신의 고유함이 잘 드러나도록 에세이를 작성하기 바랍니다.

대닉 토리Danek Torrey | 퍼듀 대학교 국제입학처 부책임자(Assistant Director)

개개인을 존중하고 지성과 인성의 균형을 맞추는 미국 교육

태어나서 성인이 될 때까지 한국에서 생활하다 미국에 온 사람들은 종종 이런 말을 한다. 1년의 반은 미국에서, 나머지 반은 한국에서 지내고 싶다고 말이다. 두 나라를 모두 경험해보니 미국에서는 한국이 그립고, 한국에서는 미국이 생각난다는 것이다.

미국에서 은행, 병원, 관공서 등의 느릿느릿한 일처리를 보면 한숨이 절로 나온다. 그럴 때마다 뭐든지 빠른 한국 문화가 그리워진다. 반면 한국에서 무표정한 사람들이 바삐 놀리는 발걸음을 보노라면 어쩐지 저자가 길 잃은 이방인 같기에 조금은 느린 미국 문화가 그리워진다. 이렇게 미국과 한국 사회의 서로 다른 문화를 접하게 되면 자연스레 각각의 장·단점을 비교하게 된다.

교육도 마찬가지다. 선진국인 미국의 교육도 누구나 100% 만족시키기는 쉽지 않다. 그래서 저자도 한국 교육의 장점을 떠올리게 된다. 그러나 미국에서 교육을 받은 경험이 없는 대다수 한국 학생들이나 학부모들은 미국 교육에 대한 동경이 어느 정도 있다. 이는 한국 교육의 단점을 줄줄이 열거할 정도로 한국 교육에 대한 불신이 팽배해 있기 때문이기도 하다.

한국의 교육 현실을 보면 중동 지역에서 열리는 낙타 경주 대회가 떠오르곤 한다. 이 경주에 출전하는 낙타의 등에는 작은 센서가 달려 있고, 낙타 주인은 리모컨으로 센서에 달린 채찍을 조종해 낙타의 등을 때려 더 빨리 달리게 하는 식이다. 대학 입시라는 목표를 향해 돌진하는 우리 아이들, 그리고 그 옆에서 응원과 동시에 채찍질을 하는 학부모들과 교사들이 꼭 낙타 경주 대회에 참가한 낙타와 주인 같다.

이렇듯 한국 교육은 많은 문제점을 안고 있지만, 그 속에서도 몇 가지 장점을 찾아볼 수 있다. 즉, 교육에 대한 국민들의 강한 목표 의식과 열의, 실행력, 우수한 교사 집단 등은 한국 교육의 커다란 장점이다. 만약 뛰는 목적을 다르게 설정하고 방향도 다양화한다면 아이들이 더욱 힘차게 새로운 목적지를 향해 나가기 위한 추진력을 확보할 것이다.

그동안 한국 교육은 입시 위주 교육, 과열된 교육열, 학교·교사의 자율성 부재로 인한 보수적이고 답답한 교육 과정 등이 늘 문제라는 지적을 받아왔다. 입시 위주의 단순 암기식 교육은 학생들의 학습에 대한 흥미를 떨어뜨리고 창의성을 말살하며, 다양한 진로를 탐색해보려는 시도를 방해한다. 하지만 창의성을 발휘하는 데 필요한 최소한의 기초 지식과 정보를 단기간에 습득하는 데는 한국의 암기식 교육이 효과적이기도 하다.

한국 부모들의 높은 교육열은 대학 진학률을 69%까지 끌어올리면서 국민들의 지적 능력 향상에도 크게 기여했다. 게다가 한국 사회에는 '교육'이라는 비교적 공정한 통로를 통해 사회적 지위를 향상시킬 수 있다는 기대감이 아직 남아있다. 물론 교육이 계층 간 이동을 위한 사다리로서의 기능을 상실한 면이 크긴 하나, 지금껏 교육이 사회적 불평등을 감소시키는 데 중추적인 역할을 해온 것은 부인할 수 없다.

물론 교육부를 정점으로 각 교육청과 일선 학교들로 전달되는 하향식 교육 정책은 학생 개개인의 적성과 재능을 살리지 못하지만, 교육 제도가 빨리 정착되고 지역별로 큰 차이가 없을 정도로 평등한 교육 과정을 운영할 수 있다는 장점도 있다. 학생의 형편에 관계없이 비슷한 수준의 공교육을 초등학생 시절부터 고등학생 시절까지 받을 수 있기에, 한국에서는 공교육을 받은 사람이라면 누구라도 어느 정도 비슷한 수준의 기본 소양도 갖출 수 있다.

교사들 역시 한국 교육의 커다란 장점 중 하나다. 만성적인 교사 부족으로 골머리를 앓는 미국과는 달리, 한국에서는 교원임용시험이 '고시'라고 불릴 정도로 경쟁이 치열하며, 그 덕에 우수한 교사들이 꾸준히 학교로 몰리고 있다. 교육 현장에서는 수업의 질을 높이기 위한 교과별 교육연구회가 있으며, 많은 교사들이 자신의 전문성을 높이기 위해 다양한 연수 프로그램에 자발적으로 참여한다.

이처럼 한국은 수준 높은 교사들을 보유하고 있으며, 교육에 대한 국민들의 열의와 목표 의식도 강하다. 교육 정책·제도의 실행력도 미국보다 우수하다. 이제 중요한 건 교육의 방향과 목표를 제대로 세우고서 아이들을 교육하는 것이다. 아이들이 경주장의 낙타들처럼 무조건 앞만 보고 뛰면서 채찍을 맞아서는 안 된다. 미국의 교육이 끊임없이 글로벌 인재를 양성할 수 있는 것도 교육 철학과 목표가 바르고 명확하기 때문이다.

그렇다면 미국 교육의 장점들 가운데 우선 어떤 것을 한국 교육의 장점, 즉 실행력과 접목시키면 효과를 기대할 수 있을까? 일단 두 나라의 사회·문화적 차이를 감안해야겠지만, 한국 교육의 점진적인 변화 발전을 위한 몇 가지 제안을 해보자면 다음과 같다.

첫째, 우월감보다 자존감을 키우는 교육을 강화해야 한다. 한국의 아이들은 어려서부터 남들보다 잘해야 한다는 무언의 압박을 받으며 성장한다. 그러나 나보다 잘 하는 사람은 늘 있기 마련이다. 결국 비교만 하다 보면 행복감과 자존감은 떨어질 수밖에 없다. 그러다 보니

경기도 수업비평교육연구회
경기도 수업비평교육연구회에서는 경기도의 중·고등학교 교사들이 정기적으로 평일 저녁에 모여 수업의 질을 높이기 위한 연구 활동을 하고 있다.

나보다 조금이라도 못하는 사람을 얕보며 우월감을 느끼려고 든다. 곧 우월감은 열등감의 다른 말임을 알 수 있다.

"저 집보다 우리 집이 잘 살고, 저 아이보다 내가 공부를 잘하니 내가 저 아이보다 낫다"는 생각부터 깨야 한다. 미국의 아이들처럼 우리 아이들도 가정과 학교에서 남들과 비교하기 위해서가 아닌 자신의 꿈을 위해 스스로 노력하고 공부할 수 있도록 여건을 마련해야 한다. 그러기 위해서는 부모와 교사부터 바뀌어야 한다. 부모한테서 자신보다 공부를 못하고 못 사는 아이와는 같이 놀지 말아야 한다고 귀에 못이 박히게 들은 아이들이 어떻게 건전한 인성과 가치관을 가지고 성장하겠는가? 마찬가지로 다른 아이들보다 성적이 낮고 집안 형편이 어렵다는 이유로 교사에게 칭찬 한 번 제대로 듣지 못한 학생들이 학업에 흥미를 가지기도 어렵다.

이 책 전반에서 누누이 강조하는 바와 같이, 아이들이 스스로를 존귀하게 여기며 자존감을 높여갈 수 있도록 부모와 교사가 함께 노력해야 한다. 이를 위해 다양성을 체화시키는 교육이 필요하다. 즉, 교육을 통해 자신은 물론 모두가 각기 다른 개성을 지닌 인격체임을 인식하고 자신과 다른 사람들을 구분짓기보다 서로 존중하도록 가르쳐야 하는 것이다. 이는 인성교육 및 시민의식 교육과 맥락을 같이 하면서 자존감을 기르는 교육의 시작점이 된다.

둘째, 앞서 말했듯이 읽고 쓰는 교육이 바뀌어야 한다. 시험을 잘치기 위한 읽기·쓰기 교육이 아닌, 평생의 독서습관을 기르고 자신의 생각을 창의적이고 논리적으로 전달할 수 있는 방편의 글쓰기를 가르쳐야 하는 것이다. 한국에서는 논술이나 글쓰기를 '사교육을 통해 배우는 것'이라는 인식이 강하다. 또한 학교 수업에 작문 시간이 있기는 하지만 글에 대한 평가점수만 받는 경우가 많고, 글의 어떤 부분을 고치고 보완해야 하는지 같은 첨삭 지도는 미흡한 편이다.

미국의 교육은 다르다. 초등학생 시절부터 자신의 흥미를 바탕으로 다양한 책들을 깊이 있게 읽은 후, 이를 바탕으로 글의 주제를 정하고 전개해나가는 훈련을 한다. 교사는 사전에 평가 가이드라인인 루브릭Rubric을 제시해 학생들 스스로 글이나 프로젝트의 방향을 잡아갈 수 있도록 도움을 준다. 교사의 피드백도 구체적이다.

한국 학생들도 공교육 영역에서부터 논리적·융합적 사고를 키울 수 있도록 체계적·단계적 읽기·쓰기 교육을 받아야 한다. 학교의 자원과 역량이 부족하다면 미국처럼 지역 도서관이나 교육 관련 비영리 단체들과도 연계해야 한다.

셋째, 학생들이 자신의 무한한 가능성을 믿고 다양한 진로를 탐색할 수 있도록 해주어야 한다. 한국에서는 너도 나도 대학교에 들어가기 위해 공부를 하다 보니 4년제 대학교를 나오고도 다시 기술을 배우기 위해 전문대에 들어가거나 공무원이 되기 위해 열심이다.

좋은 대학교에 들어가야 좋은 직장에 취업할 가능성이 높은 것은 미국도 마찬가지다. 그러나 한국 학생들과 학부모들과는 달리 명문 대학교 입학이나 공무원 임용, 대기업 입사에 목매지 않는다. 부모와 교사를 포함한 모든 교육 주체들이 성공의 개념을 확장시켜 아이들이 더욱 더 다양한 꿈을 펼칠 수 있도록 독려하기 때문이다. 이를 위해 교육 과정의 변화와 사회적 인식의 전환이 뒷받침되어야 한다. 이에 대해서는 제2장 '세계를 이끄는 미국의 글로벌 인재들은 어떻게 육성되었나'와 제3장 '자존감, 다양성, 자율성을 갖춘다 -미국의 교육 과정'에서 보다 자세히 살펴보겠다.

한국 교육의 강한 목표 의식과 실행력에, 개개인의 삶을 존중하고 지성과 인성의 균형을 맞추면서 배움과 앎을 실천해가는 미국 교육의 장점이 합쳐진다면, 우리의 교육은 한 차원 높은 수준으로 도약할 것이다.

3. 각자의 가능성을 믿고 존중하는 미국의 인재 육성

사회를 이끌 민주시민으로 키우는 인성교육

미국은 전인교육을 통해 긍정적인 자아상을 가진 시민을 육성하는 것을 중요시한다. 전인교육에 대해 미국 백악관 국가장애위원회 정책차관보를 지낸 교육학자 강영우 박사(1944~2012)는 벤저민 블룸 Benjamin Bloom(1913~1999)의 교육 목적 분류 체계로 다음과 같이 설명했다.

전인교육이란 인지적 영역(Cognitive Domain)에서 지력, 정의적 영역(Affective Domain)에서 심력, 정신운동 영역(Psychomotor Domain)에서 체력을 고르게 계발하는 것이다.[25] 여기서 지력이란 사물을 헤아릴 수 있는 기본적인 지적 능력과 학습 능력이다. 심력은 마음과 힘을 아울러 이르는 말로, 감성과 의지 그리고 가치관을 포함한다. 체력은 육체적 활동을 할 수 있는 몸의 힘, 또는 질병이나 추위 따위에 대한 몸의 저항 능력이다.[26]

이러한 전인교육의 기치 아래 미국은 건강한 공동체 의식을 지닌 민주시민 양성을 교육의 지향점으로 삼아왔다. 문화적으로도 시민의식에 기반을 둔 공동체적 가치가 사회 저변에 흐르고 있기에, 미국인들은 개인주의를 존중하면서도 사회공동체를 위한 기부와 봉사활동을 중시한다. 2015년 한 해 동안 미국인들은 총 3,732억 달러를 기부했으며, 이 중 개인 기부의 비율은 71%였다.[27] 또한 2014년 기준으로 미국 전체 인구의 25.3%에 해당하는 6,280만 명이 총 79억 시간 동안 자원봉사활동을 했다.[28] 앞서 언급했듯이, 전인교육의 핵심인 인성교육은 이와 같이 미국에서 평범한 시민들도 기부와 봉사를 삶의 일부로 여기고 실천하게끔 나눔의 문화를 정착시켰다.

미국에서 인성교육은 가정에서 시작된다. 미 해군(U. S. Navy) 출신으로 주정부 공무원으로 근무하다가 은퇴한 찰스 휴글리Charles Hewg-ley 씨는 미국인들의 자원봉사에 대해 다음과 같이 말했다.

> 대부분의 미국인들은 다른 사람들을 돕기 위해 자원봉사를 해야 한다고 어린 시절부터 배웁니다. 미국인들 중 상당수는 이웃을 돕는 것이 일상화된 작은 마을에서 자라지요. 미국인들은 부모에게서 배운 이 같은 나눔의 가치를 어른이 된 뒤에도 삶에 반영하기 위해 노력합니다. 우리가 자라면서 배워왔듯이, 우리도 자녀들에게 지역사회에 기여하라고 가르치지요.

미국은 '정의적 영역에서의 인성'을 '인지적 영역에서의 학습 능력' 못지않게 중요시한다. 실례로 미국은 1994년에 미국학교개선법(IASA: Improving America's Schools Act of 1994)을 연방법으로 제정해 인성교육을 실행하고 있다. 주정부 차원에서도 인성교육 관련 법을 제정해 인성교육을 의무화하고 예산을 집행한다.

신뢰, 존중, 책임감, 공정, 배려, 겸손, 시민의식과 같은 인성교육의 가치들은 미국 사회에서 리더가 되는 데 필수적인 조건이다. 세계적 경영학자인 짐 콜린스Jim Collins는 저서《좋은 기업을 넘어… 위대한 기업으로Good to Great》에서 개인적 겸손(Personal Humility)과 전문가적 의지(Professional Will)가 융합될 때 최고 수준의 리더십에 이를 수 있다고 말한다.[29]

미국 대학 입시에서도 자원봉사활동과 클럽활동 같은 사회활동 경력이 당락에 큰 영향을 미친다. 사회활동을 통해 윤리적 가치는 물론 시민 사회에서 필요한 공동체 의식과 역량이 길러진다고 보기 때문이다. 미국에서 어린 시절부터 다양한 스포츠 활동을 하도록 권장하는 이유도 건강한 육체를 만들기 위함만이 아니다. 스포츠를 즐기며 팀워크, 배려, 규칙, 에티켓 등을 배운 아이들이 더욱 긍정적인 자아상과 성숙한 시민의식을 지닌 공동체의 일원으로 자라기 때문이다.[30]

그렇기에 미국 행정부가 교체되고 교육 정책과 제도가 바뀌더라도 자기에 대한 존중, 타인에 대한 배려, 자유, 평등, 정직과 같은 정의적 영역에서의 보편적 가치가 미국의 교육을 일관된 방향으로 이끌 수 있는 것이다. 즉 지력, 심력, 체력을 조화롭게 키워줌으로써 인간다운 인간, 다시 말해 공동체 의식을 지닌 성숙한 민주시민을 양성하는 것이 미국 교육의 핵심 목표인 것이다.

교육의 목적은 '균형 잡힌(Well-rounded) 인간'을 만드는 것이다. 지력, 심력, 체력을 고루 발전시키지 못한 채 한쪽 영역, 특히 학습 능력만 비정상적으로 키우는 나라에서 제대로 된 교육이 이루어질 수 없음은 자명하다. '든 사람'은 만들어내도 '된 사람'은 키우지 못하는 것이다. 예컨대 타인에 대한 배려와 존중의 가치를 못 배운 아이는, 머리에 든 것은 많아도 지식을 남을 위해 쓰지 못하는 이기적인 인간이 될 것이다. 아무리 좋은 머리를 가진 아이라도 난관에 부딪쳤을 때 고통을 참아가면서 역경을 극복하고자 하는 강한 의지가 없다면, 세상에 감동과 기쁨을 줄 수 있는 인재로 성장하지 못할 것이다.

한국 부모들은 지력이 부족하다 싶으면 학원 심야 교습을 시켜서라도 자녀들의 학습 능력을 높여 놓는다. 하지만 안타깝게도 아이의 인생에서 가장 중요한 시민의식이라든가 사회적 책임, 의지력과 같은 심력에는 별로 관심을 갖지 않는다. 사실, 자녀에게 올바른 인성과 긍정적인 자아상을 심어주고 싶다면, 부모부터 제대로 된 가치관을 지녀야 한다. 한국전쟁 당시 미 8군 사령관이던 제임스 밴 플리트James Alward Van Fleet 장군(1892~1992)의 외아들인 지미 밴 플리트 중위는 한국전쟁 당시 해외 파병 대상자가 아니었지만 자원해서 참전했다. 플리트 중위는 한국으로 오기 전 어머니께 다음과 같은 내용의 편지를 썼다.

"어머니, 저를 위해 기도하지 마시고, 조국 수호를 위해 국가의 부름에 따라 전투에 참여하는 동료들을 위해 기도해주세요."

플리트 중위는 사랑하는 아내와 한 살 된 아들을 미국에 남겨둔 채 한국전쟁에 참전했지만, 그는 1952년 4월 4일 B-26 폭격기를 몰고 임무를 수행하던 중 실종됐다. 그러자 그의 아버지 밴 플리트 사령관은 미군의 더 큰 희생을 막기 위해 아들을 찾는 수색 작전을 중지할 것을 명령했다.[31] 그러고는 자신처럼 아들을 잃은 미군 가족들에게 다음과 같은 편지를 보냈다.

"한국전쟁에서 아들을 잃은 모든 부모가 저와 같은 심정이리라 믿습니다. 우리 아들들은 나라를 위해 의무와 봉사를 다했습니다."

플리트 사령관의 아들을 포함해 모두 142명이나 되는 미군 장성의 아들들이 한국전쟁에 참전했고, 이들 중 35명이 사망하거나 실종·부상을 당했다.[32] 한국 고위층의 자녀들이 병역 기피를 목적으로 미국 국적을 취득하여 비아냥거림을 듣는 것과는 대조적이다.

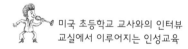

미국 초등학교 교사와의 인터뷰
교실에서 이루어지는 인성교육

Q1. 왜 초등학교 교사가 되셨나요?

저는 아주 어릴 적부터 초등학교 교사가 되려는 꿈을 꾸었습니다. 학창 시절, 제 옆에는 늘 제 인생을 진정으로 변화시켜주신 선생님들이 계셨어요. 그분들처럼 저도 어린 학생들의 인생에 긍정적인 변화를 일으켜보고 싶었습니다. 학생들이 배움에 대한 열정을 갖도록 북돋아주고 싶었고, 배우고 이룰 수 있는 것에는 한계가 없다는 사실도 깨우쳐주고 싶었고요.

또한 집에서 사랑과 친절을 충분히 받지 못한 학생들에게는 사랑과 친절을 보여주고 싶었고, 학생들이 현실 세계로 나갈 준비를 할 수 있도록 다양하고 긍정적인 환경을 마련해주고 싶었습니다. 교사의 역할이 항상 쉽지만은 않았지만, 저는 교사가 되기로 한 결정을 후회한 적이 없습니다. 단언컨대, 저는 500명가량 되는 학생들의 삶에 긍정적이고 강력한 영향을 주었습니다.

Q2. 초등학교 교실에서 인성교육은 어떻게 이루어집니까?

저는 교실에서 인성교육이 꼭 이루어져야 한다고 확신합니다. 특히 학급 공동체 환경을 긍정적으로 조성하는 데 힘을 써야 합니다. 그러할 때 학생의 행동이 개선되고 학습에서의 성취가 향상됩니다.

제가 근무하는 카운티County(미국의 군郡 규모 자치행정구역)의 인성 개발 프로그램은 인성교육(Character Education), 봉사활동(Service Learning), 시민교육(Civic Education)이라는 세 가지 틀을 바탕으로 2010년에 시작되었습니다. 2013년에는 '미국 최고의 인성 개발 학군'이라는 명성도 얻었고요.

인성은 시험을 통해 평가될 수 없지만, 일상 생활 속에서 평가될 수는 있습니다. 그러니 인성교육이 가능한 순간마다 인성교육을 해야 합니다. 또한 매일, 모든 상황에서 참으로 긍정적인 인성을 보여줘야 하고요. 제가 근무하는 카운티는 매월 발달시켜야 하는 인성 영역에 중점을 두고 있고, 이에 관한 봉사활동에 학생들 모두가 참여하도록 유도하고 있습니다.

월간 인성교육 주제는 책임감, 존중, 친절, 용기, 정직, 자제력, 끈기 등으로 이루어져있습니다. 저는 이를 바탕으로 학급 인성교육과 봉사활동을 계획합니다. 또한 평소에 학생들을 유심히 관찰하면서 수업이나 역할 놀이를 통해 더 발전시켜야 할 인성 영역은 없는지 생각합니다. 예를 들면, 따돌림이 학급에서 이슈가 된다면, 인성교육 계획을 세울 때 이 부분을 고려하는 식이지요.

Q3. 그렇다면 수업을 할 때 가장 중점을 두는 영역은 무엇입니까?

학생들이 인성과 학습의 중요성을 깨달을 수 있도록 학급을 운영합니다. 학생들이 새로운 지식을 배우는 것은 물론, 뛰어난 성과를 올릴 수 있도록 학습 기회를 만들어가는 것이 제 특권이라고 생각합니다.

학생들이 창의적이고, 다른 이들과 협력하며 커뮤니케이션하고, 비판적으로 사고하며, 좋은 인성을 갖출 수 있도록 하는 데 주안점을 두고 수업을 계획하지요. 무엇보다도 학생들이 서로 존중하는 학급 공동체를 만들고자 노력하고 있습니다.

크리스티 슈롭샤이어Christi Shropshire | 제시 와튼 초등학교(Jesse Wharton Elementary) 교사

크리스티 슈롭샤이어
"Be a Terrific Kid(훌륭한 아이가 되어라!)"라고 쓰인 학교 복도 벽에서 포즈를 취해주었다.

알파고 앞에서도 당당한 창의성 넘치는 미국 학생들

2016년 3월 구글GOOGLE의 인공지능(AI) 바둑 프로그램 알파고 AlphaGo가 프로기사 이세돌 9단을 꺾으면서 한국 사회는 한동안 '알파고 신드롬'을 경험했다. 알파고가 한국에 던진 충격적 메시지 중 하나는 "인공지능이 인간의 지능을 뛰어넘는 사회가 생각보다 가까이 왔다"는 것이다.

이러한 시대에 대비하려면 교육 패러다임이 변해야 한다. 인공지능이나 사물인터넷(IoT) 같은 '차세대 먹을거리'를 창출하여 '4차 산업혁명'을 이끌 수 있는 창의적 인재를 키우는 것이 한국이 몰락을 면할 길인 것이다. 만약 한국에서 '알파고 신드롬'이 잦아들면서 교육 시스템에 대한 개혁이 일어나지 않고 지금처럼 계속 붕어빵 찍어내듯 단편 지식이나 암기하는 교육을 지속하면, 창의성을 상실한 아이들의 머리에는 아무 쓸모없는 지식만 남을 것이다.

예나 지금이나 미래의 동량지재棟梁之材를 키우는 것은 한 국가의 존망이 걸린 중대한 과제다. 미국은 오래전부터 과학, 수학, 기술, 예술 등 다양한 학문을 실생활과 연결지어 융합적으로 사고하면서 문제를 해결하는 '창의적 시민'을 키우기 위한 교육 개혁에 박차를 가해왔다. 아울러 지적 편력과 융합 교육을 통해 양성된 미국의 인재들이 기업가정신을 발휘하면서 정보통신기술(ICT) 분야에서 이제껏 인류가 경험해보지 못한 거대한 혁신을 이루어내고 있다.

미국의 교육 혁신과 관련한 근래의 예를 살펴보자. 미국 연방정부는 2006년부터 과학(Science), 기술(Technology), 공학(Engineering), 수학(Mathematics) 등을 근간으로 창의성의 근본이 되는 STEM 교육을 강화하고 있다. 또한 미국 교육부는 'STEM 교육연합(STEM Education Coalition)'을 창설해 유치원생부터 고등학생까지 STEM 분야에 대한 흥미를 갖도록 정책적으로 지원하고 있으며, 민관 협력을 통해 창의성 함양을 위한 학교 안팎에서의 탐구 기반 학습(Inquiry-Based Learning)과 체험 학습 프로그램 개발 등에 앞장서고 있다.[33] 이와 같은 STEM 교육 강화는 과학기술 역량 강화로 이어져 창의적 인재 양성의 초석이 되고 있다. 우리나라의 과학기술정책연구원(STEPI)이 발간한 보고서에 의하면, 미국은 핀란드, 스위스, 싱가포르, 독일, 중국, 일본 등 주요 38개국 가운데 과학기술을 통해 혁신을 창출하는 역량

이 가장 뛰어난 나라로 뽑혔다.[34]

그렇다면 융합적 사고를 하는 창의적 시민으로서 미국을 대표할 만한 인물은 누구일까? 마이크로소프트(MS)를 설립한 빌 게이츠Bill Gates나 페이스북 창업자 마크 저커버그Mark Zuckerberg도 좋은 예다. 하지만 오늘날 미국인의 표상으로 존경받는 벤저민 프랭클린Benjamin Franklin(1706~1790)을 빼놓고는 미국의 인재상을 말할 수 없다. 미국 100달러 지폐의 모델이기도 한 프랭클린은 인류 역사상 가장 위대한 발명품 중 하나인 피뢰침을 발명한 과학자이자, 미국의 독립 혁명을 이끈 정치가이며 탁월한 외교관이었다. 또한 미국 최초의 잡지를 발행한 출판인이었으며, 우리에게도 잘 알려진《프랭클린 자서전》의 저술가다. 과학, 정치, 문학 등 다양한 분야를 넘나들며 깊고 큰 업적을 남긴 프랭클린이야 말로 융합적 사고를 하는 창의적 시민의 좋은 본보기라고 말할 수 있다.

이와 함께 미국은 발산적 사고(Divergent Thinking)를 자극하는 토론식 수업을 통해 학생들의 창의성을 키우고 있다. 예컨대 교사가 어떤 주제를 제시하면 학생들은 자신의 생각과 의견을 정리해 스스럼없이 발표하고 토론한다. 그러한 가운데 생각의 틀에 갇히지 않은 비판적 사고와 감정이 자유롭게 표현되고 상상력이 자극됨으로써 창의력이 신장된다. 이러한 창의성은 다양한 체험 활동·놀이로 강화된다.[35]

네덜란드의 역사학자인 요한 하위징아Johan Huizinga(1872~1945)는 인간의 주요한 특징을 호모 루덴스Homo Ludens, 즉 '놀이하는 인간'으로 규정했다.[36] 놀이는 자발적이며 능동적인 행위다. 미국의 유치원이

When I'm playing outside I'm learning

Absorption   Arranging   Adapting   Acti

Animals   Autonomy   Balance   Belongin

Calculating   Caring Change   Cause and Effe

Chemical Reaction   Community   Classificatic

Creative thinking   Construction   Co-operatic

Density   Communication   Creatures   Cultur

Connections   Confidence   Depth   Conservatic

Distance   Evaporation   Exploring   Forc

Experimenting   Environment   Friction   Feeling

Friendship   Gravity   Height   Identificatio

Inertia   Insects   Investigation   Initiativ

Independence   Invention   Light   Listenin

Language   Manipulating   Movement   Matchin

Measurement   Mass   Myself   Negotiation   Natur

Nurturing   Number   Observing   Ordering

Patterning   Physics   Planning   Problem Solving

Propulsion   Plants   Questioning   Reactior

Risk   Responsibility   Self Control   Size   Shape

Speed   Spatial Representation   Suspensior

Scent   Seasons   Scientific Method   Touch

Temperature   Team Work   Texture   Vibratior

Volume   Weight   Weather and so much more!

Playing outside makes me happier, healthier. smarter

놀이의 중요성을 알려주는 액자

미국 인디애나 주 몬테소리스쿨의 벽에는 유아들이 놀이를 통해 얼마나 많은 것을 배울 수 있는지 알려주는 액자가 걸려있다. 그 핵심 내용은 바로 이것이다.

"Playing outside makes me happier, healthier, smarter(밖에 나가서 놀 때 나는 더 행복하고, 더 건강해지며, 더 똑똑해집니다)."

나 초등학교에서는 아이들이 매일 30분 이상씩 잔디밭이나 놀이터에서 자유롭게 뛰어놀게 하고 있다. 한국 학부모들은 놀이가 교육과 무관하다고 생각할지도 모르나, 아이들은 자유로운 놀이 환경에서 새로운 놀이를 만들어내면서 발산적 사고를 경험한다. 창의성이 확장되는 것이다. 무엇보다 놀이를 통해 친구들과 어울리며 스스로 놀이 규칙을 만들고, 서로 배려하며 소통하는 법까지 터득한다. 교실 밖에서 자연스럽게 인성교육이 이루어지는 것이다.

다양성 존중으로 자유로운 생각 유도하기

미국은 다양한 민족들과 문화들이 융합·동화되는 사회다. 아울러 확연히 다른 문화적 배경을 가진 사람들이 자신들의 문화를 보존하며 타문화와 공존하는 '모자이크 사회'이기도 하다.[37] 하지만 미국 사회에 뿌리박힌 인종갈등과 인종 간 증오 범죄는 오늘날 미국 사회·경제에 커다란 불안 요소로 작용하고 있다. 그래서 미국에서는 학생들이 자신과 다른 인종, 다른 문화, 다른 종교 등에 대해 편견을 갖지 않도록 교육하는 것을 교사의 중요한 역할 중 하나로 제시하고 있다.

이에 따라 미국 학생들도 한 교실에서 다양한 인종, 국적, 문화, 종교, 장애를 가진 친구들과 교류하면서 다양성의 가치를 배운다. 미국이 인종갈등으로 몸살을 앓는 것도 사실이나, 아이러니컬하게도 시민들의 문화적 포용성이 미국보다 높은 국가도 없다. 미국인들은 원하든 원치 않든 학교나 일터에서 다양한 민족·문화와 섞여 지내야

ESL 수업 교사

미국 대부분의 공립 학교들이 ESL(English as a Second Language), 즉 이민자들과 유학생들을 위한 영어 교육 프로그램을 운영한다.

한다. 결국 계속 접촉하다 보니 자연스럽게 문화적 감수성이 발달하는 것이다.

무엇보다 미국 사회 저변에는 "자신이 존중받기를 원하면 남도 존중하라"는 똘레랑스Tolerance 정신이 깔려있다. 즉, 다양성의 존중을 통해 자신을 포함한 모든 이들의 자유와 권리를 동등하게 존중하는 진정한 개인주의(Individualism)를 추구하는 것이다.

미국이 추구하는 인재인 '다양성을 존중하는 세계시민'으로 성장시킨다는 것은, 자기 상식의 잣대로 타인을 재단하지 않으며 자신이 살고 있는 세계가 세계의 전부가 아님을 깨우쳐주는 것이기도 하다.

미국 초등학교 복도에 걸린 국기들
미국 국기는 물론 캐나다, 중국, 가나, 멕시코 국기가 초등학교 복도에 걸려있다.

그래서 대다수의 미국인들은 어릴 때부터 가정 교육과 학교 교육을 통해 타인의 사고와 행동이 '잘못된(Wrong)' 것이 아니라 나의 것과는 '다른(Different)' 것임을 지속적으로 배운다.[38] 그렇기에 대학교 강의실은 물론 초등학교 교실, 심지어 유치원에서도 다양한 의견이 오가는 토론을 중요시하며, 어떤 문제에 대해 하나의 정답만을 찾게 하거나 강요하지 않는다. '하나의 정답'만이 아니라 '여러 개의 해답들'이 존재하는 것이 바로 미국 교육의 특징인 것이다.

이에 반해 한국의 교실 풍경은 '교사의 적극적인 활약과 학생들의 수동적인 침묵'으로 대변된다. 아직도 많은 학교에서 다음과 같은 방식으로 수업이 진행되기 때문이다. 먼저 교사가 학생들 모두에게 질문을 던진 후 1~2분 정도 학생들에게 생각할 시간을 준다. 그리고 한 학생을 지목해 질문에 대한 답을 요구한다. 만약 이때 지목한 학생이 교사가 원하는 답을 하지 못할 경우, 교사는 자신이 생각한 답을 말하는 학생이 나올 때까지 계속 다른 학생들을 지목해 질문한다. 학생들은 모두 다른 생각, 다른 가치관, 다른 경험을 갖고 있지만, 그것이 한국 교실에서는 그다지 중요시되지 않는다. 여러 개의 해답들이 아닌 '단 하나의 정답'만이 존재하는 것이 한국 교육의 특징이다.

우리가 아는 것이 전부라는 식의 편협한 시각과, 우리가 사는 세계에서만 통용되는 지식이 마치 전부인 양 가르치고 배우는 '우물 안 개구리'식 교육으로는 글로벌 인재를 키울 수 없다. 공동체 의식을 지닌 민주시민도, 융합적 사고를 하는 창의적 인재도, 다양성을 존중하는 세계시민도 나오지 않는 것이다.

다양성을 존중하는 세계시민은 곧 자신의 이성의 한계를 인정할 줄 아는 겸손한 사람이다. 17세기 프랑스의 수학자이자 철학자였던 블레즈 파스칼Blaise Pascal(1623~1662)은 저서 《팡세Pensées》에서 "인간의 모든 존엄성은 사유思惟로 이루어졌으며, 이성의 최후의 한걸음은 자기를 초월하는 무한한 사물들이 있음을 인정하는 것이다"라고 했다. 인간의 이성에는 분명한 한계가 있다는 뜻이다.

파스칼의 주장대로 이성의 한계를 인정할 때 우리는 타인을 더 깊이 이해할 수 있다. 즉, 자신의 한계를 인정함으로써 '사유하는 인간'으로 거듭나는 것이다.[39] 그리고 타인에 대한 이해가 깊어질 때 소통과 공감의 능력도 커지게 된다. 타인들과 합의할 수 있는 결론을 찾는 과정에서 자신과 생각이 다른 사람들의 말을 경청하는 것을 연습하며, 자신의 생각을 효과적으로 전달하는 소통 능력까지 갖추게 되는 것이다.

'연설의 달인' 버락 오바마 전 대통령이나 '토크쇼의 여왕' 오프라 윈프리Oprah Winfrey를 예로 들지 않더라도, 미국인들은 한국인들에 비해 자신의 생각을 자유로우면서도 명확하게 주변에 알린다. 이는 어릴 때부터 글을 읽고 이해하며 논리적으로 쓰는 습관이 몸에 배도록 훈련시키는 미국의 교육 방식과 함께 다양성을 존중하는 교육이 뒷받침되었기 때문이다.

인간의 모든 존엄성은 사유思惟로 이루어졌으며,
이성의 최후의 한걸음은 자기를 초월하는 무한한 사물들이 있음을 인정하는 것이다.

_ 블레즈 파스칼Blaise Pascal(1623~1662)

2장

세계를 이끄는
미국의 글로벌 인재들은
어떻게 육성되었나

미국의 15세 소년 잭 안드라카Jack Andraka는 세계 최초로 췌장암 조기 진단 키트를 발명해 2012년 인텔 국제과학기술경진대회(Intel International Science and Engineering Fair)에서 최고상인 고든무어상(Gordon E. Moore Award)을 수상했다.

잭의 부모는 잭이 과학에 관심을 보이자 집 지하에 실험실을 마련해주었다. 잭은 수천 번의 실험을 통해 초기 발명안을 만들었고, 자신의 발명안을 구현하기 위해 췌장암을 연구하는 유명 대학교의 교수들에게 이메일 200통을 보냈다.

거듭된 거절 답변을 받은 끝에 잭은 존스홉킨스 대학교(Johns Hopkins University)의 아니르반 마이트라Anirban Maitra 교수로부터 실험실을 내주겠다는 연락을 받았고, 이후 7개월간의 연구 끝에 췌장암 조기 진단 키트 발명에 성공했다.[40]

만약 잭이 한국에서 공부했다면 이와 같은 결과를 얻을 수 있었을까? 잭이 이 같은 성과를 낼 수 있었던 건 과학에 대한 흥미를 마음껏 펼칠 수 있도록 도와준 그의 부모와, '새 시대의 에디슨'을 알아보고 잭과의 협업을 진행한 마이트라 교수가 있었기 때문이다. 즉, 미국에는 잭이 자신의 꿈을 실현할 수 있는 여건이 마련되어있었던 것이다. 이처럼 융합적·창의적 사고를 하는 인재를 키우기 위해 미국은 어느 나라보다 유연한 교육 시스템과 사회 환경을 갖추고 있다.

1. 글로벌 인재가 되기에 앞서 '나 자신'이 되기

'남보다 얼마나 앞섰나'보다 '나는 얼마나 나아졌나'

미국은 전인교육을 통해 공동체 의식을 지닌 민주시민, 융합적 사고를 하는 창의적 시민, 다양성을 존중하는 세계시민을 육성하는 것을 중요시한다. 그렇다면 미국에서 이러한 인재를 만드는 과정에서 가장 중요한 사람은 누구일까? 바로 '자기 자신'이다.

인재가 되려면 먼저 자신의 존재 가치를 발견해야 한다. 어떠한 상황에 처해도 이 세상에 자신이 존재해야 할 삶의 이유인 비전Vision을 발견하고, 절망 속에서도 자신의 모습을 있는 그대로 사랑할 수 있는 긍정적 자아상을 키워야 한다.[41] 즉, 인생의 비전과 자기 자신을 존중하는 마음인 자존감은 인재의 토대인 것이다.

일례로 1970~1980년대 영화 〈슈퍼맨〉 시리즈에서 주연을 맡았던 크리스토퍼 리브Christopher Reeve(1952~2004)는 1995년 말을 타다 떨어져 전신마비 장애인이 되었다. 당시 그는 차라리 죽는 게 낫겠다는 생각에 산소호흡기를 빼달라고 부탁했지만, 그의 아내 데나 리브Dana Reeve(1961~2006)는 남편에게 이렇게 말했다고 한다.

"당신은 여전히 당신이에요.(Still You.)"

아내의 이 한마디에 크리스토퍼 리브는 이 세상에서 살아야 할 존재 이유를 되찾았고, 2004년에 세상을 떠날 때까지 의료 보호 확대를 위한 사회운동을 하며 이전보다 더 많은 사람들에게 꿈과 희망을 주는 삶을 살았다.[42]

우리 삶에는 리허설이 없다. 누구에게나 한 번뿐인 소중한 인생에서 스스로를 존중하며 행복하게 사는 것이 중요함은 두말할 나위가 없다. 로빈 윌리엄스Robin Williams(1951~2014)가 주연한 영화 〈죽은 시인의 사회Dead Poet's Society〉(1989)는 최고의 명문 대학 진학률을 자랑하는 미국 사립 기숙학교를 배경으로 한다. 이 학교의 학생들은 꿈과 인성, 감성은 박제당한 채 오직 명문 대학교 입학만을 위한 교육을 받는다. 그러던 어느 날 이 학교에는 전혀 다른 교육 철학을 지닌 영어교사 존 키팅(로빈 윌리엄스 분)이 부임한다. 그는 수업 시간에 앤더슨(에단 호크 분)이라는 학생이 자신감이 없고 뭔가를 잔뜩 두려워한다는 사실을 발견한다. 그리고 시 작문 숙제를 하지 않은 앤더슨을 질책하기는커녕, 오히려 그에게 힘이 되어주고자 노력한다.

"앤더슨, 너는 자신 안에 있는 모든 것은 가치가 없고 수치스러운 것들이라고 생각하는구나. 그것이 네가 갖고 있는 최악의 두려움이 아닐까? 난 네가 틀렸다고 생각해. 난 네 안에 매우 가치 있는 무언가가 있다고 생각한단다."

여전히 남들 앞에 서는 것을 힘들어하고 머뭇거리던 앤더슨은 키팅 선생과 함께 조금씩 두려움을 극복하고, 결국 모든 학생들 앞에서 멋진 시 한 구절을 지어낸다. 키팅 선생이 앤더슨으로부터 끄집어내고자 했던 것은 자기 자신을 긍정적으로 바라보는 마음이었다. 남이 정한 목표가 아닌, 자신이 진정 원하는 삶과 꿈인 비전을 가치 있게 여기도록 하는 키팅 선생의 가르침이 바로 학생들의 자존감을 높이는 교육의 진수인 것이다.

그런데 '자존감을 높인다'는 것은 '자존심을 세우는 것'과는 의미가 다르다. 하버드 대학교 교육대학원의 조세핀 김Josephine M. Kim 교수는 자존심이 남과의 비교를 통해 자신을 인정하려는 마음이라면, 자존감은 스스로 자기 존재의 가치를 인정하고 사랑하는 마음이라고 했다.[43] 즉, 상황에 상관없이 자기 자신에 대해 만족할 수 있는 '자존감이 높은 사람'이야말로 행복한 사람인 것이다.

자기 자신을 긍정적 시각으로 바라보는 사람은 타인의 생각과 감정, 행동을 이해하는 공감(Empathy) 능력이 높다. 공감은 그리스어 'empatheia'에서 유래했다. 여기서 접두사 'em-'은 '~안에'(in)라는 의미가 있으며, '파토스pathos'는 '고통', '비애감', '열정'을 의미한다. 즉, 공감은 "다른 사람의 고통 속에 들어간다"는 뜻이다.[44] 공감 능력이 높은 사람이 공동체 의식을 지닌 성숙한 민주시민이 될 수 있다. 자존감이 높은 사람은 남과 자신을 비교하는 데 큰 가치를 두지 않기에 자신과 다르다는 이유로 다른 사람을 무시하거나 비난하지 않는다. 다양성을 수용하는 수준도 높은 것이다.

미국에 사는 한국인들로부터 많이 듣는 말 중 하나가 "미국인들은 한국인들보다 마음의 여유가 있고 배려를 잘한다"는 것이다. 왜 그럴까? 미국인들은 타인들과의 어울림을 방해하는 가장 큰 요인인 비교에 큰 가치를 두지 않기 때문이다. 그래서 미국 초등학생들은 이전 시험에 비해 자신이 몇 점 더 받았는지를 확인한다고 한다. 반면에 한국 초등학생들이 시험을 치른 후 교사에게 가장 많이 하는 질문 중 하나는 "우리 반에서 100점 받은 애들은 몇 명이에요? 평균이 몇 점이에요?"이다.

마음의 여유가 있는 사람은 다른 사람들과의 충돌도 성숙한 융합으로 발전시킬 수 있다.[45] 각자 다른 재능과 적성을 개발·성취하는 데 의의를 둔다면, 굳이 남과 비교하는 데 가치를 둘 필요가 없기 때문이다. 즉, 나보다 잘난 사람을 의식하거나 미워할 이유가 없는 것이다. 건국한 지 240년 밖에 안 된 미국에서 창의적 인재가 쏟아져 나오는데 반해, 반만 년 역사를 자랑하는 한국에서는 창의적 인재가 도통 안 나오는 이유 중 하나가 바로 과도한 비교 의식 때문인 것이다. 취학 전인 유아기 때부터 남들과 끊임없이 비교를 당하는 게 뇌에 새겨진 아이들에게 마음의 여유가 있겠는가!

비전을 갖고서 스스로 삶을 개척하는 미국 아이들

미국의 역사는 '개척의 역사'다. 새로운 땅에서 새로운 삶을 일구겠다는 개척자정신(Frontier Spirit) 하나로 유럽에서 북아메리카 대륙으로 건너와 새로운 삶의 터전을 일군 이민자들이 세운 나라가 미국

인 것이다.[46]

삶을 개척한다는 것은 현실에 안주하지 않고 적극적으로 자신의 비전을 이루는 것을 의미한다. 이러한 개척자정신은 미국의 교육에도 고스란히 담겨있다. 한 예로 미국에서는 기업가정신을 육성하는 교육 과정의 일환으로 30개 이상의 주에서 창업 관련 수업이 진행되고 있다.

아이오와 주 등 10여 개 주에서는 직업 교육과 창업 교육이 주법으로 법제화되어있다.[47] 또한 미국의 학교들은 컴퓨터, 공연예술, 경영 등 다양한 선택과목과 자기주도적 학습 기회를 제공함으로써 학생들이 자신의 진로를 스스로 개척하고 비전을 가꿀 수 있도록 돕는다. 음악, 미술, 무용, 스포츠 등 여러 영역의 클럽활동을 교육 과정에 접목시킨 것도 학생들이 적성과 소질을 발현하고 비전을 개발하는데 도움을 주기 위함이다.

그런데 비전을 이루어가는 삶에는 시련과 고통이 따르기 마련이다. 익숙하거나 편안하던 것들과 이별하고 낯선 상황을 받아들여야만 하기 때문이다. 하지만 도전정신과 개척자정신, 그리고 자신의 비전을 성취하겠다는 의지가 있어야만, 즉 역경의 터널을 통과해야만 꿈을 이룰 수 있다. 미국의 위대한 사회사업가이자 교육자인 헬렌 켈러Helen Keller(1880~1968)도 비전의 실체에 대해 이렇게 말했다.

"맹인으로 태어난 것보다 더 불행한 것이 무엇이냐고 나에게 물으면, '시력은 있으나 비전은 없는 것'이라고 대답하겠습니다."

커널 샌더스Colonel Sanders로 더 많이 알려진 할랜드 샌더스Harland

미국 개척자정신의 상징, 커널 샌더스

켄터키 주 루이빌(Louisville)의 방문객 센터에 있는 커널 샌더스의 밀랍 인형. "세계 최고의 닭고기 요리를 온 세상의 손님들에게 제공하겠다"는 비전을 품고 테이블 1개와 의자 6개의 손바닥만한 식당을 전 세계에 1만 9,000여 개의 지점을 갖춘 거대 프랜차이즈로 만든 열정의 인물이다.

Sanders(1890~1980)가 거듭된 사업 실패로 65세 때 모든 것을 잃었음에도 불구하고 세계적인 패스트푸드 업체 KFC를 창업할 수 있었던 것도 그의 가슴에 뜨거운 열정을 불러일으키는 비전이 있었기 때문이다. 비전이 우리 아이들의 몸속에서 춤을 추며 호흡할 때 아이들은 절벽 앞에 선 듯한 절망적인 상황에서도 다시 일어설 수 있다.

그러나 안타깝게도 한국의 학부모들은 대학교 합격이 인생의 가장 중요한 비전인 것처럼 자녀들을 세뇌시킨다. 허나, 대학교 합격은 비전을 이루기 위한 여러 목표들 가운데 하나일 뿐, 결코 그것이 인생의 비전은 될 수 없다.[48] 만약 대학교 합격만이 목표이고 그 이후의 삶의 방향을 이끄는 비전이 없다면, 대학교 합격이라는 목표가 달성된 후에는 모든 게 허망할 수밖에 없다.[49] 이와 관련해 재미교포인 새뮤얼 킴Samuel S. Kim은 그의 컬럼비아 대학교 박사 학위 논문에서 다음과 같은 사실을 밝혔다.

1985년부터 2007년까지 하버드, 예일, 코넬, 컬럼비아, 스탠퍼드 등 미국 14개 명문 대학교에 입학한 한인 학생 1,400명을 분석해보니, 이들 중 44%가 중퇴했다는 것이다.[50] 남들은 가고 싶어도 못 가서 안달하는 명문 대학교에 들어간 한인 학생들이 왜 이렇게 많이 중퇴한 걸까? 미국 대학생활의 부적응과 언어 문제 등 다양한 이유가 있지만, 가장 근본적인 이유는 대학교에 들어간 뒤 추구해야 할 보다 궁극적인 삶의 목표, 즉 비전이 없었기 때문이다.[51]

그러니 더 늦기 전에 우리도 미국처럼 아이들이 비전을 품고 삶을 개척할 수 있도록 자극하는 교육에 관심을 가져야 한다. 비전은 개인의 인생은 물론 다른 사람들의 삶에도 지속적인 영향을 끼치는 생물과 같기 때문이다. 독일의 독재자 아돌프 히틀러Adolf Hitler(1889~1945)의 잘못된 비전은 600만 명의 유대인을 비롯하여 그가 '열등하다'거나 '살아있을 가치가 없다'고 생각한 슬라브인, 집시, 장애인 들을 무수히 학살하는 비극을 초래했지만, 당시 에나멜 공장을 운영하던 오스카 쉰들러Oskar Schindler(1908~1974)의 선한 비전은 죽을 수밖에 없었던 유대인 1,100명을 구하는 아름다운 기적을 연출했다.[52]

자녀가 글로벌 인재로 성장하기를 원하는가? 그러면 먼저 비전을 품도록 도와주자.

나만의 재능을 찾아 계발한다

인재란 재능(Talent)이 뛰어난 사람이다. 그러니 인재가 되려면 우선 자신의 숨겨진 재능을 찾아야 한다. 영화 〈스타워즈〉 시리즈의 제작자 조지 루카스George Lucas도 인재에 대해 이렇게 말했다.

"누구에게나 재능은 있습니다. 문제는 자신의 재능이 무엇인지 찾을 때까지 행동할 수 있느냐는 것이지요."

루카스는 캘리포니아 주의 한 농장에서 태어나 미술, 목공 작업, 사진 찍기, 자동차 경주 등 다양한 분야에 관심을 갖고 즐기며 어린 시절을 보냈다. 그는 고등학생 시절까지도 자신의 흥미를 좇아 많은 경험을 하다가 대학교에 진학하면서 마침내 영화 제작이라는 인생의 목표를 설정했다.[53] 영화사에 큰 획을 그은 루카스의 예에서 보듯, 진정한 교육이란 각자의 개성을 살려 재능을 발견하도록 도와주고, 그 재능이 충분히 발휘될 수 있도록 가꾸어주는 양성 과정이다. 막연히 명문 대학교와 안정된 직업을 목표로만 공부시키는 교육은 타고난 재능마저 잃게 한다.

미국의 교육은 사람마다 각기 재능이 다르고, 재능에는 우열이 없음을 인정한다. 이는 기독교의 청교도정신이 미국의 건국 정신으로 자리 잡고 있는 것과 관련이 깊다. 기독교에서는 모든 인간이 하나님으로부터 각기 다른 재능을 부여받았다고 믿는다. 즉, 각자가 하나님에게서 받은 재능을 잘 관리하고 개발하면 되는 것이다.[54] 이러한 가치관이 미국 교육 곳곳에 녹아있기에 미국인들은 각자의 재능과 개성을 존중하고, 남과 비교하는 것에 큰 가치를 두지 않는다. 미국 대학 입시에서 학업 성적은 물론 다양한 경험과 재능을 기준으로 학생을 선발하는 것도 이와 같은 맥락 때문이다. 각기 다른 능력과 조건하에서 자신이 얼마나 최선을 다해 그 목표를 달성했는지, 그로 인해 얼마만큼 자아를 실현했는지에 보다 큰 가치를 두는 사회가 미국인 것이다.

특히 미국은 인간의 존엄과 평등 관점에서 개개인의 지력과 심력, 체력이 근본적으로 다름을 인정한다. 그래서 남과 비교하는 상대평가로만 학생을 평가하지 않는다. 오히려 절대평가를 통해 각자가 주어진 능력하에서 얼마나 노력하고 성취했는가에 더 큰 관심을 둔다. 그렇기에 미국에서는 특수교육을 받는 장애아동도 영재교육을 받을 수 있다. 죽는 순간까지 자신과 남을 비교하도록 강요하는 우리 문화와는 철학이 다른 교육을 하는 것이다.

미국 부모들은 자녀를 다양한 경험에 노출시켜 각각의 활동에서 즐거움을 누릴 기회를 준다. 자녀 스스로 재능을 찾을 수 있도록 안내하고 조력하는 역할을 하는 것이다. 일상생활에서 아이의 궁금증을 풀어주는 대화, 편식 없는 독서, 자연과 함께하는 캠핑, 예술과 체육 활동 등 방법은 매우 다양하다. 이때 자녀가 특별히 재미있어하는 분야는 더 깊이 있게 즐길 수 있도록 기회를 제공한다. 자녀의 관심사와 재능을 무시하고 오직 대학교 진학을 목표로 하는 교육은 첫 단추부터 잘못 끼운 것이다.

미국에서는 자녀의 재능을 계발하기 위해 부모가 조력자의 역할을 뛰어넘어 직접 자녀를 집에서 교육하는 경우도 많다. 한국계 미국인 제러미 슐러는 2016년 미국 코넬 대학교(Cornell University)에 12살이라는 최연소로 입학했다. 18개월된 제러미가 한글을 읽고 다섯 살에 고등학교 수학 과정을 이해하는 것을 본 한국인 어머니와 미국인 아버지는 슐러를 직접 가르쳐야겠다고 생각했다. 슐러는 홈스쿨링Home-Schooling을 통해 수학과 과학은 물론 미술, 볼링 등을 배웠고, 정규 수업은 대학교 진학 요건을 갖추기 위해 온라인 강의 몇 개만 들었다.[55]

이처럼 미국에서는 자녀의 재능에 맞는 교육을 위해 홈스쿨링을 택하는 부모들이 많다. 홈스쿨링을 하다가 언제든 학교 교육 과정으로 편입할 수 있고, 홈스쿨링을 하면서도 팀 스포츠나 캠프 등에 참여하면서 친구를 사귀고 사회성을 기를 기회도 충분하기 때문이다.

학교 교육 시스템 역시 각 분야의 뛰어난 학생들을 알아보고 그들에게 맞춤 교육을 제공한다. 수준별 수업이 이루어지고, 수학과 과학 같은 과목의 인재는 물론 미술, 음악, 심지어 리더십 인재도 길러진다. 아울러 학과 공부뿐만 아니라 인성교육도 중시하며, 스스로 문제를 해결하는 능력을 기르도록 장려하니 창의성이 절로 커진다.

미국의 학교들도 자율성을 최대한 보장하면서 학생들이 마음껏 재능을 계발할 수 있는 기회의 장을 열어준다. 공부에 재능이 있는 학생들은 월반을 하거나 우등(Honor) 또는 AP(Advanced Placement) 과목 등을 통해 지적 호기심을 충족할 수 있고, 운동이나 악기에 소질이 있는 학생은 각종 대회에 출전하여 기량을 향상시킬 수 있다. 건축이나 자동차 관련 과목들도 현장 실습을 통해 현실성 있는 수업이 이루어지기에 고등학교 졸업 후 바로 관련 분야에 취직이 가능하다.

실제로 2009년에 미국 필라델피아의 한 고등학교 학생들이 디젤 하이브리드 자동차를 만들어 화제가 되었다.[56] 이 팀은 '대체 자동차 경주대회(Tour de Sol)'에서 MIT의 학생들을 비롯한 유수의 팀들을 물리치고 수상하기도 했다. 방과 후 프로그램으로 운영된 고등학생 팀이 이렇게 우수한 성과를 이룬 배경에는 전폭적인 지지를 아끼지 않은 학교와 지도교사의 헌신적인 노력이 있었다. 학생들 각각의 개성을 존중하고 재능을 발굴하여 적극적으로 지원해주는 미국 교육의 단면을 보여주는 사례다.

"그 애는 그걸 잘하고, 난 이걸 잘하니까"

"걔는 원래 잘해요, 걔는 걔고 나는 나예요."

미국에서 각각 1학년과 3학년인 아들들의 엄마인 한국인 여성이 걱정하며 이야기를 꺼내놨다. 미국에서 태어나 미국에서 교육을 받아온 자녀들이 자기보다 공부를 잘하는 아이들을 부러워하기는커녕 '그게 뭐 대수냐'는 듯한 반응을 보였기 때문이었다. 그렇다고 이 한국계 미국인 아이들이 공부를 못하는 것도 아니었다. 오히려 최상위권이었다. 이 아이들은 1학년 때부터 읽기 능력이 3학년 수준이었고, 한번 본 것은 잘 잊지 않는 비상한 암기 능력도 갖고 있었다. 그러나 항상 최고가 되기 위해 앞을 보고 달려야 한다는 한국식 교육을 받아온 엄마에게 아이들의 태연한 모습은 너무도 답답해 보였던 것이다.

한국계 미국인 아이들의 인식이 이러한데, 미국 부모에게서 미국

모든 아이들에게
상장을 주는 유치원

미국 유치원은 대부분 마지막 날 모든
아이들에게 상장을 준다. '위대한 작가
상', '과학자상', '최고의 호기심상', '우
정상' 등 상의 종류는 아이들 각자의
개성과 재능만큼이나 다양하다. 이는
교사가 다양한 시각에서 아이들 고유
의 개성과 재능을 꾸준히 관찰하기에
가능한 것이다.

식 교육을 받은 미국 아이들은 더할 나위 없다. 도리어 다른 아이들과 비교하는 것 자체를 의아하게 생각할 정도다.

미국 교육 과정에서의 평가는—교사의 재량에 따라 다르기는 하지만—한 학생이 처음보다 얼마나 더 발전했는지 등 개인의 발달 과정에 초점을 맞춘다. 평가 내용도 시험 점수와 같이 정량적으로 측정 가능한 것뿐 아니라, 비판적 사고처럼 점수화하기 어려운 것을 포함하는 경우가 많다. 이렇듯 개개인의 발전 과정을 중시하다보니 남들과의 비교는 무의미해진다. 반면 한국의 교육 과정에서는 줄 세우기가 일반화되어있다. 아이가 '100점'을 받았어도 한국 엄마는 이렇게 묻는다. "너희 반에 100점 맞은 애 전부 몇 명인데?"

미국인들이 격차에 무관심하다고 공부 자체를 소홀히 하는 것은 아니다. 아이가 좋아하는 분야가 있다면 그것에 집중시켜 관련 능력을 계발하고 잘할 수 있도록 학교와 학부모가 돕는 것이 일반적이다. 지금 당장 좋아하고 잘하는 것이 없더라도 언제든 학생들이 자신의 가능성을 탐구할 수 있도록 기다려줄 줄 아는 것이 미국 교육의 특징인 것이다.

일례로 재미교포 2세인 마이클(가명)은 부모의 바람으로 변호사가 되기 위해 공부하다가 법 공부에 흥미가 없다는 걸 깨닫고 청소업체에서 근무했다. 뒤늦게 컴퓨터프로그래밍에 흥미를 가진 마이클은 지역 주립 대학교에서 관련 공부를 다시 시작해 현재 세계적인 IT기업 계열사에서 자신의 재능을 펼치고 있다. 한국 돈으로 억대에 달하는 연봉은 자신이 좋아하는 것을 좇다 보니 저절로 따라왔다. 마이클은 지역 비영리 단체에서 저소득층 아이들을 위한 컴퓨터 프로그래밍 교육 자원봉사도 하고 있다.

이런 사례도 있다. 일반 기업체에서 남부럽지 않은 연봉을 받으며 일하던 미국의 한 40대 가장은 자신이 평소에 좋아하던 자동차 관련 일을 하려고 자격증을 딴 뒤 조그만 자동차 정비소를 차렸다. 회사에 다닐 때보다 일은 고되지만 전보다 더 즐겁게 살고 있다. 이는 자신이 좋아하는 일을 하면서 사회에 기여하며 사는 것을 성공으로 생각하기에 가능한 일이다. 다른 사람을 비교 기준으로 삼고, 남보다 잘되어야 성공하는 것이라고 교육받아온 한국 아이들의 성공 기준과는 차이가 크다.

똑똑한 사람은 열심히 하는 사람을 이기지 못하고, 열심히 하는 사람은 즐기는 사람을 이기지 못한다고 했던가! 시카고 대학교 연구팀이 노벨상 수상자를 비롯한 세계적인 창의적 인물 100명을 인터뷰한 결과 그들은 자신이 좋아하는 일을 했다는 공통점을 발견했다.[57] 미국에는 이처럼 자신이 즐기는 것에 열중해 해당 분야에서 최고가 된 세계적 인재들이 많다.

마이크로소프트의 창업자이자 자선사업가인 빌 게이츠는 중학생 시절에 처음 컴퓨터를 접한 뒤 누구보다 컴퓨터에 대한 열정을 가지고 컴퓨터 프로그램 개발에 전념한 것으로 유명하다. 게이츠는 하버드 대학교를 중퇴하기 전 다른 수업들은 등한시했지만 알고리즘에 대한 논문을 학술지에 게재할 정도로 컴퓨터에 관한 공부에는 열중했다. 이와 같은 그의 열정이 없었다면 지금의 마이크로소프트는 탄

워싱턴 주 레번워스(Leavenworth)에서 열린 청소년 음악 캠프
이사콰 스즈키 스트링스(Issaquah Suzuki Strings)가 주관한 3박 4일 음악 캠프의 마지막 날, 음악을 좋아하는 청소년들이 야외에서 무료 음악 공연을 하고 있다.

생하지 못했을 것이다.

아이가 다른 사람들을 이기기 위해 공부하기를 원하는가, 아니면 자신이 좋아하는 것에 집중해 실력을 발휘하기를 원하는가? 지금이라도 우리 아이보다 학업 성적이 좋은 아이가 몇 명인지를 묻기 전에 우리 아이가 무엇을 좋아하는지 진지하게 함께 고민하며 성공의 지평을 넓혀가는 건 어떨까! 길이 하나일 때는 1명만 1등이 될 수 있지만, 길이 100개일 때는 100명의 1등이 나올 수 있으니 말이다.

학생들의 사고력을 키우는 미국식 논리력 교육

"팥으로 메주를 쑨다고 해도 믿겠네!"

저자가 유학생 신분으로 미국 대학교에서 첫 수업을 듣고 교실에서 나오면서 했던 혼잣말이다. 분명 교과서에 따르면 그 답은 틀린 것인데, 자신만만하게 자신의 논리에 따라 말하던 미국 학생들, 교과서를 읽지도 않고 수업에 들어와서는 오답을 정답인 듯 말하는 그들의 모습은 답답하기까지 했다. 그런데 이상하게도 그런 학생들을 바라보는 교수의 표정은 밝기만 했다. 토종 한국인으로서 오랫동안 주입식 교육을 받았고, "질문에는 반드시 정답이 있다"는 생각을 확고히 했던 저자에게는 신선한 충격이었다.

그러나 첫 학기가 지나고 나서는 저자도 미국 학생들이 말하면 논리가 너무나 그럴듯해 고개를 끄덕일 때가 많아졌다. 팥으로 메주를 쑨다고 해도 논리정연하면 믿어주는 이곳이 미국임을 깨달았고, 학생들이 남을 의식하지 않고 자신의 생각과 의견을 당당히 말할 수 있는 것이 미국 교육의 큰 장점임을 깨우쳤다.

어느덧 학부형이 되어 아이를 기르면서 미국의 교육에 대해 깊이 들여다볼 기회가 많아졌다. 딸아이가 다니던 어린이집 수업을 참관했을 때의 일이다. 다섯 살도 안된 아이들이 선생님이 던진 질문에 대답할 때 'Because(왜냐하면)'로 시작하는 문장으로 자기 나름의 타당한 근거를 대며 주장을 펴는 모습이 참으로 인상적이었다.

현재 미국 대부분의 주에서 시행 중인 공통핵심국가성취기준(CCSS)이 강조하는 것 중 하나가 근거에 기반을 두어 논리적으로 주장하기다. 비판적 사고와 커뮤니케이션 능력 등을 키우는 교실 활동을 통해 학생들은 자연스레 논리적으로 말하기를 연습한다.

학생들은 학습의 주체자로서 토론과 발표 등 학습 활동에 주도적으로 참여하여 문제를 해결하고, 이를 논리적으로 말이나 글로 표현한다. 교사는 학습 조력자의 입장에서 학생과의 수평적인 커뮤니케이션을 통해 사고의 증진을 도와준다. 이때 정답은 존재하지 않는다. 다른 사람이 뭐라고 해도 자신의 주장을 뒷받침할 수 있는 논리적 근거를 활용해 효과적으로 전달하면 되는 것이다.

미국 대학생들은 첫 학기에 효과적인 쓰기와 말하기를 학습하는 'English 101'과 'Communication 101' 과목을 수강해야 한다. 이는 미국의 공교육이 논리적 커뮤니케이션을 얼마나 중시하는지 방증한다.

미국에 유학 온 한국 학생들은 대부분 조용히 혼자 공부하며 개념을 익히는 경우가 많다. 자신의 의견이 남의 것과 다르면 곤란하다는 두려움 때문에 수업 중 토론에 참여하지 못하는 유학생도 많다. 반면 미국 학생들은 잘 모르는 내용이 있으면 친구들과 자유롭게 이야기하면서 의문을 풀거나 해당 부분을 교정하고, 자신이 이해한 것도 친구들과 함께 검증하려고 한다.

어느 분야에서든 인재로 성장하려면 '맞거나 틀리거나' 같은 이분법적 사고의 틀에서 벗어나야 한다. 또한 타인과의 생각의 차이를 두려워하지 말고 열린 마음으로 타인들과 소통함으로써 자신의 기존 지식을 확장시켜 보다 큰 지적 자산을 이루려고 노력해야 한다.

미국의 아이들은 자신의 가능성을 믿기에

영화 〈어벤져스〉에서 헐크 역을 맡으며 세계적 스타가 된 할리우드 배우 마크 러팔로Mark Ruffalo는 스스로 자신의 가능성을 믿은 사람이다. 그래서 역경을 겪으면서도 포기하지 않고 인생을 개척할 수 있었다. 미국의 이탈리아계 이민자 가정에서 태어난 뒤 난독증과 주의력결핍증을 겪었던 러팔로는, 개인의 흥미를 중시하는 진보주의적 학교에서 학창 시절을 보냈다. 그래서인지 그는 자신이 '행복한 아이'였다고 추억한다. 배우의 꿈을 키우던 그는 오디션을 수백 번이나 봤지만 배우치고는 평범한 외모 때문에 매번 고배를 마셔야 했다. 그러나 꿈을 포기하지 않고 본인이 직접 친구와 극단을 만들어 무대를 열기도 했다. 여의치 않은 형편 때문에 10년 넘게 바텐더와 페인트공 등을 하면서도 배우의 꿈을 놓지 않았던 그는 서서히 빛을 발하기 시작했다. 그러던 중 뇌종양으로 죽음의 문턱에까지 갔던 러팔로. 수술의 후유증으로 왼쪽 청력을 잃고 배우로서는 치명적인 안면마비까지 찾아왔지만, 그는 끊임없는 재활 훈련 끝에 재기에 성공했다.[58, 59] 물론 자신의 가능성을 믿고 포기하지 않았기에 이룬 성과였다.

흔히 아동 개개인의 흥미와 적성을 중시하는 미국의 교육을 비판하는 이들이 하는 얘기가 있다. "미국에서는 어린 아이가 수학을 좋아하지 않고 자동차를 갖고 노는 것을 좋아하면, 더 이상 수학 교육을 시키지 않고 자동차만 갖고 놀게 해 결국 자동차 정비공이 되게 한다"는 것이다. 물론 특정 직업을 비하하는 것이 아니라, 미국 교육이 아이의 현재 흥미에만 집중한 나머지 아이의 잠재적 가능성을 놓쳐버릴 수 있다는 우려가 담긴 얘기다. 그러니 아이의 가능성을 찾을 때까지 우선 공부를 잘하도록 채찍질할 수밖에 없다는 것이 그러한 주장을 하는 이들의 논리다.

일견 일리가 있지만 여기에 함정이 있다. 한국에서는 아이의 가능성이, 대개 본인 스스로에 의해 찾아지는 것이 아니라, 부모 또는 사회의 잣대에 따라 정해지는 경우가 많기 때문이다. 결국 공부를 잘해야 아이에게 가능성이 있다고 판단하기에 공부 외의 다른 가능성은 무시된다. 학부모들과 교사들은 어떻게든 아이들에게 공부를 시키기 위해 "좋은 대학교 못 가면 사람 구실 못한다!" 같은 협박이나 "성적 올리면 갖고 싶은 것을 사주겠다"는 감언이설로 학업 성적을 올리기 위해 애쓴다. 그러나 학생들이 '당근과 채찍' 같은 외적 동기 부여(Extrinsic Motivation)에 의해 공부를 하니 정작 본인이 하는 공부가 얼마나 재미있는지, 또 자신이 정말 좋아하는 것이 무엇인지를 들여다볼 기회는 부족하다.

한국직업능력개발원이 발표한 〈2014년 학교 진로 교육 실태 조사〉에 따르면 중고등학생 중 30%가 장래 희망이 없다고 답했으며,[60] 한국청소년활동진흥원의 2012년 설문조사에서는 청소년들의 진로 결정에 있어 "내가 잘하거나 좋아하는 것이 무엇인지 잘 모르겠다"는 것이 가장 큰 장애요인으로 나타났다.[61] 자유학기제의 시행으로 중학교에서 1학기 동안 시험 부담 없이 자신의 꿈을 탐색해볼 수 있게 되었지만, 입시 위주의 교육이 바뀌지 않는 한 실효성을 기대하기 어렵다는 우려의 목소리도 높다. 무엇보다 "좋은 대학교에 가야 성공한 삶을 누릴 수 있다"라는 일종의 불문율이 깨질 수 있도록 사회의식과 관련 제도 변화가 점진적으로 이루어져야 한다.

미국건축예술대학교 실습실

사우스캐롤라이나 주 찰스턴(Charleston)에 있는 '미국건축예술대학교(American College of the Building Arts)'는 미국에서 유일하게 건축 목공, 석고, 목구조, 석조, 단조강 분야에 특화된 응용과학사 학위를 수여하는 4년제 학부 중심 대학교다. 사진은 이 대학을 방문한 아이들에게 석고공예를 설명해주는 학교 관계자의 모습이다.

    미국의 교육 구조는 학생 스스로 자신의 적성과 흥미에 몰두하면서 공부 자체를 즐기도록 배려하는 식이다. 무엇보다 미국에서는 아이들의 성공적인 학교생활을 위해 '재미(Fun)'를 강조한다. 미국 초등학교에 다니는 저자의 조카가 개학날 처음 담임교사에게서 받아온 안내문을 보고 허를 찔린 듯했다. 평생 간직해야 할 삶의 가치로 '재미'가 적혀있었기 때문이다. 한국에서 학생 신분과 교사 신분으로 20년 넘게 지내는 동안 한 번도 겪어보거나 생각해보지 못한 것이었다. 미국에서는 이와 같은 '재미'에 대한 강조가 초등학교는 물론 중·고등학교까지도 이어진다.

제3장 '자존감, 다양성, 자율성을 갖춘다 -미국의 교육 과정'에서 더 자세히 살펴보겠지만, 미국 학생들은 학교 안팎에서 개개인의 적성과 흥미, 재능을 바탕으로 직업의 다양성에 대해 배우고 자존감과 자율성을 키우면서 자신의 가능성을 발견한다. 이 과정에서 자신의 무한한 가능성에 대한 확신을 갖고 더욱 더 꿈을 향해 매진하게 된다.

물론 학생들의 꿈이 다 이루어지는 것은 아니다. 그러나 아이들이 천편일률적인 흑백의 꿈이 아닌 수백수천 개의 총천연색 꿈을 꿀 수 있게 하고, 그 꿈을 이루기 위해 지식을 배우고 미지의 세계를 경험하게 만드는 교육이 인재를 만드는 토대가 될 것임은 자명하다.

스티브 잡스는 2005년 스탠퍼드 대학교 졸업식 축사에서 비싼 등록금 때문에 대학교를 자퇴한 후 평소에 흥미를 가졌던 서체 과목 수업을 청강한 이야기를 들려주었다. 친구의 기숙사 바닥에서 잠을 청하고 폐품을 주어 판 돈으로 끼니를 때우며 들었던 당시의 서체 수업이 10년 후 세계 최초로 다양하고 아름다운 글꼴을 가진 매킨토시를 만드는 원동력이 됐다는 것이다. 잡스는 "다른 사람의 삶을 사느라고 시간을 허비하지 말고, 무엇보다 자신의 마음과 직관을 따라가는 용기를 가지십시오."라고 조언했다.[62] 한국의 학부모들과 학생들이 꼭 귀 기울여야 할 얘기다.

2. 글로벌 인재가 잘 활동할 수 있게 해주는 미국 사회

한국인들의 학업성취도는 20세 이전에 세계 최고 수준을 보인 뒤 점점 하락해 55세 이상에서는 OECD 국가 중 최하위에 도달한다.[63] '수학의 노벨상'이라는 필즈상(Fields Medal)의 경우 2014년 기준 역대 수상자 56명 가운데 미국인이 14명, 프랑스인이 13명이며, 그 외 다른 신생국들도 수상자들을 배출했지만, 한국은 아직 단 1명도 배출하지 못했다.[64] 도대체 그 많은 청소년 영재들은 어디로 갔을까?

이 파트에서 미국에서는 인재들이 어떻게 다양한 분야에서 꾸준히 자신의 능력을 펼칠 수 있는지 구체적으로 살펴보자.

미국 교육을 이끄는 3개의 축 – 학교, 가정, 사회

인간의 뇌는 대사 기능을 담당하는 '뇌간', 감정과 기본적인 욕구를 담당하는 '대뇌변연계', 논리적 사고와 이성적 판단·학습 등을 주관하는 '대뇌신피질' 등 3층 구조로 이루어져있다. 이처럼 각자의 역할을 수행하는 뇌의 3개 영역은 서로 긴밀하게 연결되어있다. 테러와 같은 끔찍한 사건을 경험한 사람들이 '외상 후 스트레스 장애(PTSD)'

를 앓는 것도 변연계나 신피질에 문제가 생겨서 두 영역의 조화가 깨졌기 때문이다.[65]

교육 또한 이렇듯 3개의 축인 학교, 가정, 사회가 촘촘히 연결된 시스템이다. 교육은 사람이 세상에서 살아가는 데 필요한 지력, 심력, 체력을 조화롭게 갖추도록 가르치는 활동이기 때문이다. 그래서 부모들도 가정에서 자녀들과 함께 많은 시간을 보내며 자녀를 양육해야 한다. 사회 환경도 마찬가지다. 스스로의 노력으로 이룬 성취를 높이 평가하며, 실패의 가치마저 인정해주는 사회에서 아이들은 각자가 지닌 자질들을 조화롭게 발달시켜 나갈 수 있다.

교육을 이끄는 3개의 축

교육의 효과는 학교와 가정, 사회가 인간의 뇌처럼 하나의 유기체가 되어 상호보완적인 역할을 할 때 극대화된다. 학교 교육 과정이 아무리 우수하더라도 학교와 가정, 가정과 사회, 사회와 학교가 밀접한 관계를 맺지 못해 세 영역 간의 조화를 이루지 못한다면, 지성과 인성이 균형 잡힌 인재가 성장할 수 없다. 학교에서 학생들에게 인성

교육을 부단히 한들, 부모가 매일 자녀들 앞에서 싸우는 모습을 보인다든가 거짓말을 일삼는다면 어떻게 자녀의 인성이 제대로 길러지겠는가. 이는 마치 플러그(가정)를 콘센트(학교)에 꽂지 않으면 전기(인재)가 통하지 않는 것과 같다. 지금까지 한국이 선진국들의 교육 제도들을 벤치마킹했는데도 그다지 효과를 보지 못했던 이유가 바로 여기에 있다. 학교와 가정이 교육의 본질에 대해 함께 고민하지 못했고, 교육 개선을 위한 협력도 하지 못했기 때문이다. 사회 환경 또한 교육을 적극적으로 뒷받침하지 못했다.

미국은 개인주의 문화는 물론 가족 중심 문화가 강한 사회다. 퇴근 후 회식이라든가 야근이 거의 없기에 대다수 미국인들은 가족과 함께 저녁을 먹는다. 또 유연근무제가 활성화되어 많은 직장인 부모들이 일찍 퇴근해 아이들의 방과 후 활동을 돕는다. 물론 이렇게 일과 가정의 양립이 가능한 고용 환경을 조성하는 것은 개인적 차원의 노력만으로 되는 건 아니다. 그렇다면 단시일 내에 변화가 가능한 가정에서부터 자녀 양육 방식을 변화시켜야 한다.

미국의 아이들은 가정 교육을 통해 인성과 시민의식의 기초를 다진다. 예를 들면, 미국 부모들은 자녀가 이유식을 시작할 때부터 부모가 먹여주는 대신 아이가 식탁 앞에 앉아 스스로 떠먹을 수 있게 함으로써 자립심과 자존감을 키워준다. 또한 대부분의 부모들은 자녀의 진로 선택·결정을 존중하며 학업 성적에 일희일비하지 않는다. 무엇보다 부모가 학교나 지역 사회의 여러 봉사활동에 적극 참여함으로써 자연스럽게 자녀들의 역할 모델이 된다. 아프리카에서의 의

료봉사와 선교 활동으로 유명한 알베르트 슈바이처Albert Schweitzer (1875~1965)도 이렇게 말했다.

"모범을 보이는 것은 다른 사람에게 영향을 미치는 가장 좋은 방법이 아니라 유일한 방법이다."

많은 미국인들은 어렸을 때부터 자원봉사와 기부를 삶의 일부로 여기고 실천하는 부모의 모습을 보고 자란다. 자녀들을 인재로 성장시키려면 이렇듯 부모가 훌륭한 모습을 많이 보여주어야 한다.

이쯤에서 우리는 한국이 왜 '자살공화국'이라는 오명을 안게 되었는지를 생각해봐야 한다. OECD 통계 자료에 의하면 한국의 10~24세 인구 10만 명 당 자살자 수는 2000년 6.4명에서 2010년 9.4명으로 증가했다. 특히 청소년들의 주된 자살 충동 요인은 '성적·진학 문제', '가정불화'로 나타났다.[66] 과도한 비교와 경쟁, "내 부모의 돈도 곧 내 능력이다!"라는 사고방식에 바탕한 비도덕적 갑질 문화, 대화가 사라진 가정 등 한국 사회의 부끄러운 민낯들이 합쳐져 청소년들에게 분노, 열등 의식, 박탈감, 패배감을 심어주었기 때문이다. 이는 아이들이 인재로 성장하는 과정에서 자양분이 될 행복감과 자존감마저 빼앗는다.

물론 미국 청소년들도 학업 문제를 비롯한 여러 스트레스에 노출되어있다. 그런데 OECD에서 발간한 자료는 미국 학생들은 한국 학생들보다 학교에서 더 행복하다고 한다. 왜일까? 미국 학교는 학생들의 숨통을 틔워주기 때문이다. 방과 후 활동을 예로 들어보자. 미국 학생들은 다양한 클럽활동을 통해 스스로 적성과 재능을 찾아가며

방과 후 활동으로 체조를 하는 초등학생

여가 활동도 충분히 누린다. 학교를 뜻하는 영어 단어 '스쿨School'은 여가를 뜻하는 그리스어 '스콜리아Scholea'에서 유래했다. 그래서 미국 학생들은 오케스트라, 스포츠, 연극 등 다양한 방과 후 활동을 하면서 학업으로 인한 긴장과 스트레스를 풀고 정서를 순화시킨다.

교육은 개인생활과 사회생활에서 즐거움과 기쁨, 만족을 느끼며 살아갈 수 있는 인간을 형성하는 과정이다. 스스로 원하는 삶을 살 수 있도록 꿈을 심어주고, 그 꿈을 달성할 수 있는 역량을 키워주며, 공동체 속에서 조화롭게 살도록 인성과 사회성을 길러주는 것이 교육의 본질인 것이다. 그렇기에 교육을 이끄는 3개의 축인 학교, 가정, 사회가 삼위일체를 이룰 때, 우리 아이들은 행복하고 건강한 자존감을 지닌 인재로 성장할 것이다.

집중 탐구 003 PTO

PTO(Parent Teacher Organization) 또는 PTA(Parent Teacher Association)라 불리는 학부모회는 한국의 학교운영위원회와 비슷한 조직이다.

미국 학교의 학부모회는 학교·교사와 학부모를 잇는 다리 역할을 한다. 대체로 미국 학부모들은 교사와 학생, 학부모가 함께 학교를 운영한다는 생각을 갖고 있기에 학부모들이 PTO를 통해 학교 일에 적극적으로 참여한다.

학부모는 학생의 입학과 동시에 PTO의 회원이 되며, PTO 임원들이 주로 학교 행사를 주관한다. PTO의 역할은 학교마다 조금씩 차이는 있지만, 대부분 학교 행사 및 도서관 활동 지원, 환경 미화, 자원봉사활동, 기금 모금 등을 한다. 특히 기금 모금은 어느 학교에서나 PTO의 핵심 활동이다.

PTO에서 주관하는 독서 경진대회, 바자회, 축제 등 다양한 이벤트와 프로그램은 아이들에게 학교를 즐거운 곳으로 인식하게 한다. [67]

미국의 아이들은 부모와 많은 시간을 보내기에

공차기를 좋아하는 4세 아들을 위해 미국의 지역 YMCA에서 운영하는 축구 교실에 참여했을 때 일이다. 축구 교실은 평일 저녁 한 번의 연습과 토요일 오전 다른 팀과의 축구 경기로 운영됐다. 놀라웠던 건 다름 아닌 학부모가 팀 코치를 맡아 아이들의 연습과 경기를 지도하는 것이었다.

코치를 맡은 학부모는 자원봉사를 통해 아이들에게 몸소 시민의식을 보여주고, 팀워크를 통해 경기를 이끄는 방법을 가르치고 있었다. 다른 학부모들도 경기가 끝날 때까지 아이들을 응원하고 격려하는 식으로 소통하는 시간을 가졌다. 시합에서 이기라고 아이를 닦달하기보다, 아이들이 스포츠맨십을 배우며 경기 자체를 즐기도록 부모들이 응원하는 것이었다. 이것은 미국의 평일 저녁과 주말에 잔디 깔린 공원에서 흔히 볼 수 있는 풍경이다. 늦은 밤까지 아이들을 학원으로만 돌리는 한국 사회의 '저녁 없는 삶'과는 대조적인 모습이다.

미국에도 맞벌이를 하는 가정이 많다. 그러나 대부분의 미국인들은 퇴근 후와 주말에 아이들과 시간을 보낸다. 그것이 아이의 심리적·사회적·정서적 발달에 매우 중요하기 때문이다. 그런데 OECD가 작성한 보고서(How's life? 2015 Measuring Well-being)를 보면, 부모가 아이들과 함께 보내는 시간이 한국은 일일 48분으로 조사 대상 OECD 20개 회원국 가운데 최하위였다. 반면 미국은 3시간 31분으로 OECD 평균인 2시간 31분보다 훨씬 많았다.[68]

세상에서 한국만큼 부모들의 교육열이 높은 곳도 없다. 자식을 남들보다 뛰어난 인재로 키우려면 '영어 유치원, 사립 초등학교, 국제중학교, 특수목적고등학교(특목고), 명문 대학교'라는 코스를 밟아야 한다고 생각하는 부모들도 있다. 그런 부모들은 평일 저녁은 물론 주말에도 자녀의 성적을 올리겠다며 학원에 데려다주려고 운전대를 잡는다. 남에게 뒤처지지 않기 위해 혹은 남들도 다 다니니까 방과 후 학원 순례를 다니는 것은 아이들의 일상이 되어버렸다. 아이들이 자기 부모님들과 함께 밥 한 끼 먹을 시간조차 없을 정도로 학원 스케줄이 빡빡하니, 가정에서 밥상머리 교육이 이루어질 리 없다. 새끼돼지들을 끌고 다니는 엄마돼지 같다는 뜻에서 '돼지엄마'라는 말을 듣는 학부모들이 강남 학원가를 좌지우지한다는 얘기도 어제오늘의 것이 아니다.

심지어 한국에서는 할아버지나 아빠의 부富와 엄마의 정보력이 명문 대학교 입학의 필요조건이라는 말도 있다. 경쟁만을 강조하는 사회 풍토에서 성적이라는 획일적 기준으로 아이의 가능성이 평가되기 때문이다. 그러다 보니 얼마나 비싼 사교육을 얼마나 오랫동안 시켜줄 수 있는지가 부모의 뒷바라지 능력을 보여주는 잣대가 되었다. 그러나 이러한 점수 올리기 공부로는 자존감과 자율성, 다양성을 고루 갖춘 인재가 나올 수 없다.

예일 대학교(Yale University) 로스쿨 교수인 에이미 추아Amy Chua는 자신의 책 《호랑이 엄마의 군가Battle Hymn of the Tiger Mother》에서 엄격한 자녀 훈육이 자녀를 성공으로 이끈다고 주장했다. 그런 추아 교수마저 한국 언론과의 인터뷰에서 이렇게 강조했다.

"한국 아이들에게는 좀 더 자유가 필요합니다."

이미 한국 아이들은 부모로부터 지나치게 통제받고 있기에 쉼표가 필요하다는 쓴소리였다.

추아 교수는 아이를 창의적 인재로 키우고 싶다면 스포츠 등에 참여할 수 있는 자유로운 시간을 주고, 다양한 분야에 관심을 갖도록 도와줘야 한다고 덧붙였다.[69] 아이들을 지덕체智德體가 균형잡인 인재로 성장시키려면 학교와 교사의 역할도 중요하지만, 무엇보다 부모의 역할과 영향력이 절대적이다. 비교와 경쟁 위주의 사회 풍토를 바꾸려는 노력과 더불어, 부모가 아이들과 함께 다양한 활동을 하며 보내는 시간이 많아져야 한다.

아이의 가능성을 제한하지 않는 미국 부모

동서고금을 막론하고 자녀의 성장 과정에 가장 큰 영향을 주는 사람은 부모다. 어떻게 양육하느냐에 따라 아이의 학업성취도와 자존감은 하늘을 찌를 수도 있고 땅속으로 파고들 수도 있다.《명심보감》의 〈훈자訓子〉 편에는 '내무현부형 외무엄사우 이능유성자 선의內無賢父兄 外無嚴師友 而能有成者 鮮矣'라는 말이 나온다. "집안에는 지혜로운 부모와 형제가 없고, 밖에는 엄한 스승과 벗이 없으면 성공하기 어렵다"라는 뜻이다.[70]

지혜로운 부모는 자녀를 다른 집 아이들과 비교하지 않는다. 타고난 재능이 다 다른데 굳이 다른 집 아이와 비교해서 자기 아이를 불행하게 만들 필요가 없다는 것을 알기 때문이다. 또한 남과 비교당한다고 해서 그 아이의 학업성취도가 높아지는 것도 아니다. 인간은 설령 지식과 재능이 부족하더라도 인간으로서 존엄한 존재다. 하지만 안타깝게도 한국의 부모들 중에는 자녀를 공부하는 기계로 만드는 데 온 신경과 시간, 돈, 체력을 쏟아붓는 이들이 많다. 자녀가 학교 시험에서 99점을 받았으면 칭찬하기보다 "반에서 100점 받은 얘들은 몇 명이야?"라면서 비교하기 시작한다. 이런 부모 밑에서 자란 아이들에게 '자존감'은 어쩌면 사치스런 단어일 것이다.

이에 비해 미국의 위대한 발명왕이라고 우리가 유치원에 다닐 때부터 소개받는 토머스 에디슨Thomas Edison(1847~1931)은 어릴 때부터 엉뚱한 질문과 행동을 일삼았다. 이런 아들을 그의 어머니 낸시 에디슨 여사만큼은 다르게 바라봤다. 낸시 여사는 아들의 용기를 북돋우면서 집에서 직접 홈스쿨링을 했다. 만약 낸시 여사가 "넌 왜 이렇게 답답한 짓만 해서 속을 뒤집어놓니?"라며 부정적인 감정을 계속 주입했다면, 에디슨은 결코 '인류에게 빛을 준 혁신가'가 되지 못했을 것이다.[71]

부모의 양육 스타일에 관한 기존 연구 결과들은, 권위형(Authoritative) 부모 밑에서 자란 아이들이 독재형(Authoritarian) 부모나 방임형(Permissive) 부모 밑에서 자란 아이들보다 학업성취도가 높고 사회성이 발달했음을 보여주었다.[72]

자녀들의 모든 일에 일일이 간섭하며 자녀가 성인이 된 뒤에도 주변을 맴도는 한국의 '헬리콥터맘'들은 독재형 양육 스타일의 대표적인 예다. 자녀에 대한 부모의 지나친 간섭은 아이들 스스로 자신의 가능성을 찾을 기회를 차단한다. 심지어 영조의 아들 사도세자의 경

토머스 에디슨이 쓰던 책상

미국 제너럴일렉트릭(GE) 본사에 전시된 토머스 에디슨의 책상이다. GE의 전신은 토머스 에디슨이
설립한 에디슨제너럴일렉트릭 사(Edison General Electric Company)이다. 사진 속 인물은 퍼듀 대학교
산업공학과 이석천 교수이다.

우처럼 자녀의 정신질환이나 자살마저 야기하기도 한다.

미국에서 인종의 다수를 차지하는 백인 부모들의 양육 스타일은 권위형인 경우가 많다.[73] 권위형 부모들은 자녀들에게 칭찬을 많이 하며, 매일 안아주는 행동을 통해 자녀를 심리적으로 따뜻하게 보듬어준다. 또한 자녀들이 원하는 것을 스스로 탐구할 수 있도록 광범위한 자유·자율을 부여한다. 이와 함께 자녀들이 지켜야 할 행동 규칙과 기대 수준도 엄격하게 설정한다.[74, 75] 그러면서 정직, 겸손, 절제, 인내와 같은 가치들을 심어주려고 노력한다.

이렇듯 부모가 가정에서 자율성을 존중하면서도 엄격함을 유지하며 자녀들과 정서적 친밀감을 형성하면, 아이들은 자기 통제 능력을 갖게 되는 것은 물론, 사회에서도 타인과 친밀한 관계를 맺게 된다.

미국 테네시 주 클락스빌Clarksville에서 만난 30대의 평범한 미국인인 샤나 그라이스Shanna Grice 씨는, 만 6세와 13세 자녀를 두고 있다. 그녀는 자녀 양육에 대해 다음과 같은 말을 했다.

> 저는 자녀 양육에 있어 가장 중요한 가치는 정직이라고 생각해요. 자녀들에게 정직에 대한 의식과 강한 도덕성을 심어주는 것은, 자녀들을 남들이 보지 않더라도 올바른 일을 하는 어른으로 성장시키는 밑바탕이니까요.
>
> 자신들이 가진 것에 감사하고, 다른 이들이 베푼 것에도 감사하는 마음도 심어주어야 해요. 요즘 미국 아이들은 어린 시절부터 물질적 풍요 속에서 자라지만 감사할 줄 모르는 경우가 많거든요.
>
> 규율(Discipline)도 자녀 양육에서 중요한 가치지요. 오늘날 많은 부모들이 자녀들에게 "안 돼!"라고 말하거나 벌을 주는 수고를 하고

싶어 하지 않아요. 이는 자녀들이 제멋대로 행동하게 만들면서 탈선까지 야기할 수도 있습니다.

부모 역할에 관한 또 다른 연구 결과를 보면, 권위형 부모 밑에서 자란 아이들이 대학생 때 더 높은 성적(GPA)을 받는 것으로 나타났다.[76] 미국 대학교의 성적에는 자율적인 수업 참여 활동과 토론, 창의성, 비판적 사고력, 문제 해결 능력이 큰 영향을 미친다. 따라서 미국 대학교에서 GPA가 높은 대학생은 융합적 사고를 하는 인재인 경우가 많다.

앞서 말한 권위형 부모의 긍정적 특징은 자녀를 지적으로 자극한다는 점이다. 즉, 자녀가 문제 해결에 필요한 역량을 쌓아서 자신의 길을 스스로 개척하도록 도와준다. 부모가 자녀를 지적으로 자극하는 것이다. 부모의 지속적인 지적 자극은 자녀의 창의성 계발에 도움이 되며, 자녀 스스로 문제를 해결할 수 있도록 커다란 자신감을 심어준다.[77]

반면에 한국의 많은 부모들은 자신의 지식·경험을 바탕으로 자녀들에게 직접 답을 제시하며 따라오도록 하는 컨설턴트 노릇을 한다고 볼 수 있다. 컨설턴트 노릇은 자녀의 입장에서나 권위형 부모가 보기에는 독재일 수도 있다.

30살 이후의 성취로도 글로벌 인재가 될 수 있는 미국 사회

인재를 평가할 때 한국과 미국의 가장 큰 차이는 무엇일까?

한국에서는 부모님이 부유한지, 유명하거나 권세가 있는 집안 출신인지, 대학교를 나왔는지, 어느 직장에 다니는지, 인물은 좋은지, 때로는 누구와 결혼했는지를 인물 평가 기준으로 삼는다. 최근에도 한국의 여러 기업들이 지원자의 집안 배경을 알기 위해 입사지원서에 부모님의 이름, 직장, 직위, 재산까지 적어내라고 요구하고 있다고 한다. 'SKY(서울대·고려대·연세대)'로 대표되는 명문 대학교, 특히 서울대학교를 나온다는 건 한국 사회에서 여전히 상당한 권력으로 작용한다. 일단 명문 대학교를 졸업하고 법조인, 공무원, 의사, 교수, 대기업 직원이 되면 '인재'라고 평가받는다. '외모도 경쟁력'이라는 말이 있을 정도로 외모로 사람을 차별하는 것을 묵시적으로 받아들이는 사회이기도 하다. 배우자의 집안이 돈이 많거나 권세가 있는지도 한국 사회에서는 중요하게 고려되는 요소다.

헌데 이러한 한국식 평가 기준의 상당 부분은 해당 개인의 능력보다 그의 부모 등 배경을 평가하는 것이다. 게다가 이러한 평가의 결론도 30살 이전에 대부분 판가름나기에, 그 이전까지는 정말 죽어라 노력하지만 그 이후에는 "쳇! 내 주제에 앞으로 무슨 좋은 일이 더 있겠어! 그냥 이대로 살아야지"라는 식의 절망감으로 이어지기도 한다.

물론 미국에서도 좋은 집안 출신, 명문 대학교 졸업자, 좋은 직장에 다니는 사람, 인물 좋은 사람 등은 어느 정도 우대를 받는 편이다. 그러나 미국의 인물 평가 기준은 자신의 노력으로 '무엇'을 이루어냈는가를 중시한다. 미국 CNN 방송사의 유명 앵커인 앤더슨 쿠퍼An-derson Cooper는 어머니가 미국의 대표적 부호인 밴더빌트 가문 출신이고, 본인도 수려한 외모를 갖춘 예일 대학교 졸업자다. 그러나 쿠퍼가 미국 사회에서 인재로 평가받는 이유는, 그가 기자로서 해외의 전쟁터나 자연 재해 현장에서도 몸을 사리지 않고 직접 취재하러 뛰어다녔기 때문이다. 즉, 자신의 목숨이 위협받는 상황에서도 '기자로서' 최선을 다해 취재하러 다니는 그의 노력과 행동이 지금의 그가 인정받도록 만든 것이다.

앞서 미국인의 표상으로 소개했던 벤저민 프랭클린도 마찬가지다. 매사추세츠 주 보스턴의 가난한 청교도 집안에서 17명의 자녀 중열다섯 째로 태어난 프랭클린은, 정규 교육도 제대로 받지 못한 채12살 때 형이 운영하는 인쇄소에서 견습공으로 일했다. 하지만 17살때 독립한 후 필라델피아에서 갖은 고생 끝에 인쇄업과 출판업에서큰 성공을 거두었다. 이후 피뢰침과 개방형 난로(Open Stove), 복초점렌즈를 발명했고, 미국 최초의 병원인 펜실베이니아 병원을 세우는데에도 참여했다. 무엇보다 그는 칠순의 나이에 미국의 〈독립선언서〉를 작성했으며, 팔순의 나이에는 펜실베이니아 주 대표로 제헌 회의에 참석해 미국 헌법을 만들었다.[78] 프랭클린이 일평생 스스로의 노력으로 미국 역사에 타의 추종을 불허하는 발자취를 남겼기에 미국인들은 그를 미국의 대표적인 인재로 존경하는 것이다.

이처럼 미국은 스스로의 노력으로 이룬 성취를 높이 평가한다. 개인의 능력이 우선시되는 것이다. 그래서 미국에서는 나이 어린 상사 밑에서 나이 많은 부하 직원들이 근무하는 광경을 흔히 볼 수 있다. 대학교를 졸업한 뒤 무조건 대기업에 가기 위해 목을 매지도 않는다. 스스로 발산 가능한 '무언가'를 갖고 있다면 작은 회사에서 일을 시작해 경험을 쌓은 뒤 대기업에 들어갈 수 있고, 창업을 해 꿈을 펼칠 수도 있다. 대학교를 나와 비정규직으로 일을 시작하면 평생 대기업 정규직이 되기 어려운 한국과는 이렇게 다른 것이다.

무엇보다 미국 사회는 성취에 대한 보상이 확실하다. 연세대학교 유동원 교수는 미국 UCLA 대학교에서 박사 후(Post-Doctoral) 과정을 하며 전립선암 치료제인 '엑스탄디Xtandi' 개발에 참여했는데, 이 프로젝트가 성공하면서 특허권료로 600억 원에 달하는 돈을 받았다고 한다. 지도교수 혼자서 특허권료를 독차지한 것이 아니라, 모든 팀원들이 동등한 특허권료를 받은 것이다. 성취에 대한 보상이 이렇듯 확실하니, 연구 개발자들이 더욱 연구에 몰입해 큰 성과를 낼 수 있는 것이다.[79]

결국 한국과 미국의 인재관의 가장 큰 차이는 "스스로 이룬 성취에 얼마나 큰 가치를 두는가"이다. 타고난 외모, 가정 환경, 출신 학교, 직장 등으로 30살 이전에 인재인가 아닌가가 결정되는 한국 사회와, 젊은 시절에는 그리 빛나지 않았어도 자신의 꾸준한 노력과 성취에 따라 인정받을 수 있는 미국 사회. 이제 우리는 미국에서 활동하면서 한국의 국격을 드높이는 한국계 인재들이 한국으로 오는 것을 꺼리는 이유를 되짚어볼 필요가 있다.

'실패는 끝'인 한국 사회, '실패도 도전의 일부'인 미국 사회

미국의 근본인 개척자정신은 실패의 가치를 존중한다. 이러한 정신은 건국 초기부터 오늘날까지 이어져 아직도 많은 젊은이들이 창업(Start-up)에 도전하는 밑거름이 되고 있다.

앞서 소개한 커널 샌더스처럼 미국에서는 창업에 성공하기까지 평균 세 번 이상의 실패를 경험한다. 그래서 파산 절차에 대한 법률 상담가가 가장 많은 곳이 미국이기도 하다. 반면 한국은 공무원·교사 임용 시험 경쟁률이 매해 치솟고 있다. 언제 잘릴지 모르는 일반 기업의 일자리보다 안정적인 직장을 선호하기 때문이다. "창업했다가 실패하면 인생도 실패한다"는 인식도 팽배하다.

사실 고용의 유연성이 높은 미국에서도 공무원은 꽤나 안정적인 직업이다. 특히 연방정부 공무원은 임명된 지 1~2년 뒤면 '철밥통'이다. 그러나 미국에서는 공무원 임용 시험에 매진하는 젊은이들을 찾아보기 어렵다. 경력을 중시하는 공무원 임용 제도 탓도 있겠지만, 안정보다는 도전을 중시하기 때문이다. 즉, 미국에서는 어떤 일에서 실패했더라도 그의 인생마저 실패했다고 여기지는 않는다. 오히려 실패를 통해 더 많은 것을 배웠다고 생각하기에 실패 경험은 타 직장 입사 과정에서도 유리하게 작용한다.

미국의 교육 풍토도 실패를 통해 혁신을 이루는 인재들을 길러내는 토양이 되고 있다. 사실, 미국 교실에서 흔히 들을 수 있는 소리는 "잘 했어!(Good job!)"와 "멋져!(Awesome!)"이다. 교사가 칭찬을 남발한다거나 학생의 과도한 자신감이 오히려 학습의 발전을 저해하지는 않을까 염려되겠지만, 이렇게 칭찬을 통해 자존감을 높이고 도전을 격려하는 미국의 교육은 혁신과 창조의 원동력이 된다. 학생들이 각종 스포츠 대회와 과학 박람회(Science Fair), 발명 박람회(Invention Fair) 등에 참여하는 것도 독려한다. 학생들이 이런 대회에 자주 참여함으로써 도전과 실패에 대한 두려움을 없애고, 또 실패를 경험하면서 더욱 성장할 수 있기 때문이다.

한국과 달리 실패를 닫힌 결말로 보지 않는 미국 사회의 정서는 〈생체의학의 부정적 결과 저널(Journal of Negative Results in Bio-medicine)〉이 소개한 사례로도 살펴볼 수 있다. 이 학술지는 연구자가 원하는 결과를 얻지 못한 연구도 학술지에 실릴 수 있게 하여 실패를 인정해주고, 다양한 실패 사례들의 데이터로 꼭 성공을 이루자는 취지에서 발간됐다. 연구자들이 자신이 원하는 결과를 얻지 못할 때 논문 조작의 유혹에 빠진다는 사실에 주목한 것이다.

미국은 무한한 잠재력을 지녔지만 실패 가능성도 높은 장기 프로젝트에 대한 지원도 아끼지 않는다. 대표적인 예가 '고위험 혁신 연구(Transformative Research)'를 국가 포트폴리오에 포함시킨 것이다. 현재 다수의 미국 대학교에서 고위험 혁신 연구가 진행되고 있으며, 이와 연계하여 차세대 국가 경쟁력 향상을 위한 프로젝트도 실행되고 있다.

이 책의 저자들을 비롯한 누구나 시련과 고통, 고난, 실패, 위기를 겪는다. 이때 슬픔과 좌절에서 빠져나오지 못하는 사람이 있는가 하면, 아픔을 딛고 일어나 이전보다 더욱 성장하는 사람도 있다. 역경

속에서도 다시 회복되어 튀어 오를 수 있는 마음의 힘을 '탄력성(Re-silience)'이라고 한다. 탄력성은 실패의 가치를 인정하고 실패한 사람을 격려하는 사회에서 더욱 발달될 수 있다. 소설《해리 포터》시리즈의 저자인 조앤 롤링Joanne Rowling은 하버드 대학교 졸업식 축사로 이렇게 말했다.

"제 인생의 기반은 실패해야만 얻을 수 있는 것들로 탄탄해졌습니다. 실패를 통해 얻은 인생의 지혜가 제게는 가장 큰 자산이지요."

미국처럼 안정보다 도전을 중시하고 실패를 인정하는 교육이 이루어지는 사회야 말로 창의적 인재를 키울 수 있는 것이다.

아니, 할 줄 아는 게 영어'뿐'이라고요?

영어는 한국 사회에서 가장 큰 스펙이다. 모국어도 제대로 못하는 2~3살짜리 유아들이 영어학원을 다니고, 초등학교 저학년 학생들조차 미국이나 캐나다 등 영어권 국가로 조기유학을 떠나는 광경을 심심치 않게 볼 수 있다. 일부 대학교에서는 학생들의 졸업 요건으로 일정 수준 이상의 공인 영어시험(TOEIC, TOEFL, TEPS 등) 점수를 요구한다. 심지어 영어를 쓸 일이 거의 없는 기업의 부서에 지원하더라도 일정 수준 이상의 영어시험 점수를 보여주어야 합격할 수 있다.

영어를 모국어로 하는 나라는 미국 외에도 영국, 호주 등 수없이 많다. 그런데도 대다수 한국인들은 미국식 발음과 억양으로 말하는 사람만 영어를 잘한다고 생각한다. EBS 다큐프라임 〈언어발달의 수

수께끼〉에서 이런 실험을 진행했다. 한국인과 외국인 참가자들을 대상으로 한국인 남자의 영어 연설 장면을 보여준 후 영어 실력을 평가하는 것이었다. 한국인들은 연설한 남자의 발음이 유창하지 않다는 이유로 부정적으로 평가한 반면, 외국인들은 이 남자의 의사 전달 능력이 뛰어나다며 높은 점수를 주었다. 실험을 마치고 공개한 영상의 주인공은 다름 아닌 반기문 전 UN 사무총장이었다.

외국어를 잘하는 것은 훌륭한 능력이고, 세계 공용어인 영어를 능숙하게 구사하는 것은 아이들에게 더 많은 기회를 열어줄 수 있다. 미국에서도 외국어를 잘하는 것은 가치 있는 재능이다. 실제로 상당수 미국 학생들은 중·고등학교와 대학교에서 스페인어, 프랑스어, 중국어 등 외국어 과목을 수강한다. 그러나 미국에서는 자기 전공 분야에 대한 지식이나 기술, 업무 능력은 떨어지는데 외국어를 잘 한다고 해서 인재라고 하지는 않는다.

저자가 미국 대학원에서 박사 과정을 밟을 때의 일이다. 미국에 유학 와서 첫 전공 수업에 들어갔을 때 미국 학생들은 수업에 매우 활발하게 참여했다. 교수가 한창 강의하는데 손을 들어 발언권을 얻지 않고 질문하거나, 수업 내용에 대한 자신의 생각을 서슴없이 이야기했다. 수업 준비를 밤을 새우며 해갔어도 영어가 서툴러서 벙어리처럼 앉아있던 유학생 입장에서는 정말 부러운 일이었다. 그런데 어느 날, 같은 강의를 듣던 다른 미국인 친구가 말 잘하는 다른 학생을 가리키며 이렇게 말했다.

"걔는 다른 친구들이 한 이야기를 적당히 바꿔서 하는 경우가 많

아. 그러니까 너도 자신감을 가져. 너는 영어는 서툴고 가끔 입을 열지만, 네 이야기는 수업의 핵심을 찌르는 경우가 많아."

마찬가지로 미국 기업에서도 영어를 잘 못하는 외국인 직원이 이야기할 때, 그 사람이 평소에 출중한 업무 능력을 보여주었다면 다른 미국인 동료들은 어떻게든 그가 하는 영어를 알아들으려고 귀를 기울인다. 때로는 "지금 자네가 한 말은 이런 뜻인가?"라고 추가 질문을 하면서라도 말이다.

영어를 잘한다고 글로벌 인재가 되는 것도 아니고, 영어를 못한다고 글로벌 인재가 될 수 없는 것도 아니다. 자기 분야에서 최고가 될 수 있도록 전문성을 쌓는 것이 가장 중요하다.

자존감, 다양성, 자율성을 갖춘다

미국의 교육 과정

앞서 말했듯이 미국이 육성하는 인재는 공동체 의식을 지닌 민주시민, 융합적 사고를 하는 창의적 시민, 다양성을 존중하는 세계시민이다. 그렇다면 이런 인재는 어떤 가치와 역량을 지녀야 할까?

- 민주시민은 공동체 의식을 지닌 인재로서 자존감, 정직, 준법의식, 책임감, 관용, 배려, 예의, 존중, 비판적 사고력, 다양성, 인권을 존중하는 마음, 자율성 등을 지녀야 한다.

- 창의적 시민은 융합적 사고를 하는 인재로서 자존감, 통합적·비판적 사고력, 문제 해결 능력, 창의성, 다양성, 자율성 등을 지녀야 한다.

- 세계시민은 다양성을 존중하는 인재로서 자존감에 더해, 타 문화와 인권을 존중하는 마음, 자율성, 공감, 소통, 관용, 배려 등을 갖춰야 한다.

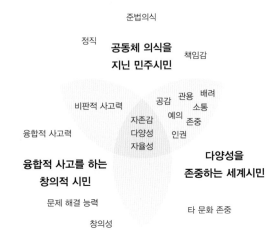

준법의식

정직 　**공동체 의식을**　책임감
　　　　지닌 민주시민

비판적 사고력　　공감　관용　배려
　　　　　　　　　　　소통
융합적 사고력　자존감　예의　존중
　　　　　　다양성　인권
　　　　　　자율성
융합적 사고를 하는　　**다양성을**
창의적 시민　　　**존중하는 세계시민**

문제 해결 능력

타 문화 존중

창의성

미국이 키우는 인재의 모습과, 인재가 되기 위해 지녀야 할 가치와 역량

　이렇듯 세 인재들 모두 자존감, 다양성, 자율성을 갖추고 있으며, 관용과 배려, 공감과 소통, 예의 그리고 타인과 인권에 대한 존중을 공통적으로 갖추고 있다.

　실제로 빌 게이츠나 마크 저커버그와 같이 미국을 대표하는 글로벌 인재들은, 성숙한 공동체 의식을 지니고 다양성을 존중하며 융합적 사고로 창의성을 발휘한다. 그렇기 때문에 우리는 미국이 인재를 키우기 위해 이러한 가치와 역량을 어떻게 아이들에게 심어주고 키워주는지, 유아 교육에서부터 고등 교육에 이르기까지 그 과정을 세세히 살펴보고자 한다.

1. 인재의 씨앗을 심는 미국의 유아 교육

미국의 유아 교육 기관은 크게 종일반 어린이집인 데이케어Daycare 와, 만 2~4세 유아가 다닐 수 있는 프리스쿨Preschool로 나뉜다.

미국의 유아 교육 기관들은 각기 다른 교육 과정을 운영하지만, 만 5세 이하의 아이들이 학교에 다닐 수 있는 준비(School Readiness)를 잘 하도록 도움을 주는 것을 목표로 한다. 특히 자존감, 인성, 창의성, 다양성이라는 유아 교육의 핵심 가치를 공유한다.

이에 따라 아동 개개인의 흥미와 개성을 존중하며, 다양한 체험 활동을 통해 아이들의 인성과 창의성을 기른다. 아울러 다양성을 이해하고 자신의 생각을 자유롭게 펼칠 수 있는 커뮤니케이션 능력을 기르는 교육도 유아 교육에서부터 이루어진다.

유아의 자존감을 높여주는 미국 교육

미국의 유아 교육 기관들은 어릴 때부터 있는 그대로의 자기 모습을 긍정적으로 받아들이도록 자존감을 키워주는 교육을 중시한다. 자존감은 자신이 사랑받을 가치가 있는 소중한 존재이고, 성과를 이루어낼 만한 유능한 사람이라고 믿는 마음이다.

미국의 프리스쿨에서는 아이들이 자기 자신을 다른 아이들과 비교하거나 경쟁하는 모습을 찾아보기 어렵다. 달리기를 잘하는 아이, 노래를 잘하는 아이, 그림을 잘 그리는 아이, 공중사다리를 잘 오르는 아이 등 각자가 좋아하고 잘하는 부분을 서로 인정해주고 격려해주는 환경이 조성되어있다.

만 4세 유아들의 경우 그림이 없는 책(Chapter Book)을 줄줄 읽거나 곱셈의 개념을 이해하고 계산하는 아이부터, 이제 알파벳 사운드를 배우거나 1부터 10까지 숫자 쓰기를 연습하는 아이까지 발달 단계가 각기 다른 아이들이 한 교실에서 같이 생활한다. 그러나 100까지 숫자를 쓰지 못하거나 책을 읽지 못한다고 해서 슬픈 아이는 없다. 미국의 교사들과 학부모들은 유아들이 각 단계에 맞는 발달을 이뤄가도록 기다려주기 때문이다. 아이 스스로 할 수 있는 일은 시간이 걸리더라도 자기 힘으로 할 수 있도록 도와주는 것이다. 이렇게 기다려주는 어른들의 배려 속에서 아이들은 자존감을 키우게 되고, 이를 바탕으로 본인이 좋아하고 잘하는 일을 스스로 찾아서 할 수 있는 기반을 다지게 된다.

저자의 딸인 세아도 프리스쿨을 다니기 시작하면서 눈에 띄게 달라진 점이 두 가지 있었다.

하나는 숫자와 글자에 관심을 보이기 시작한 것이다. 어느 날부터인가 형형색색 크레파스로 쓴 숫자들을 가지고 오는가 하면, '알파벳 책'이라며 겉에는 세아의 이름이 적혀 있고 세아 손바닥만한 종이 몇

장이 스테이플러로 고정된 것을 가져오기도 했다. 프리스쿨에서 돌아온 세아는 집에서도 연필을 붙잡고 있는 시간이 점점 길어졌다. 스스로 책상 앞에 앉아 무언가에 몰입하는 아이가 그저 신기하게만 보였다.

또 하나의 변화는 세아의 자기효능감이 더욱 높아진 것이다. 얼마전 식사 준비를 하고 있는 내게 와서는 프리스쿨에서 진짜 칼로 감자도 깎고 당근도 깎아봤다며 무척 자신감 있게 이야기했다. 나는 주의사항과 깎는 방법을 안내한 후 커다란 쟁반에 필러와 당근을 챙겨주었다. 세아의 자세는 불안정하고 껍질을 깎는 속도는 많이 더뎠다. 그러나 껍질을 다 깎은 후 다음에 도움이 필요하면 또 얘기하라며 선심을 쓰듯 이야기하는 세아를 보며, 그렇게 겁 많고 지나치게 조심스럽던 아이가 이렇게 달라진 걸 보고 다시 한 번 교육의 힘을 깨닫게 되었다.

세아가 다니는 몬테소리스쿨에서는 아이가 학교에 오자마자 하고싶은 것을 하도록 허용하고(지도 그리기, 퍼즐 맞추기, 구슬 옮기기 등), 선택한 교구들을 사용하고 제자리에 갖다 놓기, 교실 한편에 마련된 간식들을 먹을 만큼 덜어서 먹고 설거지하기 등 모든 것을 스스로 하도록 장려한다. 특히 엄마들이 집에서 좀처럼 허용하지 않는 설거지는 아이들이 즐거워하면서도 깨지는 그릇을 조심히 다루어야 한다는 사실을 자연스럽게 배울 수 있는 활동이다.

만 4세인 세아도 프리스쿨에서 반복된 연습과 실수를 통해 자기의한계를 시험하는 과정을 거치며 점점 모험심과 자신감을 갖게 되었

몬테소리스쿨에서 자유롭게 교구를 선택해 노는 아이

다. 여행 갈 때 자기 옷 등 필요한 물건들을 스스로 챙길 줄 알고, 엄마와 한 약속은 반드시 지키며, 종이공작 또는 그림 그리기를 하면서 집중하는 시간이 길어졌다. 교사가 일방적으로 가르치는 것이 아니라, 아이 개개인의 성장 속도와 눈높이에 맞춰 자존감을 높이는 유아 교육 철학이 위대해 보인다.

미국에서는 알레르기가 있다거나 왼손잡이라고 해서 남과 비교 대상이 되는 경우도 없다. 프리스쿨에서는 새 학년이 시작될 때 특정 음식에 알레르기가 있는 아이나 언어 치료(Speech Therapy) 등 특별한 보살핌이 필요한 아이들은 없는지 꼼꼼히 체크하고 연간 계획을 세우기 때문이다. 만약 땅콩 알레르기가 심한 아이가 있다면 해당 프리스쿨 자체를 '땅콩 없는 학교(Peanut Free School)'로 지정해 학교에 땅콩이 들어간 어떤 음식도 가져오지 못하도록 한다. 땅콩 알레르기가 있는 아이 때문에 학교 전체가 조심하고 배려해야 하지만, 누구도 불평하지 않고 되레 당연한 것으로 여긴다. 또한 미국에서는 한 반에 4분의 1 정도 되는 왼손잡이 아이들을 위해 왼손잡이용 가위를 갖춰 놓는 등 아동 개개인이 자신의 있는 그대로의 모습을 긍정적으로 받아들일 수 있도록 여건을 조성해주고 있다.

글로벌 인재를 만드는 첫 걸음인 인성교육

미국 교육의 목적은 지력과 심력, 체력을 고르게 발달시키는 것이다. 특히 심력, 즉 마음의 힘과 태도인 덕성 함양을 주 목적으로 하는 인성교육은 미국 교육의 핵심이다. 인성교육은 개인의 자아실현은 물론 사회질서를 유지하고, 보다 건강한 공동체를 이루는 데 기여한다.[80] 그래서 미국 아이들은 어렸을 때부터 다른 사람들을 배려하는 방법과 태도를 배우며 자란다.

실제로 미국의 유아 교육 기관들은 예의범절을 가르치기 위한 몇 가지 원칙을 가지고 있다. 대표적인 원칙으로는 "플리즈Please", "땡큐Thank you", "익스큐즈미Excuse me"라고 말하기, 기다리기, 도와달라고 요청하기, 누군가를 안고 싶을 때 먼저 양해 구하기, 바쁘게 일하는 사람에게 얘기하는 법, 대화를 이어가는 법 등이 있다.[81] 매사에 감사할 줄 아는 아이를 만드는 교육이 유아 교육에서 시작되는 것이다.

데이케어와 프리스쿨에서 교사들은 아이들이 이 같은 원칙에 따라 행동하도록 안내한다. 간혹 원칙을 지키지 않고 거칠게 행동하는 아이들도 있는데, 이때 교사들은 바로 꾸짖기보다 그 아이의 행동을 중지시키고 생각할 시간을 줌으로써 아이 스스로 자신의 행동을 돌아보게 한다.

미국의 유아 교육 기관들은 자연친화적 교육을 통해 아이들이 더불어 사는 삶을 직접 체험하도록 한다. 아이들은 직접 화분에 꽃을 심거나 나무에 물을 주는 생태 학습을 하면서 주변의 자연환경을 어떻게 돌보고 가꿔야 하는지 배운다. 이에 따라 교실 이름을 참나무(Oak), 버드나무(Willow), 내자작나무(River Birch), 단풍나무(Maple) 등 나무 이름으로 지은 프리스쿨들도 있다. 실외 정원이 있는 유치원은 아이들이 교사와 함께 꽃·채소 씨앗을 뿌리고 물을 주면서 싹이 트고 자라나는 모습을 관찰한다. 반 친구들과 함께 커다란 물통에 빗물을 모아 정원에 물을 주고 과일껍질 등을 말려 거름으로 쓰면서 아이들은 자연스레 사회정서적 발달까지 이루게 된다.

매년 4월 22일 '지구의 날(Earth Day)'마다 프리스쿨에서는 지구에 관한 책을 읽고 지구를 어떻게 보존할 것인지를 발표하면서 공동체에 대해서까지 생각하는 시간을 갖는다. 프리스쿨에서는 점심시간에 요구르트를 먹고 플라스틱 용기를 씻어 재활용바구니에 넣는 아이들도 자주 눈에 띈다. 자연친화적 교육의 영향으로 재활용품 분리수거가 생활화된 것이다.

미국의 유아 교육 기관에서는 폭우가 쏟아지거나 한파가 몰아치는 날을 제외하고는 매일 30분 이상 아이들이 야외 놀이터나 공원에

생태 학습 중인 아이들

서 뛰어놀도록 하고 있다. 심지어 겨울에도 모든 아이들이 두터운 부츠, 장갑, 목도리 등을 챙겨서 입고 나가 논다. 아이들은 자연 속에서 흙과 풀을 직접 만지고 놀면서 신체를 단련하는 것은 물론, 친구들과 함께 어울려 놀면서 존중과 배려, 커뮤니케이션하는 법을 배우며 공동체 의식과 인성을 함양한다.

 집중 탐구 004 '아이들은 시민' 프로젝트

'아이들은 시민(The Children Are Citizens)' 프로젝트는 아이들 스스로 미국 시민으로서의 역할을 생각하면서 민주주의를 실천할 수 있도록 아이들과 지역 사회를 연결해주는 프로그램이다. 아이들도 미국 사회의 일원이자, 미국 사회의 발전을 위해 자신의 의견을 개진할 수 있는 주체라는 생각이 이 프로젝트의 바탕이 되었다.

2014년 워싱턴D.C.에서 시작된 이 프로젝트는 다양한 미술 활동으로 아이들의 발달을 돕는 '프로젝트 제로Project Zero'를 진행하던 하버드 대학교와의 협업으로 처음 이루어졌다. 이 프로젝트 덕에 초등학생은 물론 3~4세의 프리스쿨 아이들도 교사의 지도 아래 시청과 미술관, 박물관 등을 방문했다. 이를 통해 아이들은 시청이 어떤 곳인지, 박물관을 어떻게 생각하는지 등에 대해 각자의 생각을 나누고, 그림을 그리거나 이야기를 만들어 발표하면서 지역 사회에 대해 더 알 수 있는 기회를 가졌다.[82]

보스턴 시에서는 이 프로젝트를 통해 아이들이 마티 월쉬Marty Walsh 시장에게 시정 개선 의견을 제안하는 자리도 마련했다. 이 자리에서 아이들은 길고 추운 겨울 동안 친구들과 함께 뛰어놀 수 있는 실내 놀이터를 만들고, 지붕에는 태양광 패널을 다는 등의 아이디어를 쏟아냈다.[83] 3~4세짜리 아이들도 지역 발전을 위해 자신의 생각을 내놓거나 나누면서 더 안전하고 활기찬 도시를 자신들도 만들 수 있다는 자부심을 갖게 된 것이다.

'아이들은 시민' 프로젝트는 아직 미국 일부 지역에 한정된 것이지만, 미국이 얼마나 아이들의 시민교육을 중요시하는지를 잘 보여준다.

체험 활동으로 키워주는 창의성

다양한 체험 활동과 자기주도적 학습을 통해 창의성을 기르도록 돕는 것도 미국 유아 교육의 대표적 특징이다. 예를 들면, 미국 프리스쿨 중 여러 곳에서는 가을에 사과 맛보기 프레젠테이션을 하는 경우가 많다. 아이들은 다양한 종류의 사과를 얇게 잘라먹고 그 맛에 대해 발표하는 시간을 갖는다. 아이들은 후지Fuji 사과 한 조각을 맛본 뒤 "보라색 맛이 난다", "구름 위를 나는 맛이다", "솜사탕이 생각

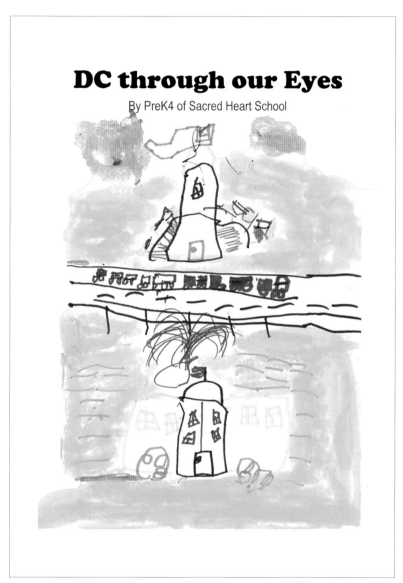

4세 아이의 눈으로 본 워싱턴D.C.

출처: http://www.pz.harvard.edu/sites/default/files/Children-Are-Citizens-Book-2015.pdf

난다” 같은 기발한 대답을 한다. 교사들은 아이들의 생각을 공감하고 존중해줌으로써 아이들의 상상력을 자극한다.

　저자의 아들이 다니는 이스트브렌트우드 장로교회(EBPC)의 프리스쿨은 매일 다양한 체험 활동을 통해 새로운 주제를 배우는 시간이 있다. 예를 들면, 화요일에는 애벌레, 목요일에는 나비로 연결된 주제를 공부하면서 미술 활동 시간에 포크로 풀 모양을 찍고 그 위로 애벌레가 기어가는 모양을 만든다. 아이들은 그룹 활동을 통해 어떻게 나비가 애벌레에서 나비로 성장하는지에 대해 이야기를 나누며 나비를 놀이터에 풀어준다. 자연을 몸소 체험하고 다양한 활동을 통해 표현함으로써 창의성을 기르는 것은 물론, 생명의 소중함도 깨닫게 되는 것이다.

　미국 테네시 주 브렌트우드Brentwood에 사는 로이 염Roy Yum 씨는 세 아이의 아빠다. 그는 미국에서 큰 규모를 자랑하는 사립 유아 교육 기관인 고다드 스쿨Goddard School에 아들 알렌을 보내고 있다. 그는 체험 활동으로 창의성을 기르는 미국 유아 교육에 대해 다음과 같이 말한다.

　　알렌은 고다드 스쿨에서 지난 2년 동안 종일반과 격일반으로 참여했습니다. 학교에 가는 것은 알렌의 생활의 중심이 되었고, 알렌은 학교 가기를 정말 좋아합니다.
　　학교에서 알렌은 알파벳과 맞춤법, 숫자 세기, 합산, 과학, 미국사, 올림픽 등 다양한 주제를 배웁니다. 일정 형태의 미술과 공예 활동도 하면서, 실내와 야외에서 마음껏 뛰놀고요. 여름에는 매주 한 번씩 물놀이 시간도 갖더군요.

통상적인 일과와 학습 외에도 고다드 스쿨은 소방관과 경찰관, 동물원 조련사들을 비롯해 마술사, 음악가, 무용가 같은 외부 손님들을 초대해 아이들을 교육하는 프로그램도 마련하고 있습니다. 저희는 아이가 유치원(Kindergarten)에 들어가기 전에 학문적으로는 물론 사회적으로도 만반의 준비를 갖추게 될 것이라고 믿습니다.

프리스쿨에서는 아이들이 자신의 생각을 자유롭게 표현·발표하는 시간을 마련해 아이들의 창의성 발달을 돕는다. 그 대표적인 방법이 '쇼 앤 텔Show and Tell'이다. 이는 아이들이 각자 자신의 물건을 가져와서 수업 시간에 친구들 앞에서 발표하는 활동이다.

아이들은 특별한 사연이 있는 물건이나 여행지에서 찍은 사진, 본인이 좋아하는 책 등을 가져와 친구들에게 보여주고 같이 이야기한다. 자기 차례가 오면 친구들 앞에 서서 3분 정도 발표한 뒤 서로 질문하는 시간을 갖는다. 이처럼 미국 아이들은 유아기 때부터 자기 안의 가치를 소중히 여기고, 자신의 생각을 나름대로 표현하는 법을 연습하면서 창의력을 키워나간다.

'직업에는 귀천이 없음'을 가르치는 미국 교육

미국은 전 세계에서 이민 온 사람들로 이루어진 나라인 만큼, 영

쇼 앤 텔

몬테소리스쿨 아이들이 집에서 가져온 페트병, 베이킹소다, 식초로 풍선을 부풀리는 실험을 하며 발표하고 있다.

유아 때부터 다양성을 존중하는 교육을 중시한다. 데이케어 센터나 프리스쿨에는 한국, 일본, 중국, 사우디아라비아, 인도, 러시아 등 세계 여러 나라에서 온 아이들이 함께 생활하며 서로의 다름을 인정하고 존중하는 태도를 배운다. 그래서 미국의 많은 유아 교육 기관들이 아이들로 하여금 여러 인종과 국적, 종교를 이해할 수 있도록 다양한 문화 행사를 개최한다.

예컨대 인도의 촛불 축제인 '디왈리Diwali', 기독교인들의 축제인 '크리스마스Christmas', 유대인들의 축제인 '하누카Chanukkah', 아프리카의 축제인 '크완자Kwanza', 한국·중국·베트남의 '음력설(The Lunar

5살 아이가 만든 아시아 지도

New Year's Day)' 등 여러 다른 문화의 축제를 기념하는 행사를 한다.

각각의 기념일에는 해당 문화와 관련된 게임을 하거나 음식을 나눠 먹으며 각 문화의 특징들을 배운다. 일례로 설날에는 한국 학부모들의 도움을 받아 다른 문화권의 아이들에게 한복을 입어보게 하거나, 제기차기나 연 만들기를 함께해본다. 또한 김밥이나 잡채, 만두 등 한국 음식을 젓가락을 이용해 먹어보기도 한다. 몬테소리스쿨의 경우 아이들이 직접 여러 나라의 지도를 만드는 프로그램이 있는데, 이 프로그램을 통해 아이들은 다른 대륙의 문화와 지리에 대해 배우며 타 문화를 존중하는 기회를 갖게 된다.

사실, 명문 대학교를 나와서 지붕 고치는 일을 하더라도 꺼릴 것이

소방관 안전 교육
프리스쿨의 아이들이 소방관이 하는 일과 불이 났을 때의 안전 수칙 등을 배우고 있다.

없는 곳이 미국이다. 미국에서는 어릴 때부터 어떤 직업을 갖느냐보다, 최선을 다할 정도로 좋아하고 사회에 봉사도 할 수 있다면 그것이 최고의 직업이라고 배우기 때문이다. 이는 미국 유아 교육 기관의 다양성 교육, 즉 직업의 다양성을 존중하는 교육에서 시작된다.

프리스쿨에서는 커뮤니티 헬퍼Community Helper(사회공동체의 조력자)를 대표하는 소방관, 경찰관, 환경미화원 등이 사회공동체에 미치는 영향을 가르친다. 아이들은 이들이 공동체를 어떻게 도와주고 이끌어 가는지 배우면서 장래의 꿈을 키워간다. 경찰인 아빠가 교실에 와서 경찰관이 하는 일과 어린이 안전 등에 대해 이야기하고 경찰차를 태워주는가 하면, 소방관들이 프리스쿨에 찾아와서 불이 났을 때의 안전 수칙을 알려주고 불 끄는 법을 보여주기도 한다. 요리사인 아빠가 과일 깎는 방법을 보여준다든가 명상가인 엄마가 아이들과 명상의 시간을 가진 뒤 평화를 상징하는 작은 돌 하나씩을 나눠주는 등 다양한 직업을 가진 부모들이나 전문가들이 프리스쿨에 초청돼 아이들이 다양한 직업을 경험해보고 존중할 수 있도록 도와주는 것이다.

 집중 탐구 005 차일드케어 센터와 프리스쿨

한국의 어린이집과 유사한 기관인 차일드케어 센터Childcare Center는 데이케어 Daycare라고도 불리는데, 부모 모두 직장에 다니거나 아이 양육에 친지 등의 도움을 받을 수 없는 경우 많이 이용한다.

차일드케어 센터는 전일 보육을 담당하는 기관이라 비용이 한 달에 4,000달러가 넘는 곳들도 있다. 그래서 각 주에서는 차일드케어 센터를 이용하는 저소득층 가정을 위해 보조금 제도를 마련하고 있다.

프리스쿨Preschool은 대개 만 2~4세인 유치원에 들어가기 전 유아들의 교육을 담당한다. 데이케어가 보통 종일반으로 운영되는 반면, 프리스쿨은 오전 9시부터 오후 2~3시까지 운영되는 편이다. 미국의 대표적인 사립 프리스쿨로는 고다드 스쿨Goddard School, 몬테소리스쿨Montessori School, 발도르프 프리스쿨Waldorf Preschool, 레지오 에밀리아Reggio Emilia, 하이스코프HighScope 등이 있다.

주정부가 지원하는 프리스쿨은 대개 해당 지역 공립 초등학교에서 프리케이Pre-K 반 형태로 운영된다. 주정부 지원 프리스쿨은 해당 지역의 모든 아동들이 지원할 수 있지만, 지원금이 제한되어있어 소득 수준이나 자녀 수, 이중 언어 사용 등을 기준으로 아동을 선발한다.

모든 부모가 한 아이를 위해, 한 부모는 모든 아이를 위해

미국에서 유아 교육 기관을 이용하지 않는 아이들의 비율은 약 42%에 달한다.[84] 이 아이들은 도대체 어디서 어떻게 교육을 받을까? 물론 하루 종일 텔레비전 앞에 방치되는 아이들도 있겠지만, 대부분은 집에서 부모나 조부모와 함께 홈스쿨링을 하거나 다양한 야외 활동을 한다.

미국에서도 맞벌이 부부의 자녀들은 할머니·할아버지가 양육하는 경우가 많다. 이러한 노인들은 집에서 손주를 교육할 때 만 2세 이상 아동의 교육을 위해 제작된 유료 유아 교육 사이트를 이용하기도 한다. 또는 무료로 제공되는 '잘라 붙이기(Cut and Paste)'나 '숫자 연결하기(Dot to Dot)', '숫자 따라 색칠하기(Color by Numbers)' 등의 놀이를 활용하거나, 유아 교육 관련 정보를 나누는 무료 교육 사이트를 활용하는 경우도 많다.[85]

한국에는 문화 센터나 미술·음악학원 같은 사설 교육 프로그램이 비교적 잘 갖춰져있지만, 미국에서는 사설 교육 프로그램이 한국보다 비싼 편이다. 하지만 공립 도서관이나 공원, 놀이터 등이 취학 전 아이들의 교육 장소로 적극 활용되고 있다. 사실, 미국에서는 인종·소득 등에 관계없이 공립 도서관이나 공원 등을 자유롭게 이용할 수 있도록 법으로 규정하고 있으며, 어느 지역에서나 집과 가까운 곳에 도서관과 공원 등이 있어 접근성이 높다.

미국의 공립 도서관에서는 매주 취학 전 아이들을 위한 '스토리 타임Story Time' 프로그램을 열어 책을 함께 읽은 뒤 책의 내용과 관련된

공립 도서관에서 열리는 스토리 타임
지역 TV 채널 캐릭터가 도서관을 방문해 아이들과 함께 책을 읽고 있다.

사물 만들기를 하는 등의 시간을 마련한다. 또한 연령별로 악기를 연주하거나 춤을 추는 등의 프로그램을 기획한 도서관들도 있다. 아이들은 도서관에서 책도 보고, 다른 친구들과 놀이도 하면서 사회적·지적 발달의 기회를 갖는다.

도서관 근처에는 공원이나 놀이터가 함께 자리하고 있어 아이들의 체력 발달도 도모할 수 있다. '반즈 앤 노블Barnes & Noble' 같은 서점이나 장난감 가게에서도 매주 무료로 스토리 타임 프로그램을 여는가 하면, 창의성 발달을 위한 다양한 체험 활동 교구들을 마련해놓고 있다.

미국에서는 YMCA와 같은 지역 스포츠 센터에서 만 3세부터 이용 가능한 축구팀을 운영한다. 참가비는 저렴한 편이며, 소득 수준에 따라 등록비 감면 혜택도 받을 수 있다. 아이들은 축구 연습을 하고, 직접 경기도 하며, 팀플레이와 공정한 경쟁을 몸으로 직접 체험한다. 이처럼 미국의 아이들은 유아 교육 기관을 이용하지 않더라도 공공도서관이나 운동장 등에서 다양한 활동을 하며 자존감과 창의성을 키우는 것이다.

"한 아이를 키우려면 온 마을이 필요하다"는 말이 있듯, 미국 사회는 이렇듯 아이들을 키우기 위한 제반 시설들을 곳곳에 마련해놓고 있다. 물론 부모나 친지가 아이들을 일일이 차로 데리고 다녀야 하는 수고는 감수해야 한다.

하지만 부모가 일을 하더라도 미국의 오후 풍경은 한국과 사뭇 다르다. 아이를 키우는 동안 유연근무제나 파트타임 일자리 등을 이용할 수 있는 것은 물론, 대부분의 직장인들이 오후 4~5시에는 퇴근할 수 있다. 그래서 평일 오후 5시에 시작하는 아이들의 축구 경기에 아빠가 함께 참여하는 경우도 흔하다. 이렇듯 '가족과 함께 저녁을 즐길 수 있는 삶'이 있기에 미국은 저출산 문제 같은 것을 고민할 필요가 없는 것이다.

 집중 탐구 006   상상력 도서관, 이매지네이션 라이브러리

모든 아이들에게 한 달에 한 권씩 '무료 책'이 배달된다면? 이런 일이 실제로 이루어지는 곳이 있다. 바로 미국의 컨트리음악 가수 돌리 파튼Dolly Parton이 처음 만든 '이매지네이션 라이브러리Imagination Library'에서다.

이매지네이션 라이브러리는 1996년 돌리 파튼이 자신의 고향인 테네시 주 서비어 카운티Sevier County에 사는 아이들에게 매달 한 권씩 집으로 책 선물을 보내주면서 시작되었다.

이매지네이션 라이브러리는 아이들이 태어나면서부터 만 5살이 될 때까지 한 달에 한 권씩 연령 발달에 적합한 책을 무료로 보내주는 프로그램이다. 현재 테네시 주의 경우 95개 카운티의 40만 명 이상의 아이들이 무료로 책을 받아보고 있으며, 미국은 물론 캐나다, 영국 등에 있는 1,700여 개 커뮤니티에서도 이매지네이션 라이브러리 프로그램이 진행되고 있다.[86] 테네시 주를 예로 들면, 아이가 태어난 병원에서부터 이매지네이션 라이브러리에 등록할 수 있는 책자를 나눠주면서 이 일이 시작된다. 프로그램 등록은 온라인이나 우편을 통해서도 가능하다.

아동 발달 및 유아 교육 관련 전문가 등으로 이루어진 이매지네이션 라이브러리 위원회의 구성원들은, 각 아이들의 연령대와 문화에 적합한 책을 엄선한다. 해마다 어떤 책들이 제공되는지도 목록으로 만들어져 공개된다. 이렇듯 영유아들의 지적·정서적 발달을 위해 도입된 이매지네이션 라이브러리의 성과는 여러 연구 결과들을 통해서 나타나고 있다. 특히 교육 수준이 낮은 부모들의 경우 이매지네이션 라이브러리에서 책을 받았을 때 어린 자녀들에게 네 배 이상 더 자주 책을 읽어준 것으로 드러났다. 아울러 프로그램에 참가한 아이들은 독서에 흥미를 더 많이 가졌으며, 프로그램에 참가하지 않은 아이들보다 더 뛰어난 언어 발달 능력을 보여주었다.[87]

이매지네이션 라이브러리는 주정부 차원의 지원과 함께 다양한 시민 단체의 협력, 기업들과 시민들의 기부 등으로 운영되고 있다.

2. 글로벌 인재의 싹을 틔우는 초등 교육

미국의 초등 교육은 유아 교육과 마찬가지로 다양성을 존중하며 자율성을 강화하는 교육에 집중한다.

저자는 얼마 전에 자녀를 한국 초등학교에 입학시킨 부모로부터 이런 말을 들었다. 아이가 집에서는 장난이 심한데 학교에서는 튀지 않게 생활해서 마음이 놓인다는 것이다. 그러면서 아이가 앞으로 6년 내내 튀지 않고 학교생활을 하는 것이 소박한 바람이라고 했다.

실제로 상담해보면 많은 한국 부모들과 아이들이 '튀는 것'에 대한 불안과 두려움을 갖고 있다. 조금이라도 말과 행동이 특이하면 '나대는 아이'라는 꼬리표가 붙기 때문이다. 타인에게 피해를 주거나 잘못한 것이 없는데도 그런 꼬리표가 붙으면 따돌림을 당하기 쉽고, 학교생활도 힘들어진다. 안타깝지만 한국은 이렇듯 초등 교육 과정에서부터 빨간색, 파란색, 노란색 등 저마다 뚜렷이 구별된 색깔을 가진 아이들을 모두 초록색으로 물들이는 경향이 있는 것이다. 그러다 보니 애초에 초록색이 될 수 없는 노란색 아이는 자신만의 색깔을 찾지 못한 채 학교생활에 흥미를 잃게 되고, 자신의 개성과 강점마저 놓치게 된다.

반면 미국 초등학교에서는 아이들이 빨간색, 파란색, 노란색, 보라색도 되었다가 초록색도 되고 주황색도 된다. 그러다가 자신의 원래 색깔을 되찾으면서 더욱 강렬한 빛깔을 나타내기도 한다. 이렇듯 아이들 각자의 개성과 다양성이 존중되기에 창의성을 강화할 수 있다. 이는 아이들을 '학교'라는 커다란 집단 속의 개체 따위로 여기지 않기에, 교사들이 아이들 각자가 써내려가는 스토리를 주의 깊게 관찰하며 존중하기에 가능하다. 이에 대해 미국 워싱턴 주의 벨뷰Bellevue에 있는 우드리지 초등학교(Woodridge Elementary School)에서 1년간 협력교사로 근무한 은소연 씨의 이야기를 들어보자.

제가 미국 초등학교에서 협력교사로 근무하면서 느낀 미국 교육은, 한국과 비교했을 때 크게 두 가지 측면에서 차이가 있습니다.

첫째는 다양성 학습입니다. 미국 학교에서는 아이들이 어릴 때부터 문화적 차이를 존중하도록 교육합니다. 피부색과 외모가 다르다는 이유로 다른 사람을 비난하거나 공격하지 않도록 지도하는 거지요. 사회적으로도 신체적·정신적 장애나 차이를 인정하는 분위기가 형성됐기에, 아이들은 '다르다'는 것이 비난이나 공격의 대상이 아니라는 것을 일찌감치 깨닫습니다.

무엇보다 교실은 신체적 장애를 가진 아이나 자폐증 또는 행동상의 장애를 가진 아이들이 그렇지 않은 아이들과 함께 어울릴 수 있는 공간이라는 것을 아이들은 자연스럽게 받아들입니다. 이것이 미국 학교 교육의 커다란 장점이자 강점입니다. 제 개인적으로는 저희 아이가 신체적 장애를 가진 친구의 휠체어를 밀며 운동장을 돌거나 행동상의 장애가 있는 친구를 기다려주는 모습을 보면서, 미국 교육에 대해 긍정적인 생각은 물론 감사함까지 갖고 있습니다.

둘째는 학습자율성입니다. 한국 학교에서는 교사가 수업을 주도적으로 이끈다면, 미국 학교에서는 학습의 주체인 학생들이 수업을 자율적으로 이끕니다. 미국 교사는 수업 시간에 학생들이 어떤 질문이건 마음껏 할 수 있도록 북돋는 것은 물론, 학습 수준에 맞춰 난이도가 다른 과제들을 제시합니다.

예컨대 곱셈을 배우는 수학 수업에서 교사는 한 자릿수 곱셈, 두 자릿수 곱셈, 응용 문제, 심화 문제 등 난이도가 각기 다른 문제로 구성된 과제들을 아이들에게 줍니다. 그러면 학습자인 아이들은 그날그날 자신의 능력에 맞는 과제를 선택해서 풉니다.

또 교사가 일률적으로 아이들에게 과제를 풀게 한 후 다음 과제로 넘어가는 것이 아니라, 그 주의 학습 과제 중에서 아이들 각자에게 적합한 과제를 선택해 자율적으로 학습 계획을 짜도록 지도합니다. 제가 협력교사로 참여했던 문학 수업에서는 아이들이 교과서를 다 같이 읽고 교사가 수업 주제를 설명하고 나면 아이들이 질문을 통해 글의 내용과 학습 주제를 이해한 다음 교사가 그 주간의 과제를 제시하는 식이었어요.

아이들은 교과서의 지문을 이해하는 문제, 어휘 학습, 작문, 짧은 기사를 읽고 난 후 요약, 독후감 활동 등 각자 자신이 원하는 과제를 선택해서 한 주 동안 공부합니다. 과제를 일찍 끝낸 아이들은 자기 수준에 맞는 책을 따로 선택해 읽을 수 있고요. 그리고 아이들이 각자 과제를 하는 동안 교사는 끊임없이 아이들을 격려하는 등, 어려움을 겪는 아이들을 돕는 조력자의 역할을 합니다.

집중 탐구 007 미국의 학제

미국에서는 연방 법률에 따라 공립 교육 기관의 경우 유치원(K학년)부터 12학년까지 무상 교육을 실시하고 있다.

'엘리멘터리 스쿨Elementary School' 혹은 '프라이머리 스쿨Primary School'이라고 불리는 초등학교에서의 교육은 보통 K학년부터 5학년까지다. 한국은 초등학교에 입학하면 1학년이 되지만, 미국은 유치원(K학년) 1년 과정을 마친 후 1학년으로 승급된다. K학년에 입학하는 나이는 만 5세이며, 학기는 매년 8월이나 9월에 시작된다.[88] 이와 같은 학제는 각 주(State)나 학군(School District)에 따라 조금씩 차이가 있다.

중등 교육은 보통 6~12학년에서 이루어진다. 한국은 정부가 정한 대로 지역에 상관없이 동일한 6·3·3제(초등학교 6년, 중학교 3년, 고등학교 3년)로 운영하지만, 미국은 주, 카운티, 학군마다 다양한 형태의 학년 편제를 운영한다. 그래도 큰 틀에서 보면 미국 학제가 유치원(K학년)부터 12학년 단계(이런 학제를 K-12라고 부른다)로 이루어져 있기에, 지역별로 학년 편제가 다르더라도 타 지역으로 전학가거나 대학 입시를 준비할 때 별다른 혼선을 일으키지는 않는다.

미국에서 중학교는 지역에 따라 편차가 있지만 보통 6~8학년으로 구성되며, 학년의 범위는 학군 내 학생 수에 의해 결정되기도 한다. 예를 들면, 어느 지역에 학생 수가 급격히 늘어나 학교가 안정적으로 수용할 수 있는 범위를 넘어선다고 판단되면 6학년을 아예 동일 학군의 초등학교에 편입시키거나 9학년을 고등학교로 편입시켜 학년 체제를 변경한다. 고등학교는 대개 9~12학년으로 구성되며, 각 학년은 신입생(Freshman), 2학년생(Sophomore), 3학년생(Junior), 4학년생(Senior)이라고 부른다.

일부 지역에서는 중등 교육을 중학교와 고등학교의 두 단계로 나누지 않고,

7~12학년의 교육 과정을 한 학교 안에 편성해 운영한다. 이렇게 하면 한 학교에서 중·고등학교 교육 과정을 모두 편성할 수 있기에 보다 체계적인 교육 서비스를 제공할 수 있다.

다양성의 가치를 체화시키는 미국 교실

'정답'이 아닌 '해답'이 있는 교실. '절대적 진리(Truth)' 대신 학생 수만큼의 수많은 진리들이 존재하고 그러한 진리들을 모두 인정하는 곳. 다양성을 인정하는 미국 초등학교의 교실 풍경이다.

교사 대신 학생들이 질문을 쏟아내고, 그러한 질문에 대한 답도 학생들이 스스로 한다. 이처럼 다양한 목소리가 자유롭게 나올 수 있는 교실 분위기는 바로 다양성을 존중하는 다문화 교육의 영향 때문이다. 다문화 교육의 기본은 교사와 학생들 간 신뢰의 형성, 그리고 학생들 각자가 가진 모든 문화들을 교사가 충분히 공감하고 존중하는 것이다.

이렇듯 학생과 학생 간 다양성을 존중하는 문화가 자리를 잡고 서로를 인정하며 토론할 수 있는 분위기가 형성되는 것이 바람직한 다문화 교육이다. 이런 환경에서 교사는 학생들 각자가 가진 고유의 문화들을 이해하고 인정하며, 각 학생들의 문화(사회적·경제적 배경을 포함한 넓은 의미의 문화)에 따라 답은 무궁무진할 수 있다는 사실도 충분히 인지하고 있다.

저자는 미국 텍사스 주의 스틸 크리크 랜치Still Creek Ranch 학교의

스틸 크리크 랜치 학교 1학년 학생들의 승마 교육

학생들이 직접 말을 키우면서 말과 친구가 되는 자연친화적 인성교육을 실시하고 있다. 승마도 교육 과정 중 하나이기에, 이 학교 학생들은 말을 능숙하게 다루는 법을 배울 수 있다.

6학년 언어 수업을 참관하면서 흥미로운 장면을 목격했다. 그날 수업의 주제는 주말에 있었던 일에 대해 학급에서 발표하고, 그 내용을 글로 쓰기였다. 그때 저자는 발표 방식과 글쓰기 방식이 학생들의 인종성(Ethnicity)과 밀접한 관련이 있음을 발견했다.

백인 학생들은 대부분 '사실'을 기반으로 삼고, 그 사실을 뒷받침하는 문장들로 글을 구성했다. 예컨대 "나는 주말에 〈블루보넷〉을 보러 워싱턴파크에 갔다"라는 '사실'이 먼저 나오고, 그 뒤에 워싱턴파크의 위치, 누구와 함께 갔는지에 대한 이야기, 〈블루보넷〉에 대한 설명 등이 이어졌다. 반면 히스패닉(중·남아메리카계)·흑인 학생들은 '느낌'을 기반으로 삼고, 그 느낌과 사실을 뒤섞어 나열하는 식으로 글을 썼다. "눈을 떠보니 수업이 없는 토요일이라 너무 즐거웠다. 날씨가 맑아서 더 기뻤고, 〈블루보넷〉을 보니 더 기뻤다"처럼 느낌과 사실, 시제時制가 섞인 글을 썼다. 히스패닉·흑인 학생들은 발표할 때도 좀더 자유로운 제스처를 취하거나 여러 장면을 섞어 문장을 만들었다.

결국 말하는 방식이나 글 쓰는 방식도 해당 학생이 처한 문화의 영향을 받는 것이다. 그래서 스틸 크리크 랜치 학교의 교사는 학생들의 발표를 들으면서 그들이 다른 학생들의 경험을 공유할 수 있도록 자유로운 대화 분위기를 형성하고, 서술 방식의 차이를 인정하면서 각각의 장점을 칭찬·격려하며 수업을 진행했다. 바로 이것이 다양성을 존중하는 다문화 교육의 실재이고, 창의적 인재가 끊이지 않는 미국의 힘인 것이다.

 집중 탐구 008 '다문화 교육'은 이런 것이다

한국에서도 다문화 가정이 늘면서 다문화 교육에 대한 관심이 커지고 있다. 스틸 크리크 랜치 학교처럼 다문화 교육을 실현하기 위해서는 어떤 것들이 필요할까? 다문화 교육의 선구자 제임스 뱅크스 James A. Banks는 다문화적 학교 문화를 형성하려면 먼저 다문화적 교육 방법 적용, 다문화적 교재 활용, 교사의 다문화를 존중하는 태도 함양, 평가 방법의 다양화가 이루어져야 한다고 주장했다. 뱅크스는

학교에서 적용할 수 있는 다문화 교육을 크게 5개 영역으로 나누어 설명했다.[89]

1. 내용 통합 – 교사는 다양한 시각과 문화를 포함하는 교육 자료를 이용하고, 다양한 가치·개념을 수업에 소개·활용해야 한다.
2. 지식의 구성 – 세상의 모든 지식은 절대적인 것이 아니라 인간이 만든 것이다. 따라서 교사는 자신의 틀에서 벗어나 다른 문화적 틀, 즉 다양한 가치관과 믿음을 바탕으로 세상을 보고 지식을 대하려는 노력을 해야 한다.
3. 공정한 교육 – 교사는 모든 학생의 학업성취도를 높이기 위하여 각 학생의 고유 문화를 인정하도록 수업 방법을 수정하도록 노력해야 한다.
4. 편견 없애기 – 교사는 반드시 학생들이 특정 인종·민족에 대한, 어떤 종교나 장애에 대한 편견도 용납하지 않도록 교육해야 한다.
5. 학교의 다문화적 자율권 강화 – 학교는 학생의 배경과 관계없이 모든 학생들이 배움을 경험하고 성취를 맛볼 수 있도록 학교 문화를 조성해야 한다.

한국어 가정통신문도 보내주는 미국식 다문화 교육

학교와 가정 간의 문화적 파트너십을 형성하지 못하면, '소수인종 (Minority)'이라 불리는 비非백인종 학생들은 문화 차이로 인해 혼란과 불편을 겪게 된다.

히스패닉 부모들은 가족·공동체 중심의 가치를 아이들에게 가르치는 반면, 학교에서는 아이들에게 개인적 가치와 성취를 강조하기에 아이들은 혼란에 빠지곤 한다.[90]

중국계 이민자를 비롯한 아시아계 미국인들은 '모범적인 소수인종 (Model Minority)'으로 불리며 성공한 이민자의 모습을 보여주고 있다. 하지만 이들도 다른 이민자·소수인종 가정과 마찬가지로 미국식

Public Notice/Accessibility Statement

To request an accommodation please contact your building principal or department head. (Interpreters for the deaf or hard of hearing must be requested seventy-two [72] hours prior to the event).

If you need additional information or have a question, please contact the principal of your school.

Spanish: **Si usted necesita información adicional o si tiene alguna pregunta, comuníquese con el director de su escuela.**

Somali: **Haddii aad u baahan tahay macluumaad ama aad qabto su'aalo, fadlan u dir maamulaha iskuulka telefoon.**

Vietnamese:

Nêú có diêu gi thăc măc hoăc muôn biet thêm chi tiêt, xin tiêp xúc vi hiêu-truóng cua trúóng só tai.

Serbo-Croatian/Bosnian   **Ako trebate dodatne informacije ili imate neko pitanje, molim nazovite svoju skolu i kontaktirajte direktora.**

Kurdish

بۆ زانیاری زیاتر یان هەرپسیارێك ، تكایە پەیوە ندی بكە بە بەرێوەبەری قوتابخانە .

Korean

자세한 사항이 필요하시거나 의문이 있으시면 학교의 교장 선생님께 연락하여 주세요..

Laotian

Arabic

أذا كنت تحتاج أل مزيد من المعلومات أو لديك أي سؤال ، رجاءً أتصل بمدير المدرسة .

영어는 물론 한국어 등 다른 언어들까지 포함된 교육청 가정통신문

교육과는 다른 가정 문화를 가지고 있었다. 즉, 중국계 미국인들은 일반 백인 가정에 비해 가족 내 규율을 강조하고 규범과 관련한 훈육을 많이 하는 편이다. 또한 권위에 대한 복종을 중요시하고, 아이들이 달성한 학습에서의 성취보다 점수나 등수와 같은 서열에 관심이 많다. 그래서 미국 학교에서 강조하는 교육과 이러한 가정들에서 강조하는 교육이 상당히 다른 것이다.[91]

이렇듯 미국 백인 중산층의 일반적인 문화와 다른 가정 문화를 가진 학생들은, 그들을 감싸고 있는 두 문화들 간의 차이를 상당히 부담스러워한다. 따라서 학교와 가정 간의 문화적 차이를 좁혀야 이러한 학생들이 학교생활을 즐겁게 성공적으로 할 수 있다.

과거의 문화다원론자들은 미국의 것과는 다른 문화적 환경에서 자라난 학생들에게 백인 중산층 문화라는 새로운 옷을 입히는 흡수 교육 방식으로 문화적 괴리감을 좁히려고 했다. 그러나 오늘날 미국의 다문화 교육은 학생들의 가정 문화도 그대로 인정하기 위해 학교와 교사가 각각의 고유 문화를 배우려고 노력함으로써 학생들이 느끼는 괴리감을 줄이고 있다.

이에 따라 학교와 가정 간의 문화적 파트너십을 구축하기 위해 미국의 초등학교에서 실시하는 대표적 프로그램이 '효과적인 이중 언어 구사 프로그램'이다. 영어 구사 능력이 부족해 교장이나 교사와 커뮤니케이션이 어려운 부모들이 많기에, 대부분의 교육청과 초등학교에서는 영어 외 다른 언어가 포함된 가정통신문을 보낸다. 학교 홈페이지도 영어 외 다른 언어로도 운영하고 있다. 또한 학부모가 학교에 방문했을 때 언어 때문에 불편함을 겪지 않도록 두 가지 언어를 쓸 수 있는 교직원을 채용하거나, 학부모를 위한 ESL 프로그램을 지역 사회와 연계하여 운영하고 있다.

집중 탐구 009 "학교에서 자꾸 돈을 내라네요!"

미국 학교와 한국 학교의 가장 큰 차이점 중 하나는, 미국 학교는 자주 모금 활동을 한다는 점이다. 자본주의의 산실인 미국에서 학교 역시 자본주의의 영향을 받아 그런 것일 수도 있고, 기부와 봉사 같은 공동체 활동의 의미를 어릴 때부터 아이들에게 심어주기 위해 학교에서 기부금을 모은다고 볼 수도 있다. 물론 이런 기부는 자율이기에 경제적으로 부담이 된다면 무리하면서까지 할 필요는 없다.

미국의 많은 초등학교에서는 기금 모금을 위해 1년에 1~2회 정도씩 '펀 런Fun Run'이라는 학생 마라톤을 개최한다. 이때 학부모가 "우리 아이가 운동장을 한 바퀴 뛸 때마다 2달러씩 기부하겠습니다" 같은 재미있는 약속을 한다. 심지어 학생의 조부모, 이모, 삼촌 등 온 일가친척이 기부를 약속하는 경우도 많다. 이렇게 하면 학생은 신이 나서 더욱 열심히 뛰고 기부금은 그만큼 더 오른다.

앨라배마 주의 한 초등학교에서는 교사의 자녀가 소아암에 걸려 병마와 싸웠다. 그러자 학교 전체가 소아암 퇴치를 위한 기부 행사를 열었고, 기부 금액이 가장 많은 학급을 뽑아 그 교사의 얼굴에 크림파이를 던지는 놀이를 하며 기부를 즐겁게 진행했다.

처음에는 이런 기부 행위에 거부감이 들 수 있다. 한국에서 근절되고 있는 촌지 관행을 떠올리게 하기 때문이다. 하지만 기부금이 학생들의 교육 활동을 위해 투명하게 사용되고, 무엇보다 학생들이 공동체 의식과 자부심을 갖고서 학교생활을 할 수 있도록 하는 등 미국 초등학교의 기부 권유는 긍정적인 면이 많다. 또한 어릴 때부터 가정·학교에서의 교육을 통해 기부의 가치를 체득한 미국인들이 성공한 뒤 빌 게이츠처럼 진정한 노블레스 오블리주Noblesse Oblige를 실천하는 것은 당연한 일이 아닐까 싶다.

Julia Green Elementary School
3500 Hobbs Road
Nashville, TN 37215

615 298-8082

October 24, 2013

██████████ and Hanhoon Kim

Nashville, TN 37215

To the Kim family

Thank you for your generous gift to the 2013 *Invest in Your Child* campaign at Julia Green Elementary School. This letter serves as confirmation that we received your total 2013 contribution of $█████

We greatly appreciate your commitment to Julia Green! It is because of parents like you that our school is one of the best in the system.

As you have not received any goods or services in exchange for your charitable contribution, the entire amount of your contribution is tax deductible on your federal tax return. Please retain this letter for your tax records.

With gratitude,

Hanhoon Lawrance

기부금에 대한 PTO 기금모금위원회의 감사편지

학부모와 학교가 긴밀히 협력하는 미국 교육 시스템

미국 초등학교의 교실은 언제나 생동감이 넘친다. 학급 분위기는 활기차고, 아이들의 표정에서는 자신감이 넘친다. 이렇게 교실이 살아 움직이고 있음을 느낄 수 있는 이유는 무엇일까?

첫째, 미국의 교육은 철저히 학생 중심이다. 학교는 아이들의 성장과 발전을 위한 교육을 하는 곳이다. 미국의 학교 교육은 이러한 학교의 본래 목적에 맞게 충실하게 행해진다. 즉, 학생 중심 교육, 경험 중심 교육을 표방하여 교육 과정 전반에 걸쳐 학생들이 자율적으로 수업에 임할 수 있도록 교육 과정을 구성한다. 그래서 교실에서는 학생 개개인의 재능과 학습 능력을 토대로 개별화 수업이 이루어진다.

특히 교사들은 학생들이 호기심을 갖고 "왜 그럴까?"라는 의문을 가질 수 있도록 학습 환경을 조성한다. 교사의 강의에 초점을 맞춘 교육이 아닌 것이다. 교사가 학생들의 사고력을 확장시키는 주제들을 던지고, 학생들이 창의적으로 답을 찾아가는 토론식 수업이 주를 이룬다. 자칫 지루할 수 있는 역사 수업도, 학생들이 각자 존경하는 역사상의 인물을 1명씩 선정해 자율적으로 탐구하고 발표하는 식으로 수업이 진행된다. 또한 미국 교사들은 교과서에 의존하기보다 학생들이 배워야 할 핵심 주제들을 다양한 체험 활동과 접목시켜 수업을 진행한다.

미국에서 태어나 초등학교 2학년 때까지 미국 학교를 다니다가 한국에 온 한 아이는 미국 초등학교에서의 경험을 다음과 같이 전했다. 이 아이의 경험담은 미국 교육의 대표적인 장점을 말해준다. 교과의 가장 중요한 주제들을 다양한 활동과 연계하여 학생들 스스로 목표에 도달할 수 있도록 교사와 학생, 학생과 학생 간에 편안한 분위를 조성하는 것이다. 개개인의 수준에 맞춘 목표를 설정하고, 이러한 목표를 점진적으로 이루어나가는 과정을 중시하니 남과의 비교는 무의미하다.

미국 학교의 분위기는 좀 더 활기차요. 학교가 전체적으로 밝고, 교실도 집처럼 편안해요. 미국에서는 수업 시간에 저희들끼리 이야기를 많이 했어요. 근데 한국 학교는 수업 시간에 할 게 너무 많아요. 친구들과 이야기할 시간도 없어요.

미국에서는 수업 시간에 게임도 많이 하고, 뭐를 만드는 활동도 많이 하고, 제 이야기도 많이 나눌 수 있었어요. 미국 학교에서는 움직이는 시간이 많았는데, 한국 학교에서는 앉아있는 시간이 많아요. 재미있고 편안한 분위기가 미국 학교의 장점이에요.

둘째, 미국에서는 학부모와 지역 사회가 학교와 긴밀히 협력하면서 교육을 이끌어간다. 한국인들은 대개 "공교육은 학교, 사교육은 학원이 책임지는 것이다"라고 여긴다. 물론 사교육 시장을 좌지우지하는 이른바 '돼지엄마'와 같은 학부모들도 있지만, 공교육 운영에 있어 한국 학부모들의 영향력이나 역할은 미미한 편이다. 즉, 교육의 중요성과 그 무게감에 대해서는 한국 국민 모두 인식하고 있지만, 교육의 주체에 대한 생각은 매우 협소한 편인 것이다.

미국에서는 학생들은 물론 나라 전체, 지역 사회 전체, 학부모 및 교육 종사자 전체가 모두 교육의 주체다. 특히 미국 초등학교는 지역 결합형 교육을 지향한다. 즉, 학교 안에서 해결할 수 없는 다양한 학습 욕구들을 지역 사회와 연합해 해결하거나 교육의 질을 높여가는 것이다. 예컨대 지역 도서관과 연계해 독서 프로그램을 운영하며, 소방서나 경찰서의 협조를 받아 안전 교육을 실시한다.

이뿐만이 아니다. 미국 초등학교를 방문하면 교실에서 다양한 역할을 맡은 학부모 자원봉사자들을 쉽게 만날 수 있다. 교사가 아이들 교육에만 집중할 수 있도록 학부모 자원봉사자들이 학습지를 복사하고 교과 관련 자료들을 제작하는 일까지 한다.

미국 초등학교는 한국처럼 학급 회장이 없다. 그 대신 '교실 부모(Room Parent, Room Mom)'로 뽑힌 몇몇 학부모들이 담임교사 그리고 다른 학부모들 간의 가교 역할을 한다. 교실 부모는 학교·학급의 행사나 이슈가 있을 때 담임교사를 대신해 다른 학부모들에게 연락을 하고, 그들의 의견을 교사에게 전달한다.[92] 이와 같은 학부모들의 적극적인 공교육 참여는 수업의 질을 높이는 데 큰 역할을 한다. 실제로 미국에서는 학교와 학부모의 관계가 학교의 질을 평가하는 항목 중 하나일 정도로 학부모의 참여를 중요하게 여긴다.

우리나라 사람들은 미국인들을 개인주의 성향이 강한 사람들이라고 보지만, 이렇듯 교육에 있어서만큼은 공동 운명체 지향적인 성향이 강하다는 것을 부인할 수 없을 것이다.[93]

점수보다 실용성을 강조하는 미국 교육

한국은 교육부에서 직접 국어, 수학, 과학, 사회와 같은 주요 과목들의 교과서와 교사용 지도서를 만들어 전국 초등학교로 배포한다. 그래서 모든 초등학생들이 같은 교과서로 동일한 학습 목표에 따라 공부한다.

미국은 교육 권한이 대부분 각 주 교육청에 위임되어있다. 또한 주마다 교육 환경이 다르기에 교과서와 교재는 각 학교와 교사가 자율적으로 선택할 수 있다.[94] 즉, 어떤 교과서를 사용할지는 교사가 결정할 일이다. 대신 학생들이 반드시 배워야 하는 것을 명시한 공통핵심 국가성취기준(CCSS)이 있다.

이 파트에서는 언어·수학 교과를 중심으로 실용성을 추구하는 미국의 교육 과정을 살펴보자.

① 미국 초등학교의 언어 교육 과정

미국의 언어 교육 과정은 커뮤니케이션 도구인 언어의 실용적 기능과 가치를 중요시한다. 또한 멀티미디어 활용, 협동학습을 통한 과제 수행, 명확한 커뮤니케이션을 강조한다. 이는 미국의 교육철학자 존 듀이가 강조한 교육의 실용성이 교육 과정에 구현된 것이기도 하다. 학생들의 비판적 사고와 자유로운 커뮤니케이션을 강조한 듀이의 교육 이론이 언어 교육 과정에 녹아있는 것이다.[95]

최근 한국에서 유행하는 플립 러닝Flipped Learning의 핵심 내용도 180쪽의 〈표 3-1〉의 '말하기와 듣기 No3'에 제시된 내용과 상당히 일치한다. '거꾸로 교실' 또는 '거꾸로 수업'이라고 번역되는 플립 러닝도 학생 중심 교육 과정 모형을 제시한 듀이의 교육 이론에서 발전된 형태다.[96] 플립 러닝을 전 세계로 확산시키는 데 지대한 공헌을 한 존 버그만Jon Bergmann은 플립 러닝을 이렇게 정의했다.

"플립 러닝은 다수의 학생들을 대상으로 한 강의 중심 수업에서 벗어나, 학생 개개인이 수업에 더욱 능동적이고 창의적으로 참여할 수 있도록 교사가 도움으로써, 지식 전달 공간에 머물던 기존의 교실을 개개인 간 활발한 상호작용이 일어날 수 있는 역동적인 공간으로 전환시키는 교육 방법이다."[97]

〈표 3-1〉 미국 초등학교 5학년 언어 교육 과정 성취 기준 사례

읽기	No1. 본문을 읽고 본문에서 설명하는 것과 그로 인해 추론할 수 있는 결론을 쓰시오. Quote accurately from a text when explaining what the text says explicitly and when drawing inferences from the text. No2. 한 사건에 대한 다양한 글을 읽고 각각의 글의 관점을 분석하여 비교·대조한 뒤 말하시오. Analyze multiple accounts of the same event or topic, noting important similarities and differences in the point of view they represent. No3. 같은 주제를 가진 글 몇 개를 읽고 그로 인해 알게 된 지식을 통합하여 말하거나 쓰시오. Integrate information from several texts on the same topic in order to write or speak about the subject knowledgeably. No4. 학년 말까지 사회, 과학, 기술과 관련한 정보를 싣고 있는 책을 읽고 완벽히 이해하시오. By the end of the year, read and comprehend informational texts, including history/social studies, science, and technical texts, at the high end of the grades 4-5 text complexity band independently and proficiently.
말하기와 듣기	No1. 짝끼리, 모둠끼리, 선생님과 학생끼리 등 다양하게 협력학습을 통한 토론을 해보고 각각의 생각을 정리하시오. Engage effectively in a range of collaborative discussions(one-on-one, in groups, and teacher-led) with diverse partners on grade 5 topics and texts, building on others' ideas and expressing their own clearly. No2. 하나의 주제를 정하여 논리적인 근거를 바탕으로 의견을 정리한 뒤 정확하고 분명하게 발표하시오. Report on a topic or text or present an opinion, sequencing ideas logically and using appropriate facts and relevant, descriptive details to support main ideas or themes; speak clearly at an understandable pace. No3. 주제를 정하여 발표할 때 논거를 뒷받침하고 효과적으로 발표하기 위한 멀티미디어 자료(예를 들면 동영상, 사진, 도표 등)를 첨부하시오. Include multimedia components(e. g., graphics, sound) and visual displays in presentations when appropriate to enhance the development of main ideas or themes.

출처: California common core state standards initiatives

또한 〈표 3-1〉의 '읽기 No4'를 보면, 타 과목과의 연계 및 중장기 프로젝트의 수행을 공통핵심국가성취기준(CCSS)으로 제시하고 있음을 알 수 있다. 이는 미국 교육 과정 이론에서 빼놓을 수 없는 '학제 간 교육 과정(Interdisciplinary Curriculum)'으로서, 한국에서는 최근 '융합 교육'이라는 이름으로 소개된 교육 방법이다.

학제 간 교육 과정은 다양한 교과목이나 영역을 주제, 테마, 문제 등을 기반으로 서로 연결해 학습이 일어나도록 주도하는 교육 과정·방법이다.[98] 이 교육 과정은 학생들에게 주어진 주제·문제를 학생 자신의 경험과 결부시켜 생각할 수 있도록 해줄 뿐만 아니라, 학생의 과거, 현재, 미래를 연결지어주는 고리를 제공하기도 한다.

이렇듯 교육 과정을 통합하는 방법은 단순히 수업 시간이나 요일을 합치는 것부터, 주제를 중심으로 다양한 과목들을 합치거나 프로젝트 수업을 짧게는 한 학기에서 길게는 1년 간 진행하면서 여러 과목들의 공통핵심국가성취기준을 모두 포함하는 형태 등 다양하다.[99]

② 미국 초등학교의 수학 교육 과정

미국 초등학교의 수학 교육은 '외적 연결망(Mathematical connections to the real life)'을 강조한다.[100] 외적 연결망이란 수數 개념을 실생활과 연결하거나, 학생들이 일상에서 충분히 경험할 만한 스토리를 수학 탐구 활동과 연결하는 것이다.

우리나라에서는 수학이란 강의식으로 개념을 이해하고 개별적으로 문제를 풀면서 학습하는 것이지만, 미국 교육 과정은 수학 수업에서

조차 학생 간 커뮤니케이션과 실용성을 강조하고 있는 것이다.[101, 102]

미국에서는 교과서는 물론 다양한 보충교재까지 수업 시간에 사용하거나 교사가 준비한 유인물(Worksheet)로 수업하는 경우가 많다. 특히 초등학교의 수학 수업은 짝 활동과 모둠 활동 중심으로 짜여있으며, 카드와 같이 실물 교재를 사용해 학생들이 수학 관련 활동을 하도록 구성되어있다. 실례로 미국 앨라배마 주의 한 초등학교에서 사용하는 3학년 수학 교재에는 〈표 3-2〉와 같이 실물 교재를 사용해 짝 활동과 모둠 활동을 하도록 지시하는 내용이 있다.

〈표 3-2〉 미국 앨라배마 주의 한 초등학교 수학 시간에 사용하는 짝·모둠 활동 지시 내용

준비물(You need)

- 숫자 100까지의 도표(100chart)
- 한 세트가 40개인 체인지카드(Change Cards: deck of 40)
- 같은 색상의 칩 12개(12 chips of one color)
- 게임 참여자 수만큼의 말(Game piece for each player)
- 교재의 'Capture 5'에 제시된 기록표(Capture 5 Recording Sheet)

짝을 지어 놀이하거나, 짝과 함께 2명이 한 팀을 이루어 다른 팀과 놀이를 합니다(Play with a partner, or form a team with your partner and play another team of two players).

미국 초등학교에서 수 개념을 탐구 활동과 연결한 사례는 '도형' 단원에서도 찾아볼 수 있다. 도형 단원의 학습 목표는 삼각기둥, 사각기둥, 육각기둥, 삼각뿔, 오각뿔과 같은 다양한 도형을 익히고, 도형들 간 공통점과 차이점을 아는 것이다. 이 단원에서 학생들은 빨대와 찰흙을 이용해 다양한 도형을 직접 만들어보고 학급 친구들과 비교·대조해봄으로써 다양한 도형의 특징을 스스로 찾아낸다. 그러니까 우리에게 익숙한 '개념 익히기'와 '연습' 같은 연역적 방법을 통한 학습보다, 학생들에게 익숙한 노작 활동과 개념 찾기 같은 귀납적 방법을 통해 자기주도적 학습을 하도록 구성된 것이다.

3. 글로벌 인재의 줄기를 키우는 중등교육

미국의 중등 교육은 학업 지식은 물론 다양한 경험을 강조한다. 다양한 영역에서의 자율적 학습 경험으로 학생들의 비판적인 사고력과 창의성, 문제 해결 능력, 시민의식 등을 키우는 것이다. 특히 교과 과정 못지않게 예술과 체육 활동을 중시한다.

기존 연구에 의하면 체육 활동과 학업 수행 능력 사이에는 유의미한 상관관계가 있으며, 특히 중학생 시기에 가장 큰 영향을 끼치는 것으로 나타났다.[103] 또한 음악, 연극, 미술 등 다양한 예술 활동에 적극적으로 참여하는 학생은, 그렇지 않은 학생보다 창의성이 높고 학업에 자신감을 갖는 것으로 나타났다.[104] 이와 관련하여 미국 테네시 주의 라벤우드 고등학교(Ravenwood Highschool)를 졸업하고, 현재 시카고 대학교에 재학 중인 사라 양Sarah Yang 씨는 체육과 순수예술 수업에 대해 다음과 같이 말했다.

미국의 많은 학교들이 순수예술과 체육수업을 필수과목으로 지정하고 있습니다. 이와 같은 졸업 요건은 각 학교 정책에 따라 다양하고요. 제가 다닌 고등학교에서는 학생들이 1년 넘게 체육교과 수업과 순수예술 수업을 들어야 합니다. 예를 들면, 모든 학생들이 두 학기 동안은 '체육교과 I' 수업을 듣는 거지요. 세 번째 학기에는 '체육교과 II' 수업을 듣거나 농구, 풋볼, 하키 등 학교에서 지원하는 스포츠에 참여해야 합니다.

저는 '체육교과 I' 수업을 들은 뒤 체육교과 필수 졸업 요건을 채우기 위해 볼링팀에 가입했어요. 볼링팀 일원으로 연습 시간 동안 서로를 격려하며 팀원들과 결속을 다졌고, 다른 학교와의 시합에서 이겨 승리를 자축하기도 했습니다. 또한 볼링팀에 참여함으로써 '체육교과 II' 수업 외에 다른 수업을 들을 수 있는 기회도 생겼고요. 순수예술 수업의 경우 학교가 제공하는 밴드나 오케스트라, 미술, 연극, 합창단 등의 수업을 1년 동안 들으면 학점이 인정되는 식이지요. 물론 순수예술 수업을 1년만 들어도 됐지만, 저는 고등학교 4년 내내 합창단 활동을 했습니다. 합창단은 어느새 제 학교생활의 일부가 되었으니까요. 계절 공연을 앞두고 매일 예행연습을 하면서 우리 합창단원들의 결속력은 더욱 강해졌고, 합창단에서 사귄 친구들은 무대 위에서나 밖에서나 서로를 신뢰하는 가족처럼 되었거든요.

미국의 학교 시스템은 학생들이 균형 잡힌 학교생활을 하도록 이와 같은 학점 필수 요건을 활용하고 있습니다. 체육 활동과 순수예술에 대한 참여는 학생들이 더욱 다양하게 자신의 스케줄을 계획할 수 있도록 해주고, 교과 수업들이 줄 수 있는 스트레스에서 잠시 벗어나 휴식을 취할 수 있도록 도와줍니다. 궁극적으로 학생들은 체육과 예술 수업을 통해 학과 지식은 물론, 창작의 자유와 다양한 경

인디애나 주 학교음악협회(ISSMA)의 콘테스트 앙상블 연주
인디애나 주 ISSMA의 콘테스트에서 고등학생들이 바이올린과 첼로를 연주하고 있다.

험까지 얻을 수 있습니다.

미국 아이들은 어떻게 방과 후 클럽 활동도 할까?

2010년 미국 국가교육위원회(NSBA: National School Boards Asso-ciation)가 교육위원들을 대상으로 교육 목적에 대한 설문조사를 실시한 결과, 응답자의 74%가 공교육의 목적은 '학생들이 역량을 최대한 발휘하도록 돕는 것' 또는 '생산적이고 만족스러운 삶을 살 수 있도록 학생들을 준비시키는 것'이라고 답했다.[105] 반면 '취업이나 대학

입시를 준비하는 것'이라고 답한 응답자는 16%에 불과했다.

이러한 설문조사 결과가 보여주듯이, 미국의 교육자들은 '준비된 사회인'을 키워내는 미래지향적 교육을 강조한다. 그래서 학교에서도 내신성적이나 시험을 위한 공부만 강조하지는 않는다. 학생 개개인의 관심사에 따라 학업 이외의 다양한 방과 후 활동 및 사회봉사활동을 독려한다. 학생들의 잠재력을 이끌어낼 수 있는 다양한 활동들을 실제 교육 현장에 접목시켜 실천하는 것이다. 이러한 활동은 초등학교·중학교는 물론 대학 입시나 취업을 준비하는 고등학교에서도 강조된다. 한국의 교육 현장과는 사뭇 다른 모습이다.

한국 학생들은 초등학생 시절부터 선행학습을 시작해 중학교에 들어가면 본격적으로 입시전쟁에 돌입한다. 학생들 스스로 교육 활동을 즐기며 직업을 탐색하거나, 자기가 흥미를 가지고 있는 취미 활동에 몰두할 기회는 극히 드물다. 대부분의 시간을 책상 앞에 앉아 교과 지식만 쌓는 것이다.

그렇다면 미국에서는 어떻게 고등학교에서도 교과 공부를 하면서 다양한 클럽활동까지 활발하게 할 수 있을까? 이는 크게 두 가지로 설명할 수 있다.

첫째, 미국은 직업에 대한 귀천 의식이 별로 없다. 2007년 한국직업능력 개발원이 발표한 자료에 따르면, 미국은 직업군 간의 위세 격차가 가장 작은 나라였다.[106] 물론 미국인들도 직업을 크게 화이트칼라White Collar와 블루칼라Blue Collar 등으로 구분짓는다. 하지만 직업에 대한 귀천 의식보다는 '서로 다름'을 인정하는 문화가 지배적이다. 그래서 개인이 자부심을 가지고 좋아하는 일을 하는 것에 더 큰 가치를 부여한다.

이러한 사회적 분위기 덕분에 미국 고등학생들은 자신의 관심사에 따라 진로를 모색한다. 이에 반해 한국은 직업에 대한 귀천 의식이 그 어느 나라들보다 강하다. 좋은 대학교에 들어가야 남들이 부러워하는 직업을 구하고 돈을 많이 벌 수 있다는 인식이 사회적으로 팽배해있다.

둘째, 미국은 대학교에 입학하기 위해 공부한다는 외재적 목적보다, 공부를 통한 인격 성숙과 자아실현이라는 내재적 목적에 보다 큰 가치를 둔다. 사회적으로 이러한 교육 풍토가 조성되어 미국 학생들은 자신의 관심과 역량에 따라 미래를 준비한다. 즉, 자신의 수준에 맞춰 수업을 선택해 듣다가 적성을 찾기도 하고, 수준 높은 다양한 클럽·특별활동, 혹은 자원봉사활동 등을 통해 미래의 직업을 결정하기도 한다.

물론 교육의 내재적 목적 강조가 잘못된 방향으로 흘러가기도 한다. 학습에 대한 내적 동기가 없는 학생들이 스스로 학업을 포기하는 것이 대표적인 예다. 미국 교육통계센터(NCES)의 자료에 의하면, 2013~2014학년 기준 공립 고등학교의 졸업률은 약 82%다. 특히 저소득층 인구가 많은 히스패닉과 흑인의 졸업률은 각각 76%와 73%로 더욱 낮은 편이다.[107] 학생들이 중도에 학업을 포기하면 이후 사회

지역 학교의 벽화 그리기 봉사활동

생활에 적응하기 힘든 것은 물론, 사회적으로도 범죄 발생 비율이 높아진다. 그래서 미국은 고등학교 졸업률을 끌어올리기 위해 다양한 정책을 펼치고 있다.

인생의 진로를 결정하는 데 중요한 방과 후 활동

미국 중·고등학교에서의 방과 후 활동은 학점과 관계없이 하는 모든 활동을 통칭한다. 이에 따라 학생들은 수업 시작 전, 방과 후, 주말, 방학까지 수업 시간 이외의 모든 시간을 적극 활용한다.

미국에는 학원 문화가 없다 보니, 보통 오후 3시 전후로 학교 수업이 끝나면 나머지 시간은 오롯이 학생의 자율에 맡겨진다. 물론 이런 자유시간이 대다수 학생들에게 약이 될 수 있지만, 일부에게는 독이 될 수도 있다. 그래서 미국에서는 방과 후 활동도 학업만큼이나 중요하게 여겨진다.

미국 학교에 개설된 방과 후 활동의 수는, 학교마다 큰 편차가 있지만, 한국과는 비교할 수 없을 만큼 많다. 분야별로는 공연, 미디어, 미술, 봉사, 스포츠, 음악, 정치, 종교, 출판, 학업 관련 활동들을 들 수 있다. 대부분의 미국 중·고등학생들은 밴드, 오케스트라, 댄스, 체조, 스포츠 등 각종 예체능 프로그램과 수십 개의 동아리들, 봉사 단체들 중 관심 있는 곳에 가입해 활동하면서 자기 계발을 한다. 미국 인디애나 주의 클론다이크 중학교(Klondike Middle School)에 다니는 문초아 양의 방과 후 활동에 관한 얘기를 들어보자.

방과 후에는 스쿨버스를 타고 집에 가거나 동아리활동을 하기 위해 학교에 있습니다. 제가 방과 후에 하는 활동들은 재즈 밴드, 학생회, 독서회, 아카데믹 슈퍼볼Academic Superbowl 등이에요.

학교가 전교생을 대상으로 추천도서를 선정해주면, 우리 독서회 회원들이 독서를 장려하기 위한 게임을 준비하고 선물을 나눠주는 활동을 해요. 아카데믹 슈퍼볼은 제가 뽑은 주제에 대해 정답을 말하는 게임인데, 제 주제는 영어였어요. 우리 팀은 주어진 자료를 읽고 그와 관련된 문제를 풀어야 했어요.

제 친구들은 '가정과 소비과학(FCS: Family and Consumer Science)'

동아리, 수영팀, 육상팀, 또래중재회(친구들의 문제를 해결해주는 모임) 등에서 활동하기도 해요. FCS에서는 바느질과 요리, 영양학 등을 배운답니다.

문초아 양이 말한 것처럼 방과 후 활동은 '대충 시간이나 때우는' 식으로 진행되지 않는다. 지도교사와 학생들 모두 많은 시간을 투자하며 진지한 자세로 참여한다. 그러면서 학생들은 교과별로 많은 과제들과 비교과 활동들을 병행하면서 시간을 효율적으로 관리하는 방법을 자연스럽게 터득한다. 물론 이러한 활동을 통해 청소년기에 중요한 친구 관계도 공고히 할 수 있고, 사춘기 호르몬 증가로 인한 급격한 감정 변화를 조절할 수 있는 힘도 얻게 된다. 미국의 명문 여학생 기숙학교인 엠마 윌러드 스쿨Emma Willard School의 11학년인 해나 랭Hannah Lang 양은 자신의 방과 후 활동에 대해 다음과 같이 말했다.

저는 보딩 스쿨Boarding School(기숙학교)에 다니고 있어서 매우 다양한 과외 활동에 참여할 수 있습니다. 우리 학급 대표는 물론, 환경 동아리와 동문(Alumnae Relations) 클럽 회장직도 맡고 있어요. 필드하키와 라크로스Lacrosse 선수로도 활동하고, 프랑스어·영어 과외 교사도 하고요. 바쁘게 지내면 보다 생산적으로 시간을 쓸 수 있기에, 이러한 과외 활동들은 제가 시간을 잘 관리하도록 도와줍니다. 제가 진심으로 관심을 갖는 일들을 할 수 있는 기회를 가지게 되어서 이러한 모든 활동들이 정말 좋습니다. 저는 지금 11학년이라 제

엠마 윌러드 스쿨의 학생들

사진 제공: 해나 랭(Hannah Lang, 풀밭에 비스듬히 누워있는 학생)

가 하는 여러 활동에서 리더를 맡고 있어요. 다른 학생들이 저의 열정에 관심을 가질 수 있도록 리더로서 영향력을 끼치는 건 정말 멋진 일이지요. 그리고 매일매일 방과 후 활동들, 특히 운동을 할 수 있는 게 정말 좋아요. 학교 수업 이외의 뭔가에 집중할 수 있고, 친구들과 함께 어울릴 수 있으니까요. 보통 오전 8시부터 저녁 9시 45분까지 바쁜 일정을 소화하니 저녁엔 매우 피곤합니다. 하지만 하루 일과를 통해 성취감과 흥미를 느끼니까 정말 행복해요.

저는 교내 활동에 참여하느라 너무 바빠서 지역 사회에서 봉사할 시간을 내기가 쉽지 않아요. 그럼에도 학교에서 주관하는 주말 사회봉사활동에는 참여합니다.

앞서 말씀드렸듯이 제가 대부분 리더로 참여하는 활동들 중에서 가장 봉사지향적인 활동은 동문 클럽이지요. 졸업한 선배들에게 전화하거나 학교 친구들한테 부탁해서 학교 기금 마련을 돕는 게 정말 재밌어요. 그래서 이 일을 정말 좋아해요. 제가 정말 우리 학교에 관심을 가지고 있으며, 우리 학교가 더욱 발전하기를 원하니까요. 이러한 과외 활동들은 앞으로 제 사회생활에도 도움이 될 거라고 확신해요.

해나 랭 양의 말대로 방과 후 활동은 대학교 진학은 물론 인생의 진로를 결정하는데도 긍정적인 영향을 끼친다. 방과 후 활동을 통해 학생 스스로 관심사를 탐색하고, 재능과 특기도 계발할 수 있기 때문이다. 그래서 학생의 미래를 결정하는 데 교과 수업보다 방과 후 활동의 역할이 더 클 수도 있다.

예를 들어, 키 클럽Key Club, 4-H, 해비탯Habitat for humanity 등 봉사 관련 동아리활동을 하다가 그 분야에 관심을 갖게 되면서 졸업 후 대학교의 관련 학과로 진학한 뒤 비영리 단체에서 일을 하는 경우가 그러하다. 미국 애리조나 주 출신으로 현재 기금 모금을 하고 있는 레베카 굿맨Rebecca Goodman 씨는 중·고등학생 시절의 봉사활동이 그녀의 진로 결정에 미친 영향에 대해 다음과 같이 말했다.

중·고등학교에 다닐 때 '캠프 파이어 보이즈 앤 걸즈Camp Fire Boys and Girls', '중·고등학교 명예회(Middle School and High School Honor Societies)', '음주운전 반대 학생회(Students Against Drunk Driving)', '유대인 청소년 연맹(B'nai B'rith Youth Organization)' 등에서 활동했습니다. 이러한 단체에 들어오면 자신과 가치관이 비슷한 사람을 만나게 되고요. 우리는 개인적인 것보다 더 중요하다고 생각한 목표를 위해 매주 만났기에 함께 지내고 싶기까지 했어요.

이러한 단체들에는 기금 모금을 하는 활동이 있지요. 어떤 목표를 달성하려면 그 비용을 충당해야 하니까요. 이에 따라 각 단체의 모든 회원들은 자신이 속한 단체가 계속 발전할 수 있도록 매우 열심히 활동했습니다. 단체가 계속 성장하기 위한 기금 모금은 우리의 목표가 되고, 그래서 우리에게 관심을 보이는 누구에게나 우리 단체의 미션을 알리려고 노력했습니다.

저와 제 친구들은 심부름 서비스 경매(Chore Auctions), 빙고 게임, 그리고 저소득층에게 음식 바구니를 가져다주는 등의 연례 자선 모금 행사를 기획했습니다. 이러한 모금 활동을 친구들과 함께해서 즐거웠고, 우리를 도와주며 지도해주는 선생님도 계셨지요.

저는 중·고등학생 시절에 지역 사회와 긴밀한 관계를 가진 덕분에 애리조나 주 남부에 있는 유대인 연맹에서 리더십 개발과 홍보 담당 이사로 일할 수 있게 되었어요. 저는 애리조나 주 투손Tucson,

이스라엘, 그리고 전 세계에 걸쳐서 유대인을 지지하는 사람들과 함께 성장했습니다. 현재 저는 라피엣 유대인 종교학교(Lafayette Jewish Community Religious School)의 이사직을 맡고 있으며, 라피엣 지역의 유대인 협회 위원과 몬테소리 학교 경매 담당 위원으로서 자원봉사도 하고 있습니다.

방과 후 활동이 진로 결정에 영향을 주는 것을 보여주는 또 다른 사례가 있다. 수영, 테니스, 스쿼시와 같은 스포츠 클럽에서 활동하다가 전국대회에서 좋은 성적을 거두어 체육특기생으로 대학교에 진학하는 경우다. 여기서 주목할 점은, 많은 중·고등학교에서 스포츠 클럽 선수들에게 최소한의 성적 기준(보통 GPA 2.0)을 요구한다는 것이다.[108] 성적을 유지하지 못하면 일정 기간 동안 연습 참여를 금지하거나 활동 자격을 박탈하기도 한다. 그래서 미국에서는 운동선수도 공부를 게을리해서는 안 된다. 미국에서는 이렇듯 학교의 명예를 드높이는 선수 개인의 학업 관리도 철저히 이루어진다.

최근 미국 프로 미식축구(NFL) 선수인 존 어셸John Urschel이 MIT의 수학과에서 박사 과정을 시작해 화제를 불러일으켰다.[109] 그는 체육특기생으로 입학했던 대학교에서도 선수 생활을 병행하며 3년 만에 졸업했고, 1년 동안 수학과 석사 과정을 밟으면서 대학교에서 강의도 했다. 존 어셸이 운동과 관련 없는 학문에서도 이렇게 열정을 불태울 수 있는 것은 공부와 운동을 병행할 수 있는 미국의 학교 시스템이 뒷받침되었기 때문이다.

학생들의 시간표가 제각각인 미국의 수업

심리학자 칼 로저스Carl Rogers의 인간 중심 상담, 교육철학자 존 듀이의 경험 중심 교육, 그리고 스위스의 심리학자 장 피아제Jean Piaget의 인지 발달 이론은 오늘날 미국 교육의 근간이다. 이들은 공통적으로 '내적 동기 부여에 의한 학습'을 강조했다. 즉, 학생이 배움의 주체가 될 때 비로소 학습 효과가 나타난다는 것이다. 학생의 관심사가 교육 과정의 최우선이 되고, 그에 따라 학생이 무엇을 어떻게 배울지도 스스로 결정하는 것이다. 개인주의 문화가 강한 미국에는 학생 중심 교육 과정을 운영할 수 있는 제도적 장치가 다음과 같이 마련되어 있다.

첫째, 학생 개개인의 시간표가 모두 다르다. 학생들마다 적성과 흥미, 욕구, 능력이 다르다는 전제하에 교육 과정이 운영되기 때문이다.

미국 중·고등학교의 교과는 크게 필수과목(Core Course)과 선택과목(Electives)으로 나뉜다. 필수과목은 언어(Language Arts), 수학(Math), 과학(Science), 사회(Social Studies)이고, 이 네 가지 필수과목을 제외한 모든 교과가 선택과목이다.

학생들은 자신의 관심사나 희망하는 직업과 연관지어 선택과목을 수강하는 경우가 많다. 선택과목 수업을 통해 자신이 잘하는 과목을 보다 더 깊이 배울 수 있고, 학업에 지친 심신을 위로하는 시간도 가질 수 있다. 이와 함께 미국에서는 체육과 순수예술 수업을 필수로 지정한 학교들도 많다.

한국에서는 예체능 과목 수업이 대학수학능력시험에 문제가 출제되지 않는다는 이유로 제대로 이루어지지 않는 경우가 많지만, 미국에서는 지력과 심력, 체력의 조화를 추구하는 전인교육이 중·고등학교에서도 강조되기 때문이다.

〈표 3-3〉 선택과목의 종류

과목	세부 과목
Business (경영)	Accounting(회계학), Advertising(광고), Business Law(상법), Business Math(경영수학), Business Management(경영관리), Consumer Education(소비자교육), Marketing(마케팅), Financial Management(재무관리), Office Skills(사무기술)
Computer (컴퓨터)	Animation(애니메이션), Computer Applications(컴퓨터활용능력), Computer Programming(컴퓨터프로그래밍), Computer Repair(컴퓨터수리), Graphic Design(그래픽디자인), Video Game Development(비디오 게임 개발), Web Design(웹디자인), Word Processing(문서처리)
Physical Education (체육)	Aerobics(에어로빅), Dance(댄스), Gymnastics(체조), Health(보건), Lifeguard Training(인명구조), Pilates(필라테스), Racquet Sports(라켓스포츠), Swimming(수영), Weight Training(웨이트트레이닝), Yoga(요가)
Science (과학)	Agriculture(농업), Astronomy(천문학), Botany(식물학), Environmental Science(환경과학), Forensic Science(법의학), Geology(지질학), Marine Biology(해양생물학), Meteorology(기상학), Oceanography(해양학), Sound and Acoustics(소리와 음향학), Zoology(동물학)
Performing Arts (공연예술)	Choir(합창), Concert Band(콘서트 밴드), Dance(댄스), Drama(드라마), Guitar(기타), Jazz Band(재즈밴드), Marching Band(행군악단), Music Theory(음악이론), Orchestra(오케스트라), Percussion(타악기), Piano(피아노), World Music(월드 뮤직)
Visual Arts (시각예술)	3-D Art(3차원예술), Art History(예술사), Ceramics(도예), Digital Media(디지털 미디어), Drawing(소묘), Film Production(영화제작), Jewelry Design(보석디자인), Painting(회화), Photography(사진술), Sculpture(조각), Studio Art(스튜디오 예술)
Communications (커뮤니케이션)	Cinema Studies(영화학), Creative Writing(창작), Debate(토론), Humanities(인문학), Journalism(저널리즘), Poetry(시), Practical Writing(실용적 글쓰기), Public Speaking(대중연설), Rhetoric(수사학)
World Languages (외국어)	Ancient Greek(고대 그리스어), Arabic(아랍어), Chinese(중국어), French(프랑스어), German(독일어), Hebrew(히브리어), Italian(이탈리아어), Japanese(일본어), Korean(한국어), Latin(라틴어), Portuguese(포르투갈어), Russian(러시아어), Spanish(스페인어)

필수과목 중에서 수학과 과학은 학생들이 같은 학년일지라도 각자

의 수준에 맞춰 수업을 듣게 되며, 언어와 사회 역시 필수과목 이외에 선택과목으로 개설된 과목들이 있어서 교양선택과목으로서 들을 수 있다. 예를 들면, 같은 학년에 A와 B라는 학생이 있는데, A는 미적분학과 중국어를 수강하고, B는 대수학 I(미적분학보다 쉬운 내용)과 컴퓨터프로그래밍을 수강하는 식이다.

한 학교 내에서도 대학 입시에 목표를 두는 학생은 학문적인 과목에 더 치중할 수 있고, 취업에 목표를 둔 학생은 관련 기술을 습득하는 데 필요한 과목에 주력할 수 있다. 모든 학생이 같은 목표를 달성해야 하는 결과 중심의 교육이 아니라, 학생 개개인의 목표와 능력을 고려한 과정 중심의 교육이 이루어지는 것이다.

둘째, 미국 중·고등학교는 거의 모든 교과를 대상으로 '교과교실제'를 운영한다. 이는 학생들이 해당 교과의 교실을 찾아다니며 수업을 듣는 방식이다. 즉, 교과의 특성에 맞는 교실 환경 조성 덕에 수업의 효율성이 증가되고, 교사들이 분산 배치되어 쉬는 시간에 발생할 수 있는 교내 위급 상황에 빠르게 대처할 수 있다. 또한 교과별·수준별로 특성화된 환경에서 학생들은 다양한 수업 방식을 경험하기에 만족도가 높은 편이다.

미국 중·고등학생들은 등교하면 '홈룸Home-Room'이라는 출석 확인용 교실에 모여 약 15분간 출석을 확인한 뒤 홈룸 교사로부터 전달사항을 들은 후 각 교실로 이동한다. 홈룸 시간 없이 바로 1교시부터 시작하는 학교도 많다.

미국 중학교 협회(AMLE: Association for Middle Level Education)의 편집장인 존 런스버리John Lounsbury는 미국 전역에서 대략 77%의 중학교가 팀 방식으로 수업을 진행한다고 말한다.[110] 이렇게 중학교에서 교과교실제에 대한 적응을 마친 학생들은 고등학교에 올라가면 각자 설계한 교육 과정대로 교실을 옮겨 다니며 수업을 듣는다.

한국에서도 2010년부터 교과교실제를 도입해 점진적으로 확대 시행하고 있다. 그러나 교실·기자재 부족과 지나치게 많은 학급 인원, 학교 현장에서의 반발 등으로 논란이 일고 있는 것도 사실이다.

 집중 탐구 010   유학생 남매의 미국 고등학교에서의 생활

Q1. 중학생 시절 미국 유학을 결심하게 된 계기는 무엇인가요?
한국은 내신성적이나 수학능력시험이 등급제로 이루어지니까 한 문제만 실수해도 2등급으로 떨어지고, 공부를 아무리 열심히 해도 경쟁이 심해 살아남기 힘들겠다 싶었어요. 특히 외국어고등학교나 국제고등학교에 다니지 않고서 미국의 명문 대학교를 가기는 힘들어요. 국제고등학교에 가더라도 그 안에서의 경쟁도 치열하고요. 그래서 미국 문화를 직접 생활 속에서 체험하면서 교육받는 것과는 차이가 클 거라고 생각했어요.

Q2. 미국으로 유학 와서 가장 좋았던 것은 무엇인가요?
내가 원하는 게 뭔지 생각할 시간이 있고, 취미생활도 즐길 수 있는 것이요. 훌륭한 학교 시설도 마음에 들었고요. 무엇보다도 학원에 안 다니는 게 가장 좋았어요.

Q3. 한국과는 다르다고 느낀 미국 학생들의 문화는 무엇인가요?
한국에서는 수면시간이 절대적으로 부족해서 학생들이 수업 시간에 졸지만, 미국에서는 수업 시간에 조는 학생이 없어요. 그래서 수업태도는 미국이 훨씬 더 좋은 편이지요. 그런데 미국 학교는 '반'이라는 개념이 없다 보니 같은 반 친구들끼리 우정을 쌓을 수 없어서 좀 아쉬워요. 대신 교과 수업을 통해 친구를 사귀고, 마음이 맞으면 사이가 더 각별해지더라고요.

그리고 미국 학생들은 학교에 다니면서도 다양한 경험들을 해요. 클럽이나 봉사 활동은 물론이고 아르바이트를 하는 친구들도 있는데, 부모님들이 오히려 아르바이트를 장려하는 분위기예요. 공부를 잘하는 학생도 아르바이트를 하는데, 주로 식당에서 서빙을 하거나 회사의 사무 보조를 하기도 해요.

Q4. 미국 교사와 학생 간의 관계는 어떠한가요?

한국에서는 선생님들이 잡무가 많아서 늘 바쁘시니까 질문하기도 어렵고 얘기하기도 힘들었어요. 그런데 미국에서는 선생님들이랑 학생들이 훨씬 친근해요. 그리고 상담선생님은 수업을 변경하거나 진로 고민을 할 때 엄마와 같은 역할을 해주세요. 상담선생님과 가깝게 지내려면 상담실에 자주 찾아가야 하지만요.

Q5. 미국 유학을 계획하는 학생들에게 하고 싶은 말이 있다면?

미국에서는 학원에 가야 하는 일이 없고 자유시간이 많아서 본인이 관심을 갖는 분야에 시간과 노력을 투자할 수 있어요. 영어가 서툴러도 뭐든 열심히 하면 좋게 봐주니까 다양한 경험을 두려워하지 말고 긍정적이고 적극적인 태도로 임하면 좋을 거예요.

그리고 생각보다 다양한 면에서 한국과 미국이 많이 다르니까 마음의 준비를 단단히 해야 해요. 미국 사람들은 한국 사람들보다 전통적인 가치들을 소중히 여기고, 그것을 지키려고 노력한다는 점도 알아두면 좋을 것 같아요.

장승희·장여진 남매 | 노스뷰 고등학교(Northview High School) 재학생

미국에는 수업 중에 자는 아이가 없다?

미국의 중·고등학교 수업은 교사의 역량과 각 과목의 성격에 따라

매우 다양하게 진행된다. 그러면서 공통적으로 교사의 강의, 학생들 간의 토론, 그룹별 과제 및 발표 등을 포함한다.

교사들은 수업과 관련해 학생들이 제시하는 의견을 존중하면서 사고를 확장할 수 있도록 도와준다. 그렇다 보니 대부분의 수업에서 강의가 차지하는 비율은 상대적으로 작고, 학생들의 참여가 매우 활발하다. 학습 분량이 적더라도 학생들의 흥미를 유발시켜 수업에 자율적으로 참여하도록 유도하기 때문이다.

교실의 공간 배치도 학생들의 수업참여도를 높일 수 있도록 자유롭게 구성된다. 예를 들면, 수학·과학 교과에서는 학생들이 서로 협력해 문제를 해결할 수 있도록 모둠별로 책상이 배치되고, 언어·사회 교과에서는 교사를 감싸며 반원의 형태로 책상들이 배치된다.

저자는 몇 년 전에 시카고의 린드블룸 수학·과학 아카데미(Lind-blom Math and Science Academy)를 견학했다. 저자가 참관한 수업은 AP 물리 과목이었는데, 학생 수가 20명이 채 되지 않은 작은 규모의 수업이었다. 참관 전 나름대로 수업 모습을 머릿속에 그려봤었는데, 실제 모습은 예상과 크게 달랐다. 한 시간 반 동안 진행된 수업에서 교사는 학습 주제의 핵심 개념만 학생들에게 전달한 후, 모둠별로 학생들끼리 머리를 맞대고 토론하며 문제를 해결할 수 있도록 북돋워 주는 역할을 했다.

이후 각 모둠 대표가 나와서 어떤 과정으로 문제를 풀었는지 설명하고, 설명이 끝난 후 모두가 함께 해당 풀이 과정에 대해 질문하는 시간을 가졌다. 대학교도 아닌 고등학교에서 하나의 주제라도 깊이

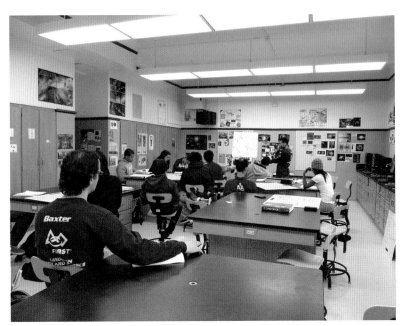

린드블룸 수학·과학 아카데미의 12학년 물리 수업

있게 다루려는 수업 모습을 보며 신선한 충격을 받았다. 특히 언어나 사회 수업도 아닌 물리 수업에서조차 이렇게 학생들이 활발하게 대화하고 토론하며 상대방의 말을 끝까지 경청하는 태도를 보면서, 미국인들의 창의력과 소통 능력이 바로 이러한 방식의 수업 참여를 통해 강화되는 것임을 깨달았다.

이처럼 미국 중·고등학교에서는 학생들의 수업참여도를 중시하기에, 학생들의 학업성취도도 학기 내내 평가한다. 그래서 중학교들 중 대부분은 시험 기간을 따로 정하지 않으며, 고등학교에서도 중간·기말 정기고사, 프로젝트, 쪽지시험, 숙제, 수업참여도 등이 비슷한 비중으로 평가된다. 이렇듯 미국에서는 정기고사의 비중이 높지 않기에 학생들은 수업과 관련한 모든 활동에 성실한 태도로 참여해야 좋은 성적을 받을 수 있다. 즉, 자연스럽게 학생들의 수업집중도를 올리면서 시험에 대한 부담을 덜어주는 것이다.

저자는 학업성취도 평가에 대해 미국 중학교 교사와 인터뷰를 했었다. 그는 자신이 근무하는 중학교에는 정기고사가 없다고 했다. 그 대신 쪽지시험, 프로젝트, 실험 등이 70% 반영되고, 수업 활동이 20%, 그리고 숙제가 10% 반영된다고 했다. 학생들이 수업에 얼마나 적극적으로 참여하는지, 학습 내용을 충실히 복습하는지, 과제를 얼마나 성실히 수행하는지에 따라 성적이 결정되는 것이다.

미국과 달리 한국 학교에서는 정기고사 성적이 평가의 큰 비중을 차지한다. 그래서 많은 학생들이 평소 수업에 충실하기보다 시험 기간에 '벼락치기' 공부를 한다. 수업참여도가 떨어지는 것이다.

수업참여도와 관련해 국제교육성취도평가협회(IEA: International Association for the Evaluation of Educational Achievement)가 42개국 8학년(중학교 2학년) 학생들을 대상으로 실시한 '수학·과학 성취도 추이 변화 국제 비교 연구(TIMSS 2011)'에 의하면, '수학 수업에 참여한다'고 응답한 학생이 미국은 51%로 조사 대상 국가 중 가장 많았다. 반면 한국은 2%로 가장 낮았다.[111, 112]

물론 한국에서도 정기고사 이외에 과목의 특색에 맞춰 모둠프로젝트, 실험, 과제, 수업참여도 등 다양한 수행평가 영역을 설정하여 학업성취도를 평가하고 있다. 그러나 정기고사의 반영 비율이 50% 안팎일 정도로 여전히 높고, 수행평가 기본점수도 너무 높아 학생들 간의 변별력이 떨어지기에 결국 정기고사의 성적이 최종 성적을 좌우한다.

4. '글로벌 인재'라는 열매를 맺게 하는 고등 교육

미국의 대학 교육은 세계적으로 그 우수성을 인정받고 있다. 세계 각국 대학교의 랭킹을 매기는 영국의 〈타임스Times〉지나[113] 중국 상하이의 지아오통 대학교가 매년 발표하는 세계 대학 평가 순위[114]에서도 상위 50위권 안에 든 대학들 중 절반 이상이 미국에 있는 대학교다. 그렇다면 이러한 미국 대학교의 우수성은 어디서 기인할까?

일단 미국 대학교 교육의 장점으로는 우수한 인재풀, 막대한 연구비 투자 등을 들 수 있지만, 이 책에서는 미국 대학교 교육의 장점을 다양성·형평성 추구, 학생 참여 중심 수업, 리더십 개발 측면에서 살펴볼 것이다.

'학업 외 재능'이 있는 학생도 선발하는 미국 대학교들

미국 대학 입시의 가장 큰 특징은 역시 '학생 선발 기준'과 '학생층의 다양성'이다.

미국 대학교들은 다양한 학생들을 입학시키는 데 큰 관심을 보인다. 그래서 대학교의 홍보 브로셔나 홈페이지에는 다양한 인종의 학

워싱턴 대학교의 수잘로 앤 알렌 도서관 내부

미국 워싱턴 주 시애틀(Seattle)에 있는 워싱턴 대학교(University of Washington)의 수잘로 앤 알렌 도서관(Suzallo and Allen Library)은 세계에서 가장 아름다운 도서관으로 손꼽힌다. 줄여서 '수잘로 도서관'으로 불리는 이 도서관은 영화 〈해리 포터〉에 등장하는 호그와트Hogwarts 마법 학교 내의 그레이트홀(Great Hall)과 내부 모습이 흡사해 '해리 포터 도서관'으로 알려지면서 시애틀을 방문하는 관광객들이 많이 찾는 곳이다.

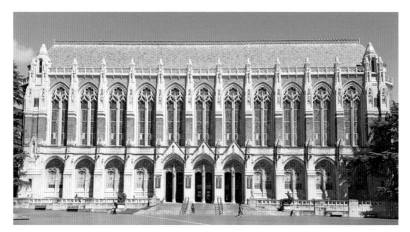

워싱턴 대학교의 수잘로 앤 알렌 도서관

생들이 함께 찍은 사진이 눈에 띈다. 물론 학생들의 다양성은 인종은 물론 사회적 계층, 재능 등을 포함한다.

미국 대학교의 학위 과정에 지원할 때 대부분의 학생들은 지원서, SAT 또는 ACT 시험 점수, 고등학교 성적표, 에세이, 추천서 등을 기본적으로 제출해야만 한다. 지원서에는 학생들의 배경(인종·성별 등)에 대한 질문이 포함되는데, 일부 유명 사립 대학교는 가족이나 친척 중 본교 출신자가 있는지도 묻는다.[115] 한국의 경우 약 10여 년 전까지는 대학수학능력시험 점수와 고등학교 성적만으로 당락이 결정되었던 점을 고려하면 미국의 이런 복잡한 입시 제도는 다소 낯설 것이다. 그렇다면 미국의 대학교는 왜 이렇게 다양한 기준을 요구할까?

첫째, 학업 성적은 물론 학생들의 다른 재능·상황까지 입시에 고려하기 위해서다.

둘째, 무엇보다 다양한 학생층을 구성하기 위해서다. 이로 인해 하버드 대학교 등 아이비리그 입시에서 아시아계 학생들이 다른 유색 인종 학생들보다 시험 성적이 훨씬 더 높더라도 불합격하는 경우가 많다.[116, 117]

이에 대해 아이비리그의 입학사정관들은 이렇게 말한다.

"우리는 단지 공부만 잘하는 학생들을 뽑으려는 것이 아닙니다."

공부를 잘하는 학생도 물론 필요하지만, 공부를 따라갈 준비가 어느 정도 된 '학업 외 재능'이 있는 학생도 선발하고 싶다는 뜻이다. 그 재능은 과학, 예술, 운동 등과 같은 특정 분야일 수도 있고, 탁월한 리더십과 같은 성품에 관한 것일 수도 있다. 따라서 SAT에서 만점을 받았더라도 다른 분야에 대한 재능이 없다면 명문 대학교에 입학하지 못할 수도 있다. 이러한 입시 정책은 학생들이 동료 학생들로부터 많은 영향을 받는다는 '동료 효과(Peer Effect)'에 근거한다.

대부분의 미국 대학교 학부생들은 의무적으로 기숙사생활을 하게 되어 있다. 학생들이 4년간 함께 수업을 듣고 기숙사생활을 하면서 서로 배워나가기에, 다양한 성품과 재능을 갖춘 학생들이 필요하다는 것이다.[118] 이와 관련해 켄터키 주립 대학교(University of Kentucky)의 윌리스 존스Willis Jones 교수는 자신의 경험담을 다음과 같이 전했다.

미국 대학교 교육의 가장 큰 장점은 대부분의 학생들이 기숙사생활을 하면서 함께 모여 사는 것입니다. 대학교 1학년 때 저는 저와는 다른 배경을 가진 다양한 친구들과 커뮤니케이션을 하면서 정말 많은 것을 배울 수 있었지요. 이렇게 기숙사생활을 하는 것은 학생들이 사춘기 청소년에서 성인으로 성장하는 데 중요한 역할을 한다고 생각합니다.

집중 탐구 011 미국 대학교 유형

미국 대학교의 유형은 설립 주체와 대학교의 기능에 따라 나눌 수 있다.

설립 주체에 따라서는 주립·사립 대학교로 나눌 수 있으며, 사립 대학교는 다시 비영리(Non-Profit)·영리(For-Profit) 사립 대학교로 구분할 수 있다.

미국 내 주립 대학교와 사립 대학교의 학생 수 비율은 약 7 대 3 정도로, 절반 이상의 미국 학생들은 주립 대학교에 재학 중이다.[119]

주립 대학교는 일반 운영비의 절반 이상을 주정부로부터 지원받기에[120] 학생들에게는 상대적으로 저렴한 등록금을 부과한다. 사립 대학교는 대부분의 재원을 학생들의 등록금과 재단의 지원금, 기부금에 의존한다. 사립 대학교는 주정부로부터 일반 운영비를 거의 지원받지 않고, 학생 수도 적은 편이기에 주립 대학교보다 등록금이 비싼 편이다.

대학교의 기능에 따라 미국 대학교는 연구 중심 대학교(Research Universities), 학부 중심 대학교(Liberal Arts Colleges), 종합 대학교(Comprehensive Colleges), 커뮤니티 칼리지Community Colleges로 분류된다.

연구 중심 대학교는 학부 교육보다는 석·박사 과정 대학원 교육과 연구를 강조한다. 한국에 잘 알려진 하버드, 예일, 프린스턴, MIT, 스탠퍼드와 같은 대부분의 명문 대학교가 연구 중심 대학교에 해당한다.

학부 중심 대학교는 대학원 과정과 연구보다는 학부생들의 교육을 강조하는 중·소규모 대학교다. 학교가 작아 교수와 학생이 대화를 나누거나 토론할 기회가 더 많고, 교수가 학생들의 강의와 교육에 훨씬 많은 관심을 쏟는 편이다. 특히 애머스트 칼리지Amherst College나 웰슬리 칼리지Wellesley College처럼 학부 교육의 경쟁력이나 학생들의 학업 능력 등이 유명 연구 중심 대학교 못지않게 우수한 학교들도 많다.

종합 대학교는 연구 중심 대학교처럼 학부와 대학원 과정을 모두 가지고 있지만, 주로 석사 과정이나 실용학문 전공에 초점을 맞춘 경우가 많다. 또한 연구 중심 대학교에 비해 상대적으로 학생들의 입학 시험 점수가 낮은 편이다.

커뮤니티 칼리지는 이름 그대로 미국의 작은 커뮤니티마다 있는 2년제 대학이다. 미국은 땅이 넓어서 시골이나 산간벽지에서는 4년제 대학교까지 가는 데 오래 걸리는 경우가 많다. 이렇게 대학 교육 혜택을 받기 어려운 지역의 주민들을 위해 커뮤니티 칼리지는 도시와 시골을 가리지 않고 거의 모든 지역에 배치되어 있으며, 2년제 전문 학위나 실용학문 위주의 교육 과정을 제공한다.

커뮤니티 칼리지의 또 다른 특성은 별다른 입학 조건이 필요 없다는 것이다. 즉, 앞서 살펴본 세 가지 유형의 대학교들과는 달리 고등학교를 졸업했거나 '고졸 검정고시(General Education Development)'를 통과했다면 누구나 입학할 수 있다. 심지어 학교나 학과에 따라서는 고등학교를 졸업하지 않아도 입학이 가능하다. 그래서 외국에서 고등학교를 졸업했거나, 대학교 공부를 한 지 오래된 중장년층이 커뮤니티 칼리지에서 공부를 시작해 미국 내 다른 4년제 대학교로 편입 (Transfer)하기도 한다.

교육의 형평성을 위한 미국의 다문화 정책

대다수의 미국 대학교는 다양한 학생층 구성과 교육 기회의 형평성을 위해 입시에서 흑인, 히스패닉, 아메리카 원주민과 같은 소수인종 학생을 배려한다. 이러한 '소수계 우대 정책(Affirmative Action)'의 목적은 과거 인종차별로 인해 양질의 대학교 교육을 받을 기회를 박탈당했던 소수인종 학생들에게 교육 기회를 제공하는 것이다.

문제는 이렇게 기회 균등과 다양성을 강조하기 위한 정책이 오히

매사추세츠 공과대학교(MIT)

려 역차별을 야기할 수 있다는 점이다. 앞서 이야기했듯이 시험 성적이 더 높아도 명문 대학교에 불합격한 백인이나 아시아계 학생들은 오히려 자신들이 백인/아시아인이기에 차별받았다고 느낄 수 있다. 실제로 일부 백인 학생들은 소수계 우대 정책의 위헌성 여부를 판단해달라고 헌법재판소에 제소하여 승소하기도 했다.[121] 2006년과 2008년도에는 아시아계 학부형들이 프린스턴 대학교(Princeton University)를 상대로 아시아계 학생들이 차별을 받고 있다고 이의를 제기해서 미국 교육부 산하 시민권리교육국(OCR)이 이에 대한 조사에 나서기도 했다.[122] 아시아계 학생들이 각종 시험 성적이 훨씬 높은데도 불합격하고, 시험 점수가 낮은 타 인종 학생들이 합격하는 사례가 빈번했기 때문이다.

소수계 우대 정책은 명문 대학교에 입학한 흑인·히스패닉 학생들에 대한 편견으로 이어지기도 한다. 예를 들면, 명문 대학교에 다니는 흑인·히스패닉 학생들은 백인 학생 못지않은 시험 성적을 받아 합격했더라도, 인종 관련 특혜를 봤다는 편견에 시달리기도 한다. 이러한 문제로 인해 2015년 기준 캘리포니아 주를 비롯한 8개 주에서는 주립 대학 입시에서의 소수계 우대 정책을 법으로 금지하고 있다.[123]

소수계 우대 정책의 단점을 보완하기 위해 최근 많은 주에서는 학생의 인종 대신 소득 수준에 따라 입시 과정에서 특혜를 주는 정책을 고려하고 있다. 예를 들면, 저소득층 혹은 편부모 가정에서 자랐거나, 가족 중 처음으로 대학교를 가는 학생들은 상대적으로 어려운 환경에서 자라났으니 같은 성적이어도 그 성취도를 더 높게 인정해주는 것이다.

미국에서도 같은 인종이나 소득 수준이 비슷한 사람들끼리 같은 지역에서 모여 사는 경향이 있기에 어떤 고등학교는 부유한 백인 학생들이 다수인 반면, 또 어떤 고등학교는 대개 저소득층인 흑인이나 히스패닉 학생들이 다수인 곳이 있다. 그래서 SAT나 ACT 성적 대신 고등학교 성적이 자기 학교에서 상위 10% 안에 든 학생에게 주 안에 있는 4년제 주립 대학교 입학을 보장해주는 정책도 있다.

이렇듯 각 고등학교에서 상위 10%(실제 적용 비율은 주마다 약간씩 다르지만)에 해당하는 학생들에게 4년제 주립 대학교 진학을 보장한다는 것은, 비록 SAT나 ACT 성적은 백인 학생들보다 낮더라도, 자기

고등학교에서 열심히 공부한다면 좋은 주립 대학교에도 진학할 수 있음을 의미한다. UCLA 등 주 내 4년제 주립 대학교가 인기 있는 캘리포니아 주나 텍사스 주가 현재 이런 정책을 적용하고 있다.[124]

소수계 우대 정책은, 소수인종이나 저소득층 학생들을 배려하는 것은 물론, 학생들 모두의 교육을 위해서도 중요하다. 한국처럼 미국도 가계 소득 수준이나 인종에 따라 거주 지역이 다르고, 다니는 초·중·고등학교도 다르다. 결국 대학교에 오기 전까지 대다수의 미국 학생들은 자신과 인종이나 소득 계층이 다른 학생들과 어울릴 기회가 많지 않다. 대학교에서도 비슷한 인종·계층의 학생들끼리 모여있다면, 학생들은 평생 자신과는 다른 환경에서 자란 사람과 대화해보거나, 다양한 시각을 경험해볼 기회를 갖지 못한 채 사회로 나갈 것이다. 이는 학생 개인의 사회성 발전은 물론 사회 통합 측면에서도 중요한 문제가 될 수 있다. 특히 미국 사회는 다양한 인종과 민족이 모여서 이루어진 국가이므로, 나와 다른 사람들과 소통하는 법을 배우는 것이 국가적으로도 매우 중요한 과제다.

결국 교육 기회의 형평성을 위해 만들어진 소수계 우대 정책은, 소수인종이나 저소득층 학생들의 교육 기회 제공뿐 아니라, 대학교 내 모든 학생들의 사회성 발달에 필수적인 역할을 하는 것이다.

다만 미국의 새 대통령 도널드 트럼프Donald Trump의 대선 공약이 불법체류자 추방이었기 때문에, 불법체류학생들의 입학이 제한될 가능성과, 소수인종 학생들과 유학생들이 캠퍼스 내에서 인종차별을 받는 것에 대한 우려가 커진 것은 사실이다.

'참여'를 중시하는 미국의 대학교 수업

한국과 미국 대학교 수업의 가장 큰 차이는, 미국 대학생들의 참여 비중이 높다는 점이다.

미국 대학교에서는 학생들이 수업을 위해 읽고 써야 하는 숙제가 상대적으로 많고, 수업 시간에 교수에게 질문하거나 수업 내용에 관해 자기의 생각을 밝히는 것도 요구된다. 예를 들면, 인문학이나 사회과학 분야의 개론 수업을 듣는다면 매주마다 각 교과서의 2~3장(Chapter) 정도를 읽어야 하고, 학기 중에 짧은 보고서를 1~2번 내거나 서술형 시험을 치러야 한다. 그래서 미국 대학교의 수업을 따라가려면 많은 학습량이 필요하다.

대형 강의에서는 학생들의 토론이 원활하지 않으므로, 교수는 학생들을 5~8명 정도의 소그룹으로 나누고 각 조에 조교를 배정하여 정해진 수업 시간 외에도 매주 소그룹끼리 모여 수업 내용에 관해 토론하는 시간을 갖도록 의무화하고 있다. 다시 말해 교수가 일방적으로 강의하고 학생들은 강의 내용을 말 없이 받아적거나 듣고 있기보다는, 학생들 역시 강의를 듣기 전에 미리 사전지식을 습득하고 수업 중이나 이후에 자기들이 미처 이해하지 못한 것에 대해 질문하거나 이해한 내용을 바탕으로 자기의 생각을 표현하는 것이 요구된다.

이렇게 학생들의 자율적 참여를 중시하는 수업의 장점은 무엇일까? 학생들의 참여가 늘어난다는 것은 그만큼 학생들이 많은 것을 배울 수 있다는 뜻이다. 사전지식 없이 교수가 강의하는 내용만 일방적으로 듣고 외우기보다는, 교과서 등을 미리 읽어보고 사전지식과 강의 내용 등을 통합하면서 관련된 내용을 글로 써본다면 학생들은 그만큼 그 주제에 대해 많은 생각을 하고 자기 나름의 방식으로 내용을 이해하게 된다. 물론 지속적으로 읽고 쓰니 읽기·쓰기 능력도 자연스레 향상된다.

교수와 학생 간 토론도 이루어지고, 학생들끼리도 토론하게 되므로 학생들도 다양한 관점을 배우고 이해하게 된다. 이렇게 다양한 관점과 의견을 배우는 것은 앞서 말한 것처럼 다인종·다문화 사회인 미국에서는 특히 중요하다. 아울러 동료 학생들과의 토론을 통해 특정 개념·상황에 대한 다양한 의미 찾기와 해석이 가능하다는 것을 이해하게 되면서 사람에 따라, 사회적 계층이나 문화에 따라 다양한 시각이 존재한다는 것을 자연스럽게 체득할 수 있다. 부수적으로 학생들의 커뮤니케이션 능력도 향상될 수 있다.

일반적으로 교수는 학생들의 참여를 독려하고 그들의 의견을 경청하지만, 한 학생이 발언권을 독점하거나 다른 학생의 의견을 무시한다면 교수는 그 학생의 발언을 중단시키거나 필요한 경우 경고를 준다. 교수가 직접 발언을 제지하지 않더라도, 학생들은 동료 학생들의 언어적·비언어적 반응을 통해 인종차별적인 말처럼 해서는 안 되는 발언이나 적절한 소통 방식(예를 들면 혼자 지나치게 길게 말하지 않기) 등을 자연스레 익히게 된다. 전공 내용을 습득하는 것도 중요하지만, 자연스럽게 익히는 커뮤니케이션 방법과 읽기·글쓰기 능력 역시 학생들이 졸업 후 사회생활을 하는 데 큰 도움이 된다.

하버드 대학교를 졸업하고 로스앤젤레스에서 1년간 개인교사로

일한 스티븐Steven은 미국 대학교 수업의 장점을 다음과 같이 이야기한다.

제 생각에 미국의 대학교, 특히 명문 대학교들의 수업 구조는 효율적입니다. 교수들은 일주일에 한두 번씩 수업 시간에 학생들을 만나고, 대학원생 수업 조교들은 학부생들을 소그룹으로 나누어 한 주에 한 번 정도 만납니다. 그 외의 시간에 학생들은 함께 모여 수업 프로젝트를 연구하거나 연습 문제를 풉니다.

이러한 방식 덕에 교수들은 직접 학부 수업을 준비하거나 학생들을 만나는 데 드는 시간을 줄이고, 대학원생들을 지도하거나 연구에 더 많은 시간을 쏟을 수 있습니다. 학생들은 교수에게 직접 찾아가기 전에 자기들끼리 문제를 놓고 고민하며 서로 배울 수 있고요.

특히 학생들은 토론을 통해 동료 학생들로부터 아주 많은 것을 배울 수 있습니다. 제 개인적인 생각으로는 이렇게 학생들끼리 서로 배우는 풍토가 더욱 강조되었으면 합니다.

미국의 교수들은 학생들의 요구에 관심이 많은 편입니다. 교수들은 학생들을 위해 일주일에 한두 번씩 오피스 아워Office Hour를 준수하며, 학생들은 이 시간에 교수를 찾아가 이야기를 나누거나 질문하는 것을 자신의 당연한 권리라고 생각합니다. 제 생각에 다른 나라에서는 학생들이 오피스 아워 이용에 대해 이 정도로 당연하다고 생각하지는 않는 것 같습니다.

그런데 학생들의 참여 비중이 높은 수업의 단점은 자칫 불필요한 내용에 수업 시간을 빼앗길 수 있다는 점이다. 사실, 대부분의 학생들은 교수만큼의 전문적인 지식을 갖고 있지 않으므로, 때로는 학생들이 자신의 경험을 나누는 데서 그치거나, 수업 내용과 관계없는 질문이나 내용으로 수업 시간을 보낼 수 있다. 실제로 학생들 중에는 수업에 참여해야 한다는 의무감 때문에 별로 중요하지 않은 내용으로 발언권을 독점하는 경우가 있다. 반대로 일부 내성적인 학생들은 수업 시간에 의무적으로 토론에 참여해야 하는 것에 대한 부담감을 토로한다.

따라서 교수는 토론식 수업 때 촉진자(Facilitator) 역할을 한다. 때로는 맥락이 없어 보이는 학생들의 이야기를 잘 정리하거나, 학생 스스로 수업 내용과의 연관성을 찾게끔 돕는 것이다. 또한 수업에 잘 참여하지 않는 학생들이 자연스럽게 참여하도록 유도하고, 이 학생들이 좋은 의견을 말했을 때 긍정적인 피드백을 줌으로써 자신감을 높여주고 참여를 독려해야 한다.

미국 대학교에서 학생들의 참여를 독려하는 가장 큰 이유는, 미국의 많은 교수들이 이 모든 것들을 배움의 한 과정이라고 생각하기 때문이다. 미국 대학교에서 수업을 들어본 적이 있는 이들은 아마 교수의 이런 말을 한 번 이상 들어봤을 것이다.

"세상에 멍청한 질문은 없습니다. 여러분이 모르는 건 옆에 앉은 학생도 모를 가능성이 높으니까요."

이 말은 교수가 학생들의 참여를 독려하기 위해 하는 말이다. 그러나 사실이기도 하다. 학생의 통찰력 있는 좋은 질문은 동료 학생들과 교수에게 깨달음을 주고, 그 질문에 답하기 위해 새로운 생각을 하게 만든다.

물론 학생들이 하는 질문들 중 대다수는 사실 관계를 확인하거나, 교과서와 논문에 있는 내용 중 이해하기 어려운 부분에 대해 교수의 설명을 요구하기 위한 것이다. 그러나 많은 경우 학생들은 자기 혼자만 이해를 못 했을까봐 이런 질문을 하기를 두려워하는 편이다. 헌데 실제로는 다른 학생들도 이해하지 못하고 망설이다가 남이 질문해주면 은근히 고마워하는 경우가 많다. 교수도 학생들의 질문을 통해 자기 수업 내용 중 어떤 부분이 어려운지 알게 되니, 자신의 수업 방식을 개선하게 된다. 최악의 경우 그 내용을 이해하지 못한 사람이 자기뿐이더라도, 수업 시간에 질문을 해서 얻어낸 지식은 본인에게는 아주 오래도록 기억에 남는 법이다.

결국 수업에 관한 모든 질문은 최소한 한 사람 이상이, 때로는 교수를 포함해 그 강의실에 있는 모든 사람들이 배움을 얻는데 도움이 된다. 따라서 세상에 멍청한 질문이란 없는 것이다.

글로벌 인재 양성을 위한 리더십 교육

시민의식은 미국 사회를 지탱하는 기본 사상이다. 그래서 미국의 많은 교육 기관들은 시민의식을 갖춘 인재 양성을 위해 설립되었고,

켄터키 주립 대학교 교육대학원 수업

사회적으로도 "배운 사람은 올바른 시민의식을 갖고 사회에 공헌해야
한다"는 정서가 깊이 깔려있다. 이것은 고귀한 희생을 치르며 자유와
평등을 이루어낸 미국독립전쟁과 남북전쟁 등의 영향이기도 하다.

이에 따라 미국의 모든 대학교에는 학생들의 리더십 개발과 봉사
활동을 담당하는 부서가 있다. 이는 한국 대학교의 교무처나 학생처
보다는 좀 더 광범위하게 학생들의 교내 동아리활동과 기숙사생활,
경력 개발, 리더십 프로그램 개발을 담당하는 대학교 내 부서다. 학생
들의 재정 문제라든가 성 문제 등 생활 전반에 걸쳐 상담도 진행한다.

미국 대학교의 신입생들은 자신의 학과에 개설된 리더십 프로그램
을 이수해야 한다. 리더십 프로그램은 리더십 관련 수업, 동아리에서
주관하는 봉사활동, 기숙사마다 개최하는 리더십 워크숍, 리더십 담

당 부서에서 제공하는 다양한 프로그램과 국가·지역·학교 전체적으로 진행하는 리더십 프로그램 등으로 이루어져있다.

국가적으로는 1월 셋째 주 월요일인 '마틴 루서 킹 데이Martin Luther King Day(마틴 루서 킹 목사 탄신일)'에 모든 대학교에서 봉사활동 관련 행사를 한다. 즉, 킹 목사의 정신을 기리는 것인데, 이때 학생들은 해당 지역의 도움이 필요한 곳에 가서 봉사활동을 한다. 봉사활동을 주관하는 부서는 지역 시민 단체들과 연계해 도움을 필요로 하는 곳의 접수를 받아 학생들을 보낸다. 이와 같은 행사에 참여하는 학생들 중 일부는 학과의 봉사활동 시간을 채우려고 참여하기도 하지만, 대개 자발적으로 참여한다.

미국에서는 대학교마다 다양한 주제로 리더십 워크숍이나 컨퍼런스도 개최하는데, 대부분의 경우 원하는 학생들은 모두 참여할 수 있다. 때로는 동아리 리더들만 참여하기도 하고, '총장 초청 리더십 워크숍' 같은 주관 부서의 초청장을 받아야만 참여할 수 있는 리더십 프로그램도 있다.

리더십 관련 이론은 수없이 많다. 또한 대학교에서 리더십 과목이 경영대에 개설되느냐, 호텔관광학과에 개설되느냐에 따라 리더십의 정의나 사례들도 제각각 달라진다. 그렇더라도 대학생을 위한 리더십 교육은 어떻게 리더의 자리에 올라가는지, 리더란 자리가 얼마나 중요한지 같은 것은 가르치지 않는다. 내가 누구인지 깨우치기, 타인과 소통하기, 다른 문화를 존중하기, 그리고 사회를 긍정적으로 변화시키기 등에 집중한다. 누구나 리더가 될 수 있으며, 리더의 자리에 올라가는 것이 리더십의 목표가 아니라는 사실도 가르친다.

실례로 저자가 대학교에서 가르치는 '리더십의 근간(Foundation of Leadership)'이라는 과목은 "히틀러가 좋은 리더인가?"라는 질문으로 첫 수업을 시작한다. 그런 후 리더십의 역사, 리더로서 결정을 내리는 데 필요한 주요 원칙, 공동체를 이루어가는 과정, 사회 문제 속에서 리더의 역할 찾아보기 등을 토론과 개인 연구 프로젝트를 통해 배우도록 한다. 이러한 리더십 교육은 대학생들에게 자신과 이웃에 대해 깨우치고, 사회의 긍정적 변화와 자신의 역할에 대해 생각할 기회를 주기에 매우 의미있는 교육인 것이다. 그러니까 리더가 되라고 강요하는 것이 아니라, 누구든지 리더십을 기를 수 있도록 지원하는 것

하버드 대학교 교육대학원 졸업식

글로벌 인재 양성의 산실인 하버드 교육대학원의 한국인 졸업생들과 조세핀 김 교수(사진 가운데 학위복 후드가 연청록색인 여성)

이 미국의 대학 교육이다.

집중 탐구 012 미국의 대학원 과정

미국의 대학원도 한국과 마찬가지로 석사·박사 과정이 있다.

박사 과정은 이론적 지식을 연구하는 데 초점을 둔 철학 박사(Ph.D.) 과정과, 교육학 박사(Ed. D.)나 법학 박사(J. D.)와 같이 특정 분야 직업에 필요한 실용적인 고급 학문을 익히는 전문 박사 과정으로 나눌 수 있다.

미국 대학원의 특이한 점은 Ph.D. 학위를 따는 경우 동일 분야의 석사 학위를 주는 경우가 많다는 것이다. 미국 대학원에서도 석사 과정과 박사 과정이 보통 분리되어있지만, 학생이 학부를 마친 후 바로 Ph.D. 과정으로 직행하는 경우도 있다. 이 경우, 학생이 성공적으로 Ph.D. 학위를 받고 졸업한다면 해당 분야의 석사 학위도 함께 주어지는 것이다. 물론 다른 프로그램에서 석사 학위를 이미 마친 학생에게도 Ph.D. 과정을 졸업할 때 해당 분야의 석사 학위를 주기도 한다. 이렇게 유연한 학위 과정을 운영함으로써 미국 대학교들은 우수한 학부 졸업생들을 대학원으로 유인하고, 학생들은 박사 학위 취득에 상대적으로 적은 비용과 시간을 들일 수 있다.

미국의 대학원 과정은 강의를 들어 학점을 취득하는 코스워크Coursework와 논문(또는 졸업시험) 작성 등 2가지로 이루어진다. 코스워크 과정은 이과보다는 문과가 상대적으로 길고, 역시 이과보다는 문과가 소규모 토론식 수업을 더 많이 진행한다.

문과의 경우 기초수업(예를 들면 프로세미나, 기초통계 등)을 제외하면 세분화된 분야의 내용을 다루는 세미나 형태로 수업이 진행되기에 수업당 20명 내외의 소규모로 진행된다. 특히 대학원의 세미나 수업에서는 많은 양의 논문과 책을 읽고, 보고서도 많이 써야 하며, 수업 시간에도 적극적으로 발표하는 자세가 필요하다. 미국의 세미나 수업에서는 학생들의 참여가 매우 중요하기에 수업 내용에 관해 자신의 생각이 설사 틀렸더라도 이를 적극적으로 개진하고, 이해하기 어렵다면 적극적으로 질문하는 자세가 중요하다.

학업 지속을 돕기 위한 대학교의 다양한 서비스

미국 대학교들은 학생들의 자퇴를 막기 위해 학교 차원에서 다양한 서비스를 제공한다.

사실, 미국 4년제 대학교에 다니는 학생들이 4년 내에 졸업하는 비율은 평균 40%를 밑돈다.[125] 물론 아이비리그 같은 사립 명문 대학교의 졸업률은 90%를 웃돌아 큰 문제가 되지 않으나, 소수의 명문 대학교를 제외하면 미국 대학교의 자퇴율은 높은 편이다.

대학생들의 자퇴는 학생 자신에게는 물론이고 대학교의 입장에서도 큰 문제다. 대학교를 자퇴한 학생들은 대학교 학위가 필요한 좋은 직업을 갖기 어렵고, 등록금을 내기 위해 학자금 대출을 받았다면 자퇴 6개월 후부터 빚을 상환해야 하므로 경제적인 어려움에 시달릴 수 있다. 대학교 입장에서도 학생들의 낮은 졸업률은 좋지 않은 지표이며, 등록금 수입도 줄어든다는 문제가 있다. 소수의 명문 대학교를 제외한 대다수의 대학교들에서는 등록금 수입이 총수입의 큰 비중을 차지한다는 점을 감안하면, 학생들의 높은 자퇴율은 대학교의 운영과 직결되는 문제일 수 있다.

그래서 재학생들의 재등록률을 높이기 위해 미국 대학교들은 다음과 같은 다양한 프로그램을 제공하고 있다.

첫째, 경제적 문제로 자퇴하는 학생들을 위해 등록금·생활비 지원을 늘리는 프로그램이다. 앞서 말한 바와 같이 미국 학생들도 높은 등록금·생활비로 인해 학업을 중단하는 경우가 많다. 이를 방지하기 위해 대학교들은 학생들에게 장학금을 지원하거나, 생활비가 부족한 학생들을 위해 지역 레스토랑으로부터 유통기한이 얼마 남지 않은 음식들을 지원받아 학생들에게 무료로 나누어주는 푸드 팬트리Food Pantry 등을 운영한다.

아울러 학생의 가족이 중한 병에 걸려 수술을 받아야 하거나 부모님이 갑자기 직장을 잃는 등의 경제적 문제로 학생이 학기 중에 갑자기 큰돈이 필요할 경우, 생활비에 보탤 수 있는 긴급 장학금 펀드를 운영하기도 한다.

둘째, 학생들의 학업을 돕기 위한 지원 프로그램들도 많다. 미국 대학생들은 고등학생 시절보다 더 많아진 학습량과 높은 학업 수준에 어려움을 표하는 경우가 많다. 자기가 대학교 수업을 못 따라간다고 느끼는 학생들은 자연스럽게 결석이 잦아지거나 숙제를 제때 제출하지 못한다. 이러한 행동들은 낮은 학점과 자퇴로 이어진다.

이 문제를 해결하기 위해 학부 상급생들이나 대학원생들이 수업 내용을 따라가도록 도와주는 튜터링 서비스Tutoring Service를 제공하거나, 작성한 글을 교정해주는 라이팅 센터Writing Center 등을 운영한다.

셋째, 학생이면 누구나 언제든 이용할 수 있는 상담 프로그램이 있다. 미국 대학생들도 학업, 인간관계, 경제적 문제 등에 따른 다양한 스트레스에 노출되어있고, 대학생들의 자살 역시 미국의 중요한 사회적 문제다. 그래서 미국 대학교들 중 대부분이 학생들을 대상으로

퍼듀 대학교 푸드 팬트리

사진 제공: 퍼듀 대학교 '시민의식과 리더십 개발처'의 캠퍼스 푸드 팬트리 프로그램

하는 상담 센터를 운영하고 있으며, 재학생들에게는 거의 모든 상담 서비스가 무료 혹은 실비로 제공된다.

이외에도 9.11 테러 같은 국가적 위기 상황이나 교내 총기 사고처럼 안 좋은 일이 일어났을 때, 대학교는 전체 학생들에게 "이야기를 나누고 싶은 학생은 언제든 상담 센터로 오세요"라는 이메일을 보내 학생들의 상담 서비스 이용을 독려한다.

미국 대학교에서는 다양한 학생 지원 프로그램이 운영되고 있다. 가장 대표적인 사례로는 소수인종 학생들을 위한 각종 문화적 지원 프로그램이 있다.

대부분의 미국 대학들은 흑인, 히스패닉, 그리고 아시아계 학생들이 캠퍼스에서 소외감을 느낄 수 있다는 점을 고려하여 다양성 관련 수업, 프로그램, 행사 등을 제공한다. 많은 대학들은 학부생들이 의무적으로 한 과목 이상의 다문화 관련 수업(예를 들면 '아프리카계 미국인 연구[African-American Study]' 등)을 듣도록 장려하고 있다. 이를 통해 학생들은 미국 내 소수인종이 겪는 어려움과 그들의 문화를 배울 수 있다. 이는 사회 통합에 중요한 역할을 담당한다.

소수인종 학생들이 캠퍼스에서 마음 편하게 휴식을 취하고, 같은 인종의 학생들과 어울릴 수 있도록 소수인종 대상 센터나 기숙사를 제공하기도 한다. '중국인의 밤'이나 '인도인의 밤' 같은 행사를 통해 캠퍼스 내 교직원들과 학생들이 다른 문화(주로 음식이나 영화)를 접하고 다른 문화권의 사람들과 만날 수 있는 기회도 매년 제공하고 있다.

이러한 노력들 모두 학생들이 대학교에서 편안함을 느끼게 해주고, 학생들이 겪는 경제적 혹은 학업 관련 어려움을 최소화하여 학생들의 졸업률을 높이는 데 기여한다.

 집중 탐구 013 미국 대학교의 장학금

미국은 오래전부터 '비싼 등록금, 높은 장학금(High Tuition, High Aid)' 정책을 유지해왔다. 그래서 등록금 고지서에 찍힌 '표면상의 등록금(Published Tuition)'은 매우 비싸지만, 장학금을 받을 기회도 많기에 학생들이 '실제로 내는 등록금(Net Tuition)'은 생각보다 비싸지 않다. 2012~2013년에 매 학기 최소 12학점 이상의 수업을 듣는 전일제(Full-Time) 학생들 중 40% 이상은 적은 금액이라도 정부나 학교로부터 장학금을 받았다.[126] 저리로 대출되는 연방정부 학자금 대출을 포함하면 학부생의 80% 이상이 어떤 형태로든 장학금을 받은 셈이다. 미국 대학교의 장학금은 크게 '소득 기준 장학금(Need-Based Aid)'과 '성취 기준 장학금(Merit-Based Aid)'으로 나뉜다.

소득 기준 장학금은 말 그대로 경제적으로 어려운 학생들이 받을 수 있는 장학금으로, 연방정부 장학금의 대부분은 학생들의 경제적 여건을 기준으로 주어진다. 예를 들면, 연방정부 장학금 중 가장 큰 비중을 차지하는 '펠 그랜트Pell Grants'는 학생들의 가계 소득·자산, 가족 내 대학생 수 등을 기준으로 수혜 자격·액수 등이 결정된다. 펠 그랜트는 1970년대에 시작될 당시에는 저소득층 학생들에게 초점이 맞추어졌으나, 1990년대 말엽부터 대학교 등록금이 빠르게 인상되면서 수혜 대상을 중산층 학생들로까지 확대하고 있다.

성취 기준 장학금은 학업이나 그 밖의 영역에서 우수한 성취를 보인 학생들에게 주어진다. 대표적인 성취 기준 장학금으로는 주정부가 지원하는 '주정부 성적 기준 장학금'이다. 1990년대 중반부터 미국 내 10여 개 이상의 주가 SAT나 ACT 점수가 평균 이상이거나 고등학교 평균 학점이 B 이상인 학생들을 대상으로 주립 대학교 등록금의 절반 이상을 감면해주는 성적 장학금을 제공하고 있다. 이러한 유형의 장학금은 성적 기준이 지나치게 높지 않으면서 주립 대학교 등록금의 대부분을 지원해주기에 중산층 부모들에게 큰 인기를 끌었다. 또한 미국 대학교들 중 대부분에서는 자체 재원으로 성취 장학금을 제공하는데, 학업은 물론 운동 능력, 예술 분야에서의 성취 등 다양한 분야에서의 성취를 기준으로 장학금을 제공한다. 이외에도 미국 연방정부는 학생들에게 저리로 학자금을 대출해주거나, 세제 혜택 등을 통해 간접적으로 학비를 낮춰주고 있다.

플립 러닝Flipped Learning은
다수의 학생들을 대상으로 한 강의 중심 수업에서 벗어나,
학생 개개인이 수업에
더욱 능동적이고 창의적으로 참여할 수 있도록 교사가 도움으로써,
지식 전달 공간에 머물던 기존의 교실을 개개인 간
활발한 상호작용이 일어날 수 있는
역동적인 공간으로 전환시키는 교육 방법이다.

_ 존 버그만Jon Bergmann

4장

세계를 변화시킬 능력을
길러주는 영재교육

한국에서는 2000년에 '영재교육법'이 제정된 뒤 영재교육 기관과 대상자가 꾸준히 늘고 있다. 2003년에 400개였던 영재교육 기관은 2014년에 2,920개로 7배 이상 증가했고, 영재교육 대상자도 1만 9,974명에서 11만 7,949명으로 6배 늘어났다.[127] 이는 전체 초·중학생의 약 2%가 영재교육을 받는다는 것을 의미한다. 이 기간 동안 전체 학생 수가 감소한 것에 비하면 증가 추세가 폭발적이라고 볼 수 있다.

　그러나 영재교육이 확대되면서 시·도 교육청과 대학교가 운영하는 영재교육원에 들어가기 위해 사설 학원이 성행하는 등 영재교육 과열 현상이 나타나고 있다. 사교육을 통한 영재 육성은 후천적인 잠재성 계발로 해석할 수도 있지만, 학원에서 만들어진 영재가 자신의 영재성을 과연 얼마나 발현할 수 있을까?[128]

　영재교육이 학과 교육과 선행학습에 치중된 것도 문제다. 이 같은 교육을 받은 아이들이 창의성을 지닌 인재로 성장하기란 쉽지 않다.

　그래서 이번 장에서는 100년 이상 영재교육에 힘써온 미국의 영재교육 시스템을 살펴봄으로써 한국 영재교육의 나아갈 방향을 모색해보고자 한다.

1. 실리콘밸리 천재들과 노벨상 수상자들을 압도적으로 많이 배출하는 미국의 영재교육

미국 영재 교육의 목적은 '문제 풀이 잘하기'가 아니다

2016년 미국 연방의회는 영재교육 활성화를 위해 2017년까지 1,200만 달러를 지원하기로 했다. 이는 미국 대통령이 2002년 기초 학력을 증진시키고자 '낙오아동방지법(NCLB)'에 서명한 이후 의회가 승인한 최고 액수다. 미국 정부는 우수 과학 작품을 만든 학생들을 백악관에 초대해 전시회(The White House Science Fair)를 여는가 하면, 대통령이 직접 전시회에 참여한 학생들과 대화하는 등 영재 육성에 각별한 관심을 기울이고 있다. 그렇다면 미국은 왜 영재교육에 집중할까?

21세기는 지식 기반의 시대다. 천연자원, 노동력, 자본이 근간이 되었던 산업사회를 넘어, 지식과 정보를 창의적으로 생산·가공해 판매하는 지적 생산성이 국가 경쟁력을 좌우하는 시대인 것이다. 스마트폰과 같은 혁신적 기술이나 전 세계를 감동시키는 영화의 파급력은 두말할 필요가 없다.

미국은 이러한 패러다임의 변화 속에서 영재들의 창의성과 혁신적인 문제 해결 능력, 지식창조력이 국가 경쟁력임을 잘 알고 있다. 그래서 학업성취도나 IQ(Intelligence Quotient)가 높은 인재보다 새로운 패러다임에 맞는 창의적이고 생산적인 영재의 잠재력을 발현시킬 영재교육에 집중하는 것이다.

그렇다면 미국은 어떠한 관점에서 영재들을 바라보고 교육할까? 이와 관련하여 미국 영재교육학회(NAGC)가 명시한 민주주의 교육의 정의에 주목해보자. 미국 영재교육학회는 민주주의 교육이 "개인의 고유한 특수성, 현재 우리 사회 전반에 존재하는 문화적 다양성과, 어느 집단에서나 보이는 학습 특성의 유사성과 차이점을 존중하는 것이다"라고 정의한다. 즉, 영재교육의 목적이 형평성(Equity)과 수월성(Excellence)의 조화에 있음을 보여준다.

형평성은 모든 이들에게 똑같은 교육 기회를 주어야 한다는 명제를 뛰어넘어, 모든 이들은 각자의 고유한 특성에 맞는 교육을 받을 권리가 있음을 의미한다. 따라서 영재들도 나이와 성별, 인종, 신분 등을 막론하고 고유의 학업 수준과 필요에 맞는 교육을 받을 수 있어야 한다는 것이다. 예를 들면, 보통 아이들이 30분에 걸쳐 푸는 문제를 5분 안에 푸는 학생에게 "다 풀었으면 그냥 기다려"라고만 한다면 그 학생은 수업에 대한 흥미를 잃을 것이다. 이렇듯 좀 더 복잡한 사고 체계를 통해 과제를 짧은 시간에 해결하는 영재들에게 맞춤형 교육을 제공하는 것은 영재교육의 기본 목표 중 하나이자 민주주의 교육의 일환인 것이다.

아울러 미국의 영재교육은 영재성을 판단하는 분야의 다양성을 강조한다. 1970년 미국 연방의회의 요구(Public Law 91-230, Section

806)에 따라 1971년 시드니 마랜드Sidney P. Marland Jr.가 〈영재교육-볼륨1(Education of the Gifted and Talented-Volume 1)〉 보고서를 의회에 제출한 후,[129] 영재에 대한 개념이 확장되었다. 'Gifted(선천적 능력을 갖춘 아이)'만이 아닌 'Gifted and Talented(선천적 능력과 특화된 재능을 갖춘 아이)'로 영재를 재정의한 것이다. 이로써 영재를 판별하는 영역과 방법도 다양해졌다.

영재교육 대상에는 과학(Science), 기술(Technology), 공학(Engineering), 수학(Mathematics) 등을 근간으로 창의성의 근본이 되는 STEM 분야는 물론 언어, 리더십, 예술, 공연 분야도 포함된다. 여기서 더 나아가 문화적 다양성을 존중한 영재 육성도 실시되고 있다. 예를 들면, 퍼듀 대학교의 마샤 젠트리Marcia Gentry 교수는 미국 원주민 영재의 특성에 대한 연구를 진행하고 있으며, 밴더빌트 대학교의 도나 포드Donna Ford 교수는 흑인 영재의 발달과 사회적 영향에 대한 연구를 진행하고 있다.

이처럼 광범위한 개념의 다양한 영재들을 존중하고, 그 특성에 맞는 교육의 기회와 서비스를 제공하는 것이 미국 영재교육의 또 다른 목표라 할 수 있다.

집중 탐구 014 〈영재교육-볼륨1〉에 명시된 영재에 대한 정의[130]

영재아동들은 '뛰어난 능력으로 높은 성과를 낼 수 있는 사람'이라고 전문가들이 판별한 이들이다. 이런 영재아동들이 자신과 사회에 기여하려면 차별화된 교육 프로그램과 정규 학교 프로그램 이상의 교육 서비스가 필요하다.

영재아동들은 다음과 같은 분야들 중 하나 또는 다양한 분야에서 뛰어난 성취를 보이거나 보일 수 있는 잠재력을 가지고 있다.

1. 일반 지적 능력(General Intellectual Ability)
2. 특정 학문에 대한 적성(Specific Academy Aptitude)
3. 창의적·생산적 사고(Creative or Productive Thinking)
4. 리더십 역량(Leadership Ability)
5. 시각 및 공연예술(Visual and Performing Arts) 관련 재능
6. 정신운동 영역의 기량(Psychomotor Ability)

결국, 영재는 전체 학생들 중 최소 3~5%일 것으로 추정된다.

영재는 지능보다 재능이 먼저

1957년 10월 4일, 소련이 인류 역사상 최초의 인공위성인 스푸트니크Sputnik 1호를 쏘아 올리자 미국의 정치·경제·군사 및 사회 전반이 큰 충격을 받았다. 이는 특히 영재교육의 부흥에 도화선이 되었다.

미국에서 스푸트니크 1호 사건 이전의 영재교육은 지역별로 이루어졌고, 또한 당시 교육의 지향점은 모든 아이들에게 교육의 기회를 보장해주는 것이었다. 그러나 스푸트니크 1호 사건 이후, "왜 미국의 인재들은 인공위성 발사에 성공하지 못했는가?" 같은 비난이 터져 나왔다. 이보다 앞선 1950년에 미국 교육정책위원회(EPC)가 평등 교육을 중시하고 영재교육을 소홀히 하면서, 일각에서는 EPC의 이러한 무관심이 예술과 과학 및 기타 전문 분야에서 큰 손실을 가져올 것이

라고 지적해온 바 있다.

스푸트니크 사건 이후 미국 정부는 지능 검사를 통해 선발된 영재 아동들에게 성취도에 따라 조기 졸업을 허가했다. 고등학교에서 대학교 교과목을 이수하고 학점을 인정받을 수 있도록 해주는 제도도 마련했다. 특히 STEM 교육을 위한 새로운 학습 과정 개발에 많은 투자가 이루어졌다. 조기입학·월반 제도가 신설되었고, 능력별 학급 편성이 활발히 이루어졌다. 영재들을 위한 공적·사적 지원금과 장학금 제도가 만들어졌고, 소외 계층의 영재들을 선별하기 위한 정책들도 마련됐다. 아울러 영재교육의 영역이 넓어져 우수한 대학생들을 위한 우등 교육(Honors Education)이 카네기 재단(Carnegie Foundation)과 국립과학재단(NSF), 교육부 등의 지원을 받아 활성화되었다.

그러나 이런 관심은 5년 남짓 지속되다가 1960년대 흑인 인권 운동과 평등 교육 운동이 전개되면서 쇠퇴했다. 1965년에는 '초중등교육법(ESEA)'이 제정되었지만 영재에 관한 조항은 세부화되지 않았다. 1970년대에 들면서 미국의 제조업이 일본과 독일에 뒤떨어지자 국가적 위기감이 다시 조성되었다. 이에 1969년에는 '초중등교육법'에 '영재 관련 특별 조항(Provisions related to Gifted and Talented Children)'이 추가됨으로써 연방법에 의한 영재교육의 법적 근거가 마련되었다. 1971년에는 앞서 언급한 〈영재교육-볼륨1〉이 의회에 제출되면서 영재성에 대한 현대적 정의가 내려지게 되었다.

〈영재교육-볼륨1〉은 과학이나 언어 등 학문의 영역은 물론 창의성, 리더십, 공연예술도 영재성의 영역으로 인정했다. 즉, 타고난 지적 능력을 중시하던 초기와는 달리 발달적 측면과 특화된 재능이 영재성의 정의에 추가된 것이다.

〈영재교육-볼륨1〉에서 주목해야 할 또 한 가지는 영재성을 선천적으로 완전한 능력이 아닌 잠재력으로 표현함으로써 영재성이 환경에 의해 키워지고 발현되어야 한다는 점을 명시한 것이다. 이 관점에서 보면 왜 수많은 타고난 영재들이 자신의 능력을 제대로 발휘하지 못하고 사라졌는지를 이해할 수 있다. 이에 따라 미국에서는 자신의 잠재력에 비해 성취를 보여주지 못하는 영재들을 '저성취 영재(Underachieving Gifted)'라고 인식하게 되었고, 일부 주에서는 이들에 관한 지원 방안도 제시하기에 이르렀다.[131]

결국 〈영재교육-볼륨1〉을 계기로 연방의회는 1250만 달러를 영재교육에 지원하고, 교육부 산하에 '연방영재교육과'를 신설한 뒤 미국 영재교육 정보 센터까지 운영하고 있다. 아울러 주정부는 영재교육 프로그램 시행에 대한 자율적 권한을 가지며, 주정부가 영재교육 프로그램을 계획, 개발, 운영, 개선할 경우 연방정부 차원의 재정적 지원도 받게 된다.

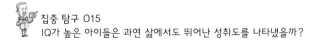

집중 탐구 015
IQ가 높은 아이들은 과연 삶에서도 뛰어난 성취도를 나타냈을까?

IQ의 창시자 루이스 터먼Lewis Terman(1877~1956)과 그의 제자 캐서린 콕스 Catharine Cox는 캘리포니아 주에 사는 IQ 140~200의 초등학생 영재 약 1,500명을 35년간 추적·관찰했다.

'터마이트Termites'로 명명된 이 영재 집단의 아이들은 평균 이상의 키와 건강, 좋은 체격 조건과 사교성을 지닌 것으로 나타났다. 이는 당시 똑똑한 사람을 사회 부적응자로 여기던 풍조에 반대된 것이었다.[132] 또한 터마이트의 학력은 평균적으로 높은 수준이었는데, 그중 박사가 97명, 석사가 57명, 변호사가 92명이었다. 터먼은 터마이트가 약 6,000여 건의 과학·기술 관련 보고서들과 연구 논문들을 발표했을 정도로 학술적 성취가 뛰어났다고 평가했다.[133]

그런데 연구 결과를 조금 더 깊이 들여다보면, 터먼이 애초에 기대했던 것만큼 터마이트가 놀라운 성취를 이룬 것은 아니었다. 터마이트는 다른 집단들에 비해 학력이 월등히 높지도 않았다. 또한 당시 과학·기술 분야에서 앞서가던 학자들은 평균적으로 터마이트보다 젊은 나이에 더 많은 논문들을 발표했다. 더구나 터마이트 가운데 학문 발달에 지대한 공헌을 했다거나 창조적인 업적을 남긴 사람은 단 1명도 없었다. 오히려 IQ 140 이하라 중도에 터마이트에서 제외된 윌리엄 쇼클리William Shockley와 루이스 알바레즈Luis Alvarez는 노벨상을 받았다.[134]

학문 외적으로도 터마이트는 평범한 삶을 살았다. 터마이트가 미국을 이끌 리더가 될 것이라는 터먼의 예상과는 달리, 이들 중에는 이혼을 하거나 약물 중독에 빠진 사람도 있었다. 상당수의 터마이트들은 지적 영재성을 굳이 필요로 하지 않는 허드렛일을 하며 생계를 이어갔다.

결국 터먼은 영재의 유전학에 관한 오랜 연구 끝에, "지능과 성취도는 상관관계를 찾기 어렵다"라며 실망감을 나타냈다.[135] 터먼의 연구 결과는 지능이 장기적으로 성취도를 측정하는 기준으로 사용되는 데 분명한 한계가 있으며, 지능 이외에 성취도를 결정하는 요인들이 존재한다는 것을 방증한 것이었다.

영재성은 지능, 창의성, 끈기의 결합체

이쯤에서 문득 이런 의문이 떠오를 것이다. 영재교육에서 지능은 더 이상 중요하지 않은 것일까?

물론 학문적 영역에서 지능의 중요성은 간과할 수 없다. 그러나 지능지수가 영재의 성취도를 결정짓는 요소는 아니다. 무엇보다 영재성은 지능과 창의성 등 다른 변인들과의 상호작용을 통해서 발현될 수 있다.

미국 영재교육 분야의 석학 조셉 렌줄리Joseph Renzulli는 1979년 《영재성이란 무엇인가? 영재성 정의의 재검토What Makes Giftedness?-Reexamining a Definition》라는 논문을 발표했다. 당시에는 'IQ 140 이상 또는 상위 1% 수준의 IQ'가 영재성의 정의로 일반화되었었다.

그러나 렌줄리는 '영재성은 평균 이상의 지능, 창의성, 과제에 대한 집착력의 상호작용'이라는 세 고리 이론(Three-Ring of Giftedness)을 주창했다. 렌줄리는 이 세 가지 특성이 모두 뛰어날 필요는 없으며, 그중 한 특성에서는 상위 2% 이내, 나머지 특성에서는 상위 15% 이내에 속하면 영재성(Giftedness)을 가진 사람이라고 판별할 수 있다고 했다.

렌줄리는 영재성의 요인 중 하나로 '평균 이상의 능력 또는 지능'을 꼽으면서, 높은 지능이 학업성취도와 창조적 성취를 이루어내는 결정적 요인은 아니라고 강조했다. 그러므로 웩슬러 지능 검사(Wechsler Scale of Intelligence)에서 IQ가 115 이상 또는 SAT와 같은 표준화된 시험에서 95% 이상의 성취도를 보인 학생은 충분히 영재교육의 대상이 될 수 있다는 것이다.

이렇듯 높은 지능이 창조적 성취를 담보하지 못한다는 것은 여러 사례로도 입증되고 있다. IQ가 148(커텔Cattell 지능 검사) 이상인 사람만 가입할 수 있는 멘사클럽Mensa Club의 한국인 회원들 중 학창 시절 성적이 최상위에 속했던 사람은 19%에 불과했고, 중하위권에 머무른 사람도 23%에 달했다.[136] 또한 IQ가 228이라 '세계 최고의 IQ를 가진 사람'으로 《기네스북》에 등재된 미국의 마릴린 보스 사반트 Marilyn vos Savant도 대학교를 중퇴하고 작가가 되기를 소망했지만 아직까지 일요판 잡지에 칼럼을 연재할 뿐이다. 그래서 렌줄리는 영재를 '학습에서의 성취 영재(Schoolhouse Gifted)'와 '창의적-생산적 영재(Creative-Productive Gifted)'로 구분했다.

학습에서의 성취 영재들은 뛰어난 학습적 성취를 보일 수 있다. 하지만 창의적-생산적 영재는 반드시 IQ가 최상위 수준이 아니더라도 비인지적인 요인들의 도움으로 세상을 변화시키는 일을 해낸다. 따라서 지적 능력만을 기준으로 영재를 판별하는 것은 위험하며, 학교 수업 외의 활동 등 다양한 자극을 통해 아동의 영재성을 조기에 판별·양육하는 것이 중요하다는 것이다.[137] 미국의 많은 영재 육성 프로그램(Gifted and Talented Development Program)들은 이러한 개념을 바탕으로 다양한 토론식 수업, 자기주도적 연구 프로젝트, 리더십 프로그램 등을 병행하고 있다.

이러한 '평균 이상의 지능' 못지않게 중요한 영재성 요소는 '과제에 대한 집착력'이다. 렌줄리는 창조적이고 생산적인 사람들이 일반인들에 비해 자신의 과제에 더욱 끈질기게 접근한다고 했다. [집중탐구 015]에 소개한 터먼도 영재 집단의 성공과 실패를 결정지은 요소는 결국 '목표 달성을 위한 끈질긴 노력'임을 인정했다. 과제에 대한 집착력은 영재성의 요인 중 유일하게 후천성이 강한 것으로, 정확히 측정할 수는 없지만 영재성의 주요한 구성 요소다. "천재는 1%의 영감과 99%의 노력으로 이루어진다"고 한 토머스 에디슨도 과제에 끈질기게 몰두했던 영재였다.

창의성 또한 결코 영재성과 떼어놓을 수 없다. 창의성 연구의 아버지 앨리스 폴 토랜스Ellis Paul Torrance(1915~2003)는 자신의 제자와의 대화를 인용해 창의성을 다음과 같이 묘사했다.

"창의성은 알고자 하는 열망, 깊이 파고드는 것, 두 번 보는 것, 냄새를 소리로 듣는 것, 고양이의 언어에 귀 기울이는 것, 실수를 지워내는 것, … 태양에 전원을 꽂는 것, 모래성을 쌓는 것, 나만의 노래를 하는 것, 내일과 악수하는 것이다."[138]

이와 같이 창의성은 새로운 문제에 직면했을 때 그것을 해결해나가는 데 필요한 고유한 생각의 힘이다. 따라서 수업 내용을 얼마나 잘 이해했는지 평가하는 표준화된 시험으로는 창의성을 계발시킬 수 없다. 물론 창의성의 기본인 '생각의 힘'은 지식 기반 사회에서 인재가 갖춰야 할 핵심 역량이다.

그래서 오늘날 미국 영재교육의 바탕은 창의성 계발이다. 즉, 지능에 대한 확장된 개념을 갖춤으로써 단순히 시험을 잘 보는 학생이 아닌, 창의적으로 사고하고 노력하는 영재상을 확립하게 된 것이다. 2002년에 낙오아동방지법이 실시된 이후 미국 학생들의 창의성이 현격히 떨어졌다는 비판도 있지만, 창의성 발달을 위한 영재교육 프로그램 개발 노력은 꾸준히 지속되고 있다.

2. 자신의 생각을 말하는 것을
두려워하지 않는 미국의 영재들

미국의 낮은 국제학업성취도평가 결과를 놓고 미국 내에서도 영재교육에 대한 비판이 나오고 있다. 그러나 인간의 잠재성, 특히 언어 능력이 발달하지 않은 아동의 잠재성은 표준화된 테스트로 정확히 판별하기가 어렵다. 그래서 지능지수나 표준화된 시험의 점수 이면에 묻힌 잠재력과 그것을 발현시킬 방법에 미국 교육계는 주목하고 있다.

자유롭게 질문하고 토론하라

미국 학교에서는 학생들이 질문하는 모습을 쉽게 볼 수 있다. 아무리 어이없는 질문에도 교사는 정성껏 반응해준다. 때로는 교사만의 해답을 주기도 하고, 학생이 좀 더 생각할 수 있도록 유도질문도 한다.

2010년에 서울에서 개최된 G20 정상회의 폐막식에서 오바마 대통령이 한국 기자들에게 질문할 기회를 줬음에도 아무도 질문하지 않자 중국 기자가 대신 질문했다. 그곳에 있던 수많은 정치부·국제부 기자들은 한국을 대표하는 언론인들이었음을 감안하면 어이 없는 일이다. 왜 이런 일이 일어났는지는 한국 교실을 보면 알 수 있다. 한국은 초등학교 고학년만 되더라도 질문하는 것이 창피한 일이 되어버린다. 이런 문화를 유교의 영향이라고 치부하는 사람도 있으나, 유교의 대표 경전인《논어論語》에는 오히려 이런 구절이 있다.

"알고 싶어서 애쓰지 않으면 가르쳐주지 않고, 한 모서리를 가르쳐주었는데 나머지 세 모서리를 알지 못하면 다시 일러주지 않는다."

이렇듯 공자도 제자들에게 정답을 알려주기보다는 제자들의 지적 호기심을 불러일으키는 질문과 토론을 통해 제자들 스스로 답을 찾도록 지도한 것이다.

미국에서도 영재교육 과정을 개발할 때 가장 중요하게 여기는 것이 바로 창의성과 비판적 사고다. 이를 기르는 대표적인 교수법이 'K-W-L' 차트를 이용한 질문 방법이다. K-W-L은 내가 아는 것(Know)-알고 싶은 것(Want to Know)-배운 것(Has Learned)을 정리하는 사고력 학습법으로, 교사와 학생들은 수업 시작 전과 수업을 정리할 때 질문을 통해 이 차트를 채운다.

'K-W-L' 차트와 비슷하지만 좀 더 자유롭게 학생들의 질문을 이끌어내는 방법이 '생각 그물(Mind Mapping)'을 이용한 브레인스토밍 Brainstorming이다. 교사가 그룹을 이룬 학생들에게 주제를 던져주면, 각 그룹은 그 주제에 대해 연상되는 생각을 자유롭게 그물 형태로 정리하고 교사와 친구들에게 질문하는 방식이다. 이때 해서는 안 될 질문은 없다. 오히려 교사들이 학생들의 활발한 사고를 돕기 위해 효과적으로 질문하는 방법을 배운다. 그중 가장 많이 사용하는 질문 방법

생각 그물(Mind Mapping)

이 '소크라테스식 질문'이다. 소크라테스식 질문은 무엇인가를 알고서 하는 명제적 질문부터 어떤 결말을 암시하고 있는지, 어떤 반론을 펼칠 수 있는지까지 깊고 다양하게 생각할 수 있도록 도와준다.

소크라테스의 제자인 플라톤의 학생이기도 했던 고대 그리스 철학자 아리스토텔레스는 "토론을 통해 진리에 다다를 수 있다"고 했다. 영재교육 과정을 개발할 때도 토론은 중요한 요소다. 토론의 방법 중 디베이트Debate는 편을 2개로 나누어 찬성과 반대 의견을 내놓으면서 자신만의 논리로 상대방을 설득하는 것이다.

디베이트는 미국의 초·중·고등학교에서 널리 사용되는데, 특히 공립 고등학교에서는 대부분 9학년에 디베이트 수업이 따로 개설되어 있다. 심지어 학교를 대표하는 디베이트팀이 다른 학교 디베이트팀과 토론 대회를 벌이기도 한다. 영재학교들은 이러한 디베이트 수업 방식을 적극적으로 도입해 학생들의 읽기, 말하기, 듣기 능력과 논리적 사고력을 키운다.

창의성의 근본인 STEM 분야에 대한 투자

미국의 명문 영재학교인 헌터 칼리지 고등학교(Hunter College High School)는, 정규 학습 교육 과정과 더불어 다양한 자기주도적 연구 활동으로 유명하다.

이 학교 학생들은 학교가 자체적으로 개발한 연구 과제를 스스로 풀며, 교사는 정답을 제시하지 않고 조력자로서 학생들의 과제를 도우면서 대화를 나눈다. 이러한 방식을 '연구 기반 교육 과정(Research-Based Curriculum)'이라 하는데, 원래 이 방식은 의대생들의 논리적 사고와 탐구적 시각을 기르기 위해 개발된 것이다. 오늘날 대부분의 영재학교들은 자체적으로 연구 과제 교육 과정을 진행한다.

'일리노이 수학·과학 아카데미(IMSA)'는 노벨 물리학상 수상자인 레온 레더만Leon Lederman이 세운 공립 고등학교다. 레더만은 "본질을 탐구하는 과정은 과학자의 창의성을 기르는데 가장 중요하다"고 강조한다. 그래서 IMSA는 실험실습과 개인 연구를 가장 중요시하는데, 그중 개인 연구는 크게 세 가지 수준으로 진행된다.

첫 번째는 가장 낮은 수준으로서, 학생이 수강하고 있는 교과목 중에서 주제에 따라 연구하는 것이다.

두 번째는 학생이 연구 주제를 선정하면, 교사가 학생의 연구 진행을 돕는 것이다.

세 번째는 가장 높은 수준으로서, 학생이 연구소 및 대학교 연구팀에 연구원으로 들어가 참여하는 것이다. 이때 교사는 학생들이 관심을 보이는 분야의 연구진과 연결시켜주고, 연구에 어려움이 없는지 확인하며 돕는 역할을 한다.

미국은 과학(Science), 기술(Technology), 공학(Engineering), 수학(Mathematics) 등을 근간으로 창의성의 근본이 되는 STEM 분야에 대한 투자를 아끼지 않고 있다. 앞서 말했듯이 매년 백악관에서 과학 영재들을 선정하고 그들의 작품을 전시할 정도다. 또한 리제네론 과학경진대회(Regeneron Science Talent Search), 지멘스 과학경진대회(Siemens Competition), 인텔 국제과학기술경진대회와 같은 수준 높은 경진대회들이 매년 열린다.

특히 인텔 국제과학기술경진대회는 75개국 이상에서 1,700여 명의 고등학생들이 각 지역 예선을 거쳐 참가한다. 1,700여 명의 본선 진출자들은 일요일에 도착한 후 화요일까지 대회 준비를 하고, 수요일에는 인터뷰와 심사를 받는다. 목요일부터는 일반인들에게도 작품을 공개하는데, 이때 자신이 만든 작품을 설명할 기회를 갖는다.

이 대회의 본선 진출자들은 언론의 조명을 받는 것은 물론, 대학교 진학 시 혜택을 받을 수 있다. 지난 2012년 대회에서는 준결승에 오른 서맨사 가비Samantha Garvey가 노숙인 쉼터에서 살면서도 과학에 대한 꿈을 접지 않은 사연이 알려지면서 각계의 지원이 이어진 것은 물론 오바마 대통령도 그녀를 만나 격려했다.

통합적으로 사고하라

미국 영재교육 프로그램에서 가장 많이 쓰는 방법 중 하나가 '통합 교육 과정 모델(ICM)'이다. ICM은 월반과 심화학습 등을 모두 고려한 것으로, 교과들 간의 벽을 허물고 기본 주제를 설정한 후, 관련 연구 프로젝트를 통해 주제와 관련한 기본 개념들을 익힌 뒤 고급 개념으로까지 확장하는 형식이다. ICM은 윌리엄 앤드 메리 칼리지William & Mary College의 영재교육 센터에서 개발했는데, 이 기관에서 제안한 6~8학년 통합 교육 과정은 이런 식이다.

주제를 '변화'로 정했다고 해보자. 일단, 언어 시간에는 변화의 개념을 이해할 수 있는 문학 작품을 읽고, 그 작품에서 변화를 어떻게 표현했는지를 분석한다. 이후 수학 시간에는 변화를 '차원의 변화'라는 수학적 개념에 접목시켜 1·2·3차원의 변화를 이해하고 토론한다. 과학 영역으로 가서는 변화와 구조를 통해 전기에 관한 연구 프로젝트를 진행한다. 그 과정에서 학생들은 결과물에 대해 평가받고 수정하면서 사고력을 키운다.

미국의 영재교육 과정 개발에서 '사고 과정(Thinking Process)'은 따로 훈련시키는 개념이 아니라 교육 과정 안에서 키우는 것이다. 즉, 학생 스스로 자신만의 방법으로 지식을 소화하고 재창조할 수 있도록 교사가 도와주는 것이다. 이러한 과정에서 창의적 아이디어가 재생산될 수 있기 때문이다.

한 사회를 이끌 리더가 되라

미국 초대 대통령인 조지 워싱턴George Washington(1732~1799)은 시민의 의무를 강조했다. 이에 따라 미국에서는 시민의 의무를 기초로 학교의 의무와 역할을 강조하고, 시민의식 교육의 여건도 형성시켰다. 물론 영재학교를 비롯한 모든 교육 기관은 성숙한 시민 양성을 중요시한다. 활발한 교내·외 여가 활동과 스포츠 클럽 참여에 대한 독려도 리더십과 시민의식을 기르기 위함이다.

또한 대부분의 영재학교들은 의사 결정 능력, 시간 관리 능력, 책임감, 지도력 같은 성숙한 시민으로서의 자질과 리더십을 교육 목표에 포함시키고 있다. 리더십을 영재의 영역 중 하나로 여기기 때문이며, 실제로 미국의 콜로라도 주, 델라웨어 주, 하와이 주, 아이다호 주등 13개 주에서는 공식적으로 그렇게 정의하고 있다.[139] 예를 들면, 콜로라도 주에서는 리더십을 "사회적 이슈에 관한 민감함, 문제해결력, 타인이라든가 자신과의 소통 능력 및 책임감이다"라고 정의하며,

수행 능력 평가와 사회활동 포트폴리오 평가 등을 통해 리더십 영재를 선발한다. 이러한 영재학교의 리더십 교육은 각종 봉사활동 참여와 시민의식에 대한 토론, 학과 수업 등 다양한 방면에서 이루어진다. 그래서 미국의 영재학교 학생들은 여름방학 때는 물론 학기 중에도 정기적으로 거주 지역에서 봉사활동을 해야 한다.

다양성을 존중하라

미국 영재교육은 다양성에 대한 폭넓은 공감대를 바탕으로 한다. 여기서 다양성이란 인종, 종교, 문화, 소득 격차 등을 포함한다.

사실, 문화적 배경과 교육적 환경이 다른 상황에서 획일화된 기준으로 영재를 판별할 수는 없다. 다중 지능 이론(Multiple Intelligence Theory)으로 저명한 하버드 대학교의 하워드 가드너Howard Gardner 교수도, 인간의 지능은 다양하고 복잡하기에 한 가지 영역으로 단일화할 수 없다고 주장했다.[140] 그러면서 아홉 가지 다양한 지능, 즉 음악 지능, 신체·운동 지능, 논리·수학 지능, 공간 지능, 언어 지능, 인간 친화 지능, 자기 성찰 지능, 자연 지능, 실존 지능 등을 제시했다.

과거에는 논리/수학, 언어 지능이 뛰어나면 영재로 여겼고, 신체·운동 지능은 영재와는 관련이 없는 것으로 생각했다. 그러나 다중 지능 이론에 따르면 각각의 지능은 동등하기에, 논리/수학 지능이나 신체·운동 지능이 뛰어난 사람은 모두 영재로 판별될 수 있다.

한 영역에서 뛰어난 영재가 다른 영역에서는 그렇지 않을 수도 있다. 이는 지능끼리 상호작용을 할 수 없다는 의미가 아니라, 뛰어난 영역 안에서 다른 지능들은 보조적으로 쓰인다는 말이다. 예를 들면, 글을 쓸 때에는 언어 지능을 사용하지만, 자연 지능과 음악 지능까지 활용함으로써 글을 보다 풍성하게 쓸 수 있는 것이다.

이렇듯 문화적 가치는 영재의 잠재력에 큰 영향을 미친다. 그래서 최근에는 영재를 판별할 때 다양한 도구들을 사용한다. 예를 들면, 미국 원주민 학생들은 시각·공간 지능이 뛰어나다. 하지만 기존의 지능 검사나 정규 학습 과정에서는 시각·공간 지능을 제한적으로 측정했다. 그래서 원주민 보호구역에서 영재교육을 담당하는 교사들은 원주민 학생들의 영재성을 판별할 때 '내글리어리Naglieri 비언어 시험(NNAT)'이나 '비언어적 지능 검사(NIT)' 같은 별도의 영재 판별 검사를 실시한다.

소득 격차도 영재 판별과 영재교육 참여도에 영향을 끼친다. 소득 수준 상위 25% 가정의 자녀 참여가 하위 25%보다 다섯 배 이상 높게 나타난 것을 봐도 그렇다.[141] 이는 저소득층 중 상당수가 흑인 또는 히스패닉이기에 인종에 따른 교육 기회의 형평성 문제와도 관련이 있다. 존스홉킨스 대학교의 칼 알렉산더Karl Alexander 교수는 볼티모어에 사는 부유층과 빈곤층 자녀들의 심각한 성취도 차이를 발견했다. 여름방학을 마친 후에 부유층 자녀들은 읽기 수준이 크게 향상된 반면, 빈곤층 자녀들은 오히려 악화된 것이다.

뉴욕에서 가난한 사람들이 많이 사는 학군에 있는 킵 아카데미KIPP Academy는 1990년대 중반에 이러한 칼 알렉산더 교수의 연구

영 스칼라 활동

사진 제공: 캐롤 호른(Courtesy of Dr. Carol V. Horn, K-12 Coordinator Advanced Academic Programs)

결과에 주목하여 여름방학 중에도 학교를 운영하며 학습 프로그램을 진행했다. 그러자 놀라운 변화가 일어났다. 킵 아카데미 학생의 16%만이 뉴욕 지역 평균 이상의 수학 성취도를 보였던 방학 전과는 달리, 방학이 끝날 즈음에는 무려 84%의 학생들이 평균 이상의 수학 성취도를 보인 것이다.

오늘날 미국은 소득 격차로 인한 영재교육 문제를 개선하기 위해 다양한 노력을 기울인다. 한 예로 '영 스칼라 모델Young Scholars Model'은 버지니아 주 페어팩스 카운티Fairfax County 내 공립 학교들 중에서 저소득층 학생이 많은 학교들을 대상으로 영재교육의 기회를 제공하는 프로젝트로서, 그 목표는 소외된 영재들을 조기 발견하여 지속적으로 높은 수준의 영재교육과 자극을 제공하는 것이다. 특이한 점은 비언어 능력 검사를 영재 판별 도구 중 하나로 사용함으로써, 정규 학력 평가나 지능 검사에서 놓칠 수 있는 영재들을 선별할 수 있도록 한 것이다.[142]

3. 글로벌 인재들이 자라나는 현장

미국에서도 영재교육은 소수 특권층을 위한 교육이라는 비판이 지속적으로 제기되고 있다. 이에 따라 영재교육계는 상위 3~5%로 제한됐던 영재 기준의 폭을 넓히기 위해 다양한 영재 선별 방법을 도입하는 등 노력을 기울여왔다. 그 결과 영재교육의 문이 넓어져 2013년 기준으로 전체 초·중·고등학생 수의 약 13%인 300만 명의 학생들이 영재교육을 받고 있다.

연방정부는 영재교육의 중요성을 인정하고 법적 근거와 시행 지침을 마련해 영재교육을 지원하고 있으며, 개별 주정부도 자체적으로 영재교육을 계획·운영하고 있다. 학교 단위의 영재교육에 직접적으로 영향을 미치는 기관은 주정부 수준의 교육 위원회로, 이 위원회는 '지역 단위 교육 위원회(LSEA)'와 함께 교육 정책과 학교 운영에 관여한다. 영재교육 과정은 공통적으로 초등학교부터 고등학교까지 다양한 프로그램들이 연속성과 계열성을 가지고서 운영되고 있다.[143]

미국은 사립 학교와 공립 학교의 구분이 한국보다 더 뚜렷하며, 사립 학교의 등록금은 한국과는 비교를 불허할 만큼 비싸다. 그만큼 사립 학교 학생들의 명문 대학 진학률도 높다. 하지만 미국에서는 한국과 달리 학원보다 학교를 중심으로, 즉 공교육의 틀 안에서 영재교육이 진행된다. 그래서 공립 학교 학생들도 대학교나 주정부 등에서 주최하는 다양한 영재교육 프로그램에 참여할 수 있다. 융통성 있는 조기입학·월반 제도 등을 통해 학생들 스스로 자신의 미래를 만들어갈 수 있는 길도 열려있다.

누가 영재를 판별하고 교육하는가

미국의 다양한 영재교육 프로그램에 대해 알아보기에 앞서, 미국에서는 영재가 어떻게 판별되고 누가 영재를 가르치는지 살펴보자.

IQ 점수가 절대적 기준이던 과거와는 달리, 영재 판별 기준은 갈수록 다양해지고 있다. 그래서 성취도나 지능지수가 상위 3~5% 안에 들지 못하면 바로 영재에서 배제되던 영재교육 연구 초기와 달리, 이제는 창의력과 과제에 대한 집착력 및 공부 태도 등도 영재 판별에 고려된다. 이에 따라 IQ 점수는 물론 교사·전문가의 추천, 학업 성적, 자기소개서, 동기·행동 평가서, 포트폴리오 등 다양한 도구들 중 선택적으로 몇 가지를 함께 사용해 영재를 판별하는 다중 판별 방식이 적극 활용되고 있다. 이로써 영재교육은, 영재와 비영재를 구분하는 도구가 아니라, 언제든 다시 도전해볼 수 있는 목표가 된 것이다.

이렇게 선별된 영재들은, 주마다 다르기는 하지만, 대개 영재교육교사 자격증을 지닌 전문가들로부터 교육을 받는다. 미국 영재교육학회에 따르면 49개 대학교에서 영재교육교사 자격증 프로그램을 제공하고 있다. 학군으로 보면 12개 주에서 영재교육을 전담하는 교사를 두도록 의무화하고 있으며, 39개 주에서는 영재교육을 담당하는 교사가 의무적으로 영재교육 관련 과목을 이수하도록 명시하고 있다. 그러나 지속적인 연수 프로그램 등을 통해 영재교육교사의 전문성을 더 향상시켜야 한다는 자성의 목소리도 꾸준히 나오고 있다.

학습 장애나 주의력 결핍 과잉 행동 장애(ADHD) 또는 자폐증을 겪는 아이들도 영재로 판별될 수 있다. 미국에서는 성취를 방해하는 장애와 영재성을 함께 보이는 아동을 '2E(Twice-Exceptional)', 즉 '두 번 예외적인 성향을 보이는 아동'으로 분류하기 때문이다. 이러한 아동들도 적절한 교육과 사회 적응 훈련을 통해 영재성을 발현할 수 있다는 것이다. 2012년에 〈인간극장〉이라는 TV 프로그램에 나온, 아스퍼거 증후군을 앓고 있던 음악 영재 김남결 군이 좋은 예다. 김남결 군은 자신만의 언어를 쓰고, 숫자 3·7·10에 계속 집착했지만 음악 시간에는 뛰어난 재능을 보이며 자신이 작곡한 곡을 춤추듯 연주했다.

현재 퍼듀 대학교 '시민의식과 리더십 개발처(Civic Engagement & Leadership Development)'의 부학장인 멜리사 그루버Melissa Gruver는 주의력 결핍 장애인 자신이 어떻게 영재교육을 받았는지 다음과 같이 말했다.

저는 테네시 주 내슈빌 외곽 작은 마을에서 사는, 10명이 넘는 대가족의 일원이었습니다. 어머니께서는 초등학교에서 영재수업 보조교사로 일하셨고요. 제가 6살 때 유치원에서 하루 종일 뛰어다니며 친구들을 방해하자 어머니께서는 저에게 어떤 문제가 있음을 알아차리시고, 저를 병원에 데리고 가셨습니다. 병원에서 내린 진단은 '주의력 결핍 장애(ADD)'였어요.

저는 이유 없이 소리 지르는 일이 많았고, 끊임없이 선생님을 불렀던 기억이 납니다. 그러나 신기하게도 저는 책이나 TV 프로그램 내용, 전날 있었던 일들을 모두 사진처럼 또렷이 기억할 수 있어요. 선생님이 읽어주신 책의 내용도 숫자도, 뜻은 몰랐지만, 정확히 기억했습니다. 제가 초등학교 2학년이 되자, 어머니는 저를 데리고 지능 검사를 해보러 가셨습니다. 제가 웩슬러 지능 검사에서 상위 1.4% 안에 들었다는 걸 나중에 알았어요. 어머니는 저를 3학년부터 영재학급에 넣었습니다. 그 과정은 정확히 기억나지 않습니다.

그렇지만 영재학급에서 다른 친구들과 공부하는 건 쉬운 일이 아니었어요. 저는 자주 불안해했고 수업을 방해했습니다. 그때마다 어머니께서 뛰어오셔서 저를 진정시키고 안정제를 먹이셨습니다. 가정 형편이 넉넉치 못해 어머니는 밤에 식당으로 일하러 가셨지만, 저는 형제들과 그림도 그리며 자유롭게 자랐습니다. 학교에서 집으로 돌아오면 영재학급에서 배웠던 것들을 어머니와 다시 복습했고요.

그러나 수학은 쉽지 않았습니다. 책의 내용은 사진처럼 기억할 수 있었지만, 문제를 푸는 것은 너무 어려웠거든요. 나중에는 저도 어머니도 수학은 포기했고, 영재학급에서도 나오게 되었습니다.

하지만 어머니는 끊임없이 저를 격려해주셨습니다. 그래서 저는 학업을 포기하지 않았고, 대학교에 진학해서 커뮤니케이션을 전공했습니다. 영재학급에 대한 건 자세히 기억나지는 않지만, 저의 영재교육 담당 선생님은 저를 끝까지 믿고 격려해준 어머니셨다고 말할 수 있습니다.

한 학년 이상의 교과 내용을 먼저 배우는 영재들

그렇다면 영재들은 구체적으로 어떻게 교육받을까? 일단, 속진速進학습은 대표적인 영재교육 방법 중 하나로 오래전부터 널리 이용되어왔다. 속진학습은 영재학생들이 일반적인 학생들의 표준 연령을 기준으로 개발된 교과 내용보다 한 학년 이상의 교과 내용을 공부하게끔 하는 방식으로, 미국에서 일반적으로 사용된다. 조기입학(Early Entrance), 월반(Grade Skipping), 대학 교과목 선이수제(AP), 고교·대학교 이중 등록 제도(Dual Enrollment) 등이 여기에 속한다.

조기입학은 표준 학생 연령보다 일찍 입학시키는 방법으로, 유치원부터 대학교까지 널리 행해지고 있다. 일반적으로 IQ 검사 또는 자체 시험을 거친 뒤 교사와 학부모, 학군 영재교육 담당자 등이 모여서 조기입학 대상자인지를 논의해 선별한다.

월반은 학생이 해당 학년의 전 과목을 모두 공부할 수 있을 정도로 지적 능력이 우수할 경우 상급 학년으로 진학시키는 유형이다. 월반의 경우 몇 개 교과 정도가 아니라 전 과목에서 뛰어난 성적을 보였을 때 상급 학년으로 넘어가도록 한다는 점이 특징이다.[144]

월반과 달리 선택된 과목에 따라 영재를 나누는 '우등반(Honors Class)'도 있다. 초등학교에는 대부분 수학 우등반이 있고, 중학교부터는 영어, 수학, 화학, 물리, 생물 등의 교과목에 우등반이 시행되고 있다. 우등반은 평가 시험과 해당 과목교사의 평가에 의해 선별된다. 예를 들면, 한 학생이 교과 수학 평가에서 A를 받았더라도 교사가 해당 학생의 논리적 수학 문제 해결 능력이 부족하다고 판단하면 우등반에 뽑히지 못할 수도 있다.

고등학교 과정에서 대학교 수준의 과정을 성공적으로 이수한 학생에게 대학교에서 공부한 것과 마찬가지의 학점을 인정해주는 제도인 '대학교 과목 선이수제(AP)'는, 비영리 단체인 칼리지보드College Board가 주관한다. 2014년 기준으로 미국 1만 3,000여 개 고등학교의 학생 약 7만 7,000명이 참여했으며, 3,000여 개의 대학교에서 이 결과를 채택하고 있다. 현재 19개 교과 영역, 35개 과목에서 AP 과정이 실시되고 있으며, 교과 영역과 교과목은 필요에 따라 새로 생겨나기도 한다. 일반적으로 성적이 우수한 학생이나 영재교육 대상 학생들이 AP 과정을 이수하며, AP 과정에 정통한 교사가 수업을 지도한다.[145]

고교·대학교 이중 등록 제도는 고등학교에 재학하면서도 지역의 대학교에 가서 대학교 교육 과정을 이수해 학점을 취득할 수 있는 제도다. 이렇게 해서 대학교에서 취득한 학점은 고등학교 졸업 학점은 물론 대학교의 학점으로도 인정된다. 각 지역의 대학교에서 신청이 가능하며, 자격 심사를 거쳐 수강 여부가 결정된다.

영재들의 적성과 능력에 맞춘 차별화된 학습

심화학습은 정규 교육 과정을 병행하면서 특정 교과에 한해 해당 학년보다 높은 수준을 좀 더 깊고 넓게 학습하는 영재교육 방법이다. 즉, 정규 교육 과정을 기반으로 하면서도 영재들의 적성과 능력에 맞는 차별화된 학습 기회를 제공하는 것이다. 주로 현장 학습이나 프로젝트, 강연 등을 통해 영재학생들의 지식과 이해도를 넓히고, 창의적인 사고력과 연구 능력을 계발하는 데 중점을 둔다.

심화학습에는 전문가를 통한 멘토링이나 방과 후 혹은 주말, 방학을 이용한 프로그램, 풀아웃Pull-Out 프로그램 등이 포함된다. 이 중 풀아웃 프로그램은 영재학생들을 정규 수업 시간에 별도의 교실·장소로 빼내어 수준에 맞는 교육을 제공하는 것이다. 주로 초·중학교에서 활용되는데, 대부분 일주일에 1~2시간 정도씩 별도의 교사에 의해 진행된다. 예를 들어, 수학에 뛰어난 학생이 정규 교과 수학 시간에 별도의 교실로 이동해 수학 전문 교사와 수업하는 것은 물론, 평가·성적 보고도 따로 하는 것이다.

풀아웃 프로그램에서는 교과와 관련한 심화·확장학습이 이루어지는데, 해당 프로그램 내용은 정규 교과와 연계되지 않는다. 주마다 차이는 있지만 대부분 교사 및 지역의 영재교육 담당자가 학생들을 선발하고, 선발된 학생들을 풀아웃 프로그램에 지속적으로 참여하도록 권장하고 있다.

주에서 우수한 재능을 갖춘 학생들을 선발해 정기 학기 중이나 여름방학 때 2~6주간 관심 분야를 탐구하도록 하는 '주지사 학교(Governor's School) 프로그램'도 있다. 주 교육국의 영재교육 담당자들이 책임을 지고 이 프로그램을 운영하며, 주의 법령에 의해 주가 행정적·재정적·교육적 지원을 한다. 고등학생이 주 대상이지만, 초·중등학생도 포함된다. 공립·사립 학교 구분 없이 학생을 선발하며, 각 학생들은 자기가 재능이 있는 영역을 선택해 학교 공부와는 관계 없이 해당 영역에서의 지식, 연구 방법, 이론 등을 부담 없이 즐겁게 연구하며 능력을 계발한다. 주지사 학교의 심화학습 프로그램은 수학과 과학 등 교과 영역은 물론 미술, 음악 등도 포함한다.

영재반과 영재학교를 통한 영재교육

미국의 영재들은 '영재반(Gifted and talented class)'이나 이른바 '영재학교'로 불리는 특성화 학교 등을 통해 전일제 영재교육을 받기도 한다. 영재반은 특정 학년 또는 초등학교 전학년에 따라 편성된다.

영재반은 미국의 많은 학군에서 2학년 때 선별 과정을 거친 뒤 3~5학년까지 따로 편성해 심화학습을 한다. 영재반은 매년 재선별 절차를 통해 다시 편성된다.

마그넷 스쿨Magnet School은 인종·문화를 뛰어넘어 다양한 재능이 있는 학생들을 '자석(Magnet)'처럼 끌어모아 교육시키는 학교다. 미국 고등학교들 중 최고 순위에 여러 번 이름을 올려서인지 한국에서는 마그넷 스쿨이 영재학교로 인식되고 있지만, 엄밀히 말하면 마그넷 스쿨 자체가 영재학교는 아니다.

미국에는 학생들이 자신의 흥미에 따라 프로그램을 선택해서 듣는 일반 마그넷 스쿨과, 지원 자격을 통과해야 하는 영재 마그넷 스쿨(Gifted Magnet), 뛰어난 지적 호기심과 능력을 검증받아야 하는 고도 영재 마그넷 스쿨(Highly Gifted Magnet) 등이 있다. 이 밖에도 대안학교나 특수학교 개념의 마그넷 스쿨도 있다.[146]

7학년부터 소수의 영재들을 선발해 교육시키는 공립 학교도 있다. 대개 대도시에 1~2개 정도씩 있는 그러한 영재학교는 일반적으로 교사 1명이 담당하는 학생 수가 적으며, 주립·시립 대학교들과도 연계되어 있다. 뉴욕 시에 있는 헌터 칼리지 고등학교(Hunter College High School)의 경우 시립 대학교인 헌터 칼리지의 부속 고등학교이며, 일리노이 주 어바나 시에 있는 유니버시티 라보라터리 고등학교(University Laboratory High School)는 주립 일리노이 대학교의 부속 고등학교다. 유니버시티 라보라터리 고등학교는 노벨상 수상자 3명과 퓰리처상 수상자 1명을 배출한 것으로 유명하다.

이렇듯 미국의 영재학교들은 대학교와 연계되어있어 학생들이 인문·사회부터 자연과학 분야까지 수준 높은 수업을 들을 수 있으며, 학생 자신의 흥미와 목표에 맞춰 교육 과정을 설계·수강할 수 있다.

대학교와 연계되지 않은 시립 영재학교로는 보스턴 라틴 스쿨Boston Latin School이 있다. 미국이 독립하기 한참 전인 1635년에 설립된 보스턴 라틴 스쿨은 미국에서 가장 오래된 공립 학교로, 하버드 대학교마저 이 학교 졸업생들에게 좀 더 공부할 곳을 마련해주기 위해 생겨났다는 이야기가 전해질 정도로 그 명성이 높다. 벤저민 프랭클린과 사업가이자 정치인이며 독립운동가인 존 핸콕John Hancock(1737~1793)의 모교이기도 하다.

예술이나 과학 분야 등에서 영재성을 나타내는 학생들을 교육하는 특수목적 고등학교도 있다. 과학고등학교는 학교 내에 기본적으로 연구실을 갖추고 있으며, 자기주도적 연구와 다양한 실험, 전문가와의 연계를 통해 자신의 역량을 키울 수 있도록 설립되었다. 미국의 대표적인 과학고등학교로는 버지니아 주의 토머스제퍼슨 과학기술고등학교(TJHSST), 뉴욕 시의 스타이브센트 고등학교(Stuyvesant High School), 브롱스 과학고등학교(The Bronx High School of Science) 등이 있다.

 토머스제퍼슨 과학기술고등학교(TJHSST) 교장과의 인터뷰
– 창의적으로 생각하고 주도적으로 탐구하라

Q1. TJHSST는 어떤 학교입니까?
TJHSST는 워싱턴 외곽에 있는 'STEM' 중심 과학고등학교입니다. 학군 내 약 40개 학교에서 우수한 학생들이 일정한 입학 선별 절차를 거쳐 선발됩니다. 올해 (2016년)에는 480명의 신입생을 선발했습니다.

Q2. TJHSST의 자랑거리는 무엇입니까?
우선 전문화된 교육 과정을 소개하고 싶습니다. 저희 학교는 STEM 중심 과학고등학교답게 14개의 별도 STEM 과정이 개설돼있습니다. 대기과학부터 모바일앱 개발까지 다양한 분야의 심화 과정을 포함합니다.
앞서 교육 과정이 전문화됐다고 말씀드렸지만, 그 교육 과정 내 심화 과정들도 다양합니다. 예를 들면, 컴퓨터과학은 미국의 모든 공립 고등학교에서 가르치지만, 저희 학교는 기본 과목 외에도 컴퓨터과학 심화수업도 여덟 가지나 개설되어

있습니다.

또한 저희 학교 학생들은 개인이나 그룹 단위로 다양한 연구 활동에 참여합니다. 예를 들면, 각각 80명 정도로 구성된 3개의 그룹이 기술(Technology), 생물, 영어 과목을 연달아 앞뒤로 수강합니다. 이 3개 그룹은 단체버스를 이용해 국립공원에 가서 호수에서 사는 생물에 관한 연구를 하고, 기술이나 영어 과목에 관한 연구도 그룹이나 개인 단위로 진행합니다. 이러한 다양한 연구 프로젝트를 중심으로 하는 고유한 교육 과정이 과학 분야의 영재를 육성하는 데 있어서 중요한 역할을 한다고 믿습니다.

마지막으로 자랑하고 싶은 것은 학생들의 자발적이고 창의적인 활동력입니다. 저희 학교의 많은 학생들이 자기주도적으로 프로젝트를 개발하고 클럽을 만들어 지역 사회 인사들과 교류하면서 긍정적인 영향력을 발휘하고 있습니다.

TJHSST의 학생들은 어떤 활동에서든지 적극적으로 질문하면서 문제를 해결하고, 창의력과 비판적 사고력을 기르도록 자극받습니다. 그럼으로서 창의적 리더로서의 마음가짐을 갖추는 거지요.

Q3. 12학년 학생들의 연구 프로젝트 수준이 높다고 들었습니다.

연구 프로젝트는 모든 학년에서 진행됩니다. 9학년 신입생들은 협동 프로젝트를 진행하고, 10~11학년 학생들은 선택적으로 연구 프로젝트에 참여합니다. 12학년이 되면 반드시 자기주도적 연구 프로젝트를 진행해야 합니다. 14개 과정 중에서 하나를 선택해 창의적이면서 심화된 프로젝트를 진행하는 것이지요.

Q4. TJHSST의 비전을 실현하기 위해 어떤 노력을 하고 있습니까?

TJHSST의 교사들은 도전적인 교육 과정을 개발하기 위해 끊임없이 노력합니다. 학생들은 전국대회에 나갈 만큼의 수준을 갖추도록 도전받으며 노력하고 있습니다. 또한 학교는 학생들이 무엇이든지 시작할 수 있는 환경을 만들어주고, 실패를 두려워하지 않는 분위기를 조성하고자 노력하고 있습니다.

Q5. TJHSST에 입학하기를 원하는 한국 학생들에게 조언을 부탁드립니다.

한국 학생들은 뛰어난 지적 능력을 가지고 있습니다. 조언을 드린다면, 어려서부터 많은 연구 프로젝트를 개발하고 참여하라는 것입니다. 그리고 시간을 투자하기를 바랍니다. 아무리 지적 능력이 뛰어나도 실패를 경험해보고, 그 실패를 극복하는 과정을 통해 성장하는 것이 중요합니다. 실패를 편안한 마음으로 받아들인다면 잠시 멈출 수도 있어요.

아울러 잠재력을 계발하는 것에 중점을 두고 차근차근 연구 프로젝트를 진행하다 보면 한층 더 발전된 자신을 발견할 것입니다. 미국의 독립 혁명은 토머스 제퍼슨이나 벤저민 프랭클린, 토머스 페인, 조지 워싱턴처럼 창의적으로 생각하는 사람들에 의해 이루어졌습니다. 그들도 수많은 실패를 겪었지요. 그러니 한국 학생들도 자신만의 성취 방향을 설정하시기 바랍니다.

에번 글레이저 박사(Evan Glazer, Ph.D.) | 토머스제퍼슨 과학기술고등학교 교장

TJHSST의 합창단 공연

TJHSST는 STEM 중심의 과학기술고등학교이지만, 학생들은 한 학기나 1년 동안 합창 수업을 들을 수 있다. 학생들은 합창 수업 시간에 갈고 닦은 역량을 발휘해 정기적으로 무대에서 뮤지컬과 오페라 등을 공연한다.

출처: Thomas Jefferson High School for Science and Technology(https://www.tjhsst.edu/research-academics/fine-arts/choir/index. html)

대학교에서 주관하는 영재교육

미국의 많은 대학교들이 5~8월의 여름방학 동안 다양한 주제(과학, 수학, 공학, 기술, 역사, 사회, 리더십, 예술, 음악, 봉사활동, 해외 탐방 등)로 영재 육성 캠프를 운영한다. 영재 육성 캠프의 참가자들은 직접 실험도 하고 대학교 수업 청강도 하면서, 평소에 학교에서는 경험해보지 못한 많은 것들을 배우게 된다.[147]

대학교에서 주관하는 여름방학 영재 육성 캠프 중 대표적인 프로그램이 MIT의 RSI(Research Science Institute)다. RSI는 11학년을 대상으로 6주간 진행되는 무료 캠프로, 순수수학과 응용수학, 신체과학, 생명과학, 화학, 공학, 인류학 등 다양한 주제의 리서치 과정들을 진행한다. RSI는 인텔 국제과학기술경진대회 본선 진출자들 중 대부분이 참가할 정도로 그 명성이 자자하다.

미시건 대학교(University of Michigan)와 코넬 대학교에서 주관하는 TASP(Telluride Association Summer Program)도 RSI와 마찬가지로 11학년만 참가할 수 있는 6주간의 무료 캠프다. 디지털 시대의 문학, 사회 문제 관련 토론, 예술, 인권 등 다양한 주제들로 사회 전반의 문제를 돌아보면서 자주적이고 비판적으로 사고하고 리더십을 함양하는 과정들이 진행된다. TASP 참가 학생들은 토론회, 세미나, 거주하는 지역에서의 봉사활동 등에 참여하면서 연구 논문도 써야한다. PSAT(Preliminary SAT)와 에세이, 추천서 등을 통해 참가자를 선발한다.

듀크 대학교(Duke University)의 TIP(Talent Identification Program)

러닝 팩토리 여름 캠프

노스캐롤라이나 대학교 러닝 팩토리 여름 캠프(UNCG's Learning Factory Summer Camp)에 참가한 아이들이 직접 만든 로봇을 아이패드로 조종하고 있다.

사진 제공: 매트 피셔(Courtesy of Matt Fisher, Assistant Director–Michel Teaching Resources Center/
UNCG SELF Design Studio Makerspace)

는 1980년에 시작된 유서 깊은 영재 발굴 프로그램이다. TIP 프로그램은 4~6학년 대상 과정과 7학년 대상 과정으로 나뉘며, 각 학년의 학력 평가에서 95% 이상의 성취도를 보여야 참가할 수 있다. 아울러 SAT나 ACT 시험을 칠 수 있는 7학년의 경우 해당 시험에서 일정 점수 이상을 획득하면 듀크 대학교에서 주최하는 여름캠프에 참여할 수 있다. 이 기간 동안 참가자들은 전 세계의 영재들과 함께 대학교 기숙사에서 약 3주간 생활하게 된다.

듀크 대학교는 10~12학년을 위한 영재 육성 프로그램도 제공하는데, 참가자들은 필드스터디Field Study 프로그램을 통해 미국은 물론 해외의 다양한 장소들에서도 역사, 예술, 문화와 사회 문제 등을 토론하고 경험한다. 예를 들면, 시민 인권 운동의 근원지를 찾아가서 역사를 탐구하거나, 코스타리카에 가서 열대 민간 요법을 현지 가이드를 통해 경험하고 익히기도 한다. 참가자들을 위한 인턴십과 장학 제도도 마련되어있다.

존스홉킨스 대학교의 CTY(Center for Talented Youth)는 2~12학년 학생들을 대상으로 하는 미래 지도자 양성 프로그램이다. 참가자들은 SCAT, SAT, 또는 ACT 점수를 통해 선발되며, 3주간 캠퍼스에 머물면서 자신이 선택한 과목을 집중적으로 수강하게 된다. 이를 통해 학생들은 관심 분야에 대한 학습 능력을 극대화하게 된다. 5학년의 경우 해부학 등 과학 과목 가운데서 택할 수 있으며, 7학년은 국제정치와 미국 역사, 리더십 및 봉사, 에세이 작성, 수학, 천문학, 생물학, 화학 중 한 과목을 선택할 수 있다. 고등학생들에게는 '시민의식 리더십 학교(Civic Leadership Institute)'의 리더십 과정과 21세기 글로벌 이슈 프로그램 등 두 가지가 제공된다. 교수진은 교사, 대학교수, 대학원생, 대학생을 비롯한 각 분야의 전문가로 구성된다.

노스웨스턴 대학교(Northwestern University)의 CTD(Center for Talent Development)는 프리케이(Pre-K)부터 12학년까지의 영재들을 대상으로 하는 다양한 프로그램(주말 프로그램, 여름방학 프로그램, 장기 프로그램)을 운영한다. 특히 CTD 프로그램은 학점 이수가 가능한 고등학교 과정도 제공한다. 5학년까지는 '익스플로러EXPLORE', 6학년부터는 ACT 또는 SAT, 9학년은 ACT 시험 등을 통해 선발된다.

스탠퍼드 대학교는 온라인 영재 육성 프로그램인 EPGY(Education

4th–6th Grade Talent Search
Merit Certificate

This certificate of achievement signifies that

EUNKYUL KIM

participated in the 22nd annual Duke University Talent Identification Program
4th–6th Grade Talent Search along with other high achieving
fourth, fifth, and sixth graders.

2015

Martha Putallaz
Martha Putallaz
Executive Director, Duke TIP
Professor of Psychology and Neuroscience,
Duke University

Richard Brodhead
Richard Brodhead
President, Duke University

Sally Kh
Sally Kornbluth
Provost, Duke University

DUKE UNIVERSITY TALENT IDENTIFICATION PROGRAM
2015700117   37215

듀크 대학교의 TIP 증명서

Program for Gifted Youth)를 운영한다. EPGY는 홈스쿨링에 대한 미국 학부모들의 관심을 반영해 유치원생부터 대학생까지를 대상으로 한다. EPGY는 수학, 과학, 영어, 컴퓨터프로그래밍 등의 과목이 특화되어있다. EPGY는 최근 누구나 들을 수 있는 과목들도 개설했지만, 영재 과목의 경우 개인교사가 배치되는 등 특화된 교육을 제공한다. 홈스쿨링을 하는 학생들 외에도 많은 영재들이 이 프로그램에 참여하고 있다.

창의성은 알고자 하는 열망, 깊이 파고드는 것,
두 번 보는 것, 냄새를 소리로 듣는 것, 고양이의 언어에 귀 기울이는 것,
실수를 지워내는 것, …
태양에 전원을 꽂는 것, 모래성을 쌓는 것,
나만의 노래를 하는 것, 내일과 악수하는 것이다.

_ 앨리스 폴 토랜스Ellis Paul Torrance(1915~2003)

5장

개별성과 평등성이 존재하는
미국의 특수교육 현장

미국은 1975년에 제럴드 포드Gerald Ford(1913~2006) 대통령이 전숲
장애아교육법(EAHCA: Education for All Handicapped Children Act)에
서명한 뒤 장애학생의 교육 기회를 보장하고, 학업 성취 향상, 평등,
다양성을 중시하는 교육을 추구해왔다.[148]

미국에서는 장애인의 인권에 대한 인식이 높아지면서, 장애학생은
비장애학생들과 함께 같은 공립 학교 교실에서 수업을 듣게 되었고,
개별 아동의 장애 상황에 적합한 수준 높은 교육을 받을 권리도 보장
받게 되었다.

전장애아교육법이 제정된 지 40년이 지난 지금 미국 교육은 모든
학생이 함께 참여할 수 있는 교육을 향해 나아가고 있다.[149]

이번 장에서는 모든 이를 위한 교육 기회의 평등과, 다양성을 추구
하는 미국의 특수교육에 대해 살펴보고자 한다.

미국은 장애에 대한 사회적 인식을 개선하기 위해 어떤 노력을 기울일까?

미국 드라마 애청자들은 "내가 이렇게 멍청하다니!(I am so retarded!)"라는 말을 들어봤을 것이다. 통상 'R-Word'라 불리는 형용사 'Retarded'는 '정신지체(Mental Retardation)'를 의미한다. 이는 일반적으로 병원에서 의사가 정신지체라는 진단을 내릴 때 사용하는 단어지만, 본래 의미와 다르게 '멍청한(Stupid, Idiot, Dumb 등)'이라는 모욕적인 뜻으로도 사용된다. 이로 인해 사람들은 무의식적으로 "정신지체자는 멍청하다"는 잘못된 편견을 가질 수도 있다. 실제로 "너 저능아냐?(Are you retarded?)"와 같은 표현이 미국 드라마나 광고에 나오면서 정신지체에 대한 잘못된 편견은 심화되었다.[150]

이러한 사회적 편견을 바꾼 대표적인 사례가 바로 '로사의 법(Rosa's law)' 제정이다. 9살 소녀 로사 마르셀리노Rosa Marcellino는 다운증후군 진단을 받은 초등학생이다. 어느 날 로사의 부모는 학교 서류에 로사의 장애가 '정신지체(Mental Retardation)'로 표기된 것을 발견했다. 정신지체라는 단어에 반감을 갖고 있던 로사의 부모는 학교 측에 다른 용어로 표기해줄 것을 요구했다. 하지만 학교는 표기 변경을 완강히 거절했다. 이에 로사의 가족들은 직접 버지니아 주와 메릴랜드 주 상·하원의원들을 만나 주 법률에서 '정신지체'라는 표현이 사용되지 않게 해달라고 청원했다. 또한 미국 연방정부 문서에서도 '정신지체'라는 표현을 다른 표현으로 대체해달라는 캠페인을 시작했다.

이러한 로사 가족의 헌신적인 노력으로 2009년 메릴랜드 주는 '정신지체'라는 표현을 쓰지 말자는 내용의 법률을 상정했다. 2010년 10월 오바마 대통령은 연방정부의 보건, 교육, 노동 관련 법률(정책)에서 '정신지체'로 표현되던 것들을 '지적장애(Intellectual Disability)'로 대체한다는 '로사의 법'에 서명했다. '로사의 법' 제정이 장애에 대한 사회적 인식 개선에 커다란 기여를 한 것이다.[151]

장애에 대한 사회적 인식을 개선한 로사 가족과 오바마 대통령

사진 왼쪽부터 메릴랜드 주 상원의원 바버라 미쿨스키(Barbara Mikulski), 로사의 아버지 폴 마르셀리노(Paul Marcellino), 로사의 어머니 니나(Nina), 로사의 언니 마들렌(Madeline)과 지지(Gigi), 오바마 대통령, 로사의 오빠 닉(Nick), 그리고 앞줄에 로사(Rosa)가 서있다.

사진 제공: 로사의 어머니 니나 마르셀리노(Courtesy of Nina Marcellino)

로사를 꼭 안아주는 오바마 대통령

사진 제공: 로사의 어머니 니나 마르셀리노

1. 개별성을 존중하는 특수교육

미국 특수교육의 3요소

미국의 특수교육은 크게 세 가지 요소로 구성되어 있다.

첫 번째는 특수교육 수업으로, 장애학생의 고유한 욕구를 충족시키기 위해 특별히 고안된 수업이다.

두 번째는 특수교육 관련 서비스다. 특수교육의 원활한 운영을 위해서는 장애학생들의 교육에 대한 접근성이 보장되어야 한다. 또한 특수교육 수업의 효과를 증대시키기 위한, 즉 장애학생이 특수교육을 잘 받을 수 있도록 돕기 위한 서비스도 필요하다.

이러한 특수교육 관련 서비스의 대표적인 사례로는 학생 상담 서비스, 장애학생을 위한 조기 선별 평가 서비스, 의료 서비스, 작업치료(Occupational Therapy) 서비스, 학부모 상담 서비스, 물리치료 서비스, 심리치료 서비스, 여가 서비스, 사회복지 서비스, 언어치료 서비스, 운반 서비스 등이 있다. 거동이 불편한 학생에게는 휠체어가 장착된 스쿨버스 서비스가 제공되고, 언어 사용과 섬세한 손놀림이 부족한 자폐아에게는 학습의 극대화를 위해 언어치료나 작업치료 서비스가 제공되는 식이다.

세 번째는 보조기기 및 관련 서비스(Supplementary Aids and Services)다. 이는 장애학생들이 일반 교실 등에서 비장애학생들과 함께 교육받을 때 추가적인 도움을 줌으로써 교육의 기회를 보장해주기 위함이다. 예를 들면, 언어장애를 지닌 학생이 학급 토론에 참여할 수 있도록 문자를 언어로 변환할 수 있는 아이패드의 앱을 제공해주는 식이다.

위에 열거된 세 가지 특수교육의 구성 요소들은 특수교육을 보다 더 효과적으로 실행하기 위해 꼭 필요한 요소들이다. 따라서 장애인법은 이러한 요소들의 무상 제공을 보장한다. 이는 장애학생 개인의 특수한 상황에 맞춰 필요한 것들이 충족되지 않는다면 특수교육이 이루어질 수 없다는 것을 전제로 하기 때문이다.

미국에서 특수교육을 받으려면

특수무상교육은 '장애인교육법(IDEA: Individuals with Disabilities Education Act)'이 정의한 '장애를 가진 만 0~22세의 개인'에게 제공된다.

장애인교육법에 정의된 12가지 장애는 학습장애, 자폐스펙트럼,

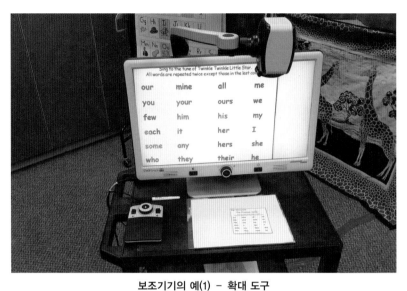

보조기기의 예(1) - 확대 도구

시각장애를 지닌 학생이 일반 교실에서 수업을 들을 수 있도록 책상에 설치된 확대도구(Magnifier)

보조기기의 예(2) - 점자 달력

시각장애인 담당인 특수교사가 수시로 일반 교실을 방문해 장애학생에게 필요한 서비스를 제공한다. 이로써 장애학생은 일반 교실의 비장애학생들이 배우는 교육 내용에 동등하게 접근할 수 있다.

청각장애, 청각·시각장애, 지적장애, 지체장애, 복수장애, 기타 건강 장애, 정서장애, 학습장애, 언어장애, 외상성 뇌손상 등이다.

특수교육을 실시하려면 몇 단계의 절차가 필요하다.

첫째, 특수교육의 필요성이 의심되는 학생을 발견했을 때 학교는 학부모에게 평가동의서를 보낸다. 학부모의 동의를 얻기 전까지는 관련 평가를 실시할 수 없다.

둘째, 학부모가 동의한다는 의미인 서명이 기재된 평가동의서가 학교에 도착한 후 60일 내에 특수교육 전문가에 의한 평가가 실시되어야 한다. 평가를 하는 목적은 해당 장애학생에게 필요한 특수교육이 무엇인지 파악하고, 개별화교육계획(IEP: Individualized Education Program)을 수립하기 위함이다.

셋째, 평가 결과에 근거해 해당 학생에게 특수교육이 필요하다고 판단되면, 해당 학교는 현재 학생의 상태와 어떠한 특수교육이 왜 필요한지를 구체적으로 기술한 평가보고서를 학부모에게 보내야 한다. 평가보고서는 개별화교육계획 회의(IEP Meeting)가 시작되기 열흘 전까지 학부모에게 전달되어야 한다. 이는 해당 학생의 학부모가 자녀의 장애 상태를 정확히 인식하고, 학부모 회의를 준비할 수 있는 기회도 주기 위함이다.

이러한 절차를 기반으로 회의에서는 개별화교육계획팀(IEP Team)의 팀원들의 의견을 종합해 해당 장애학생에게 가장 적합한 교육 서비스를 결정한다. 그리고 회의에서의 모든 결정 사항은 〈개별화교육계획안〉에 기록해야 한다.

장애학생들을 위한 약속, 〈개별화교육계획안〉

〈개별화교육계획안〉은 특수교육 및 그와 관련된 서비스를 제공하는 것에 대한 계획서이자 약속이다. 이를 위해 〈개별화교육계획안〉에는 해당 학생의 현재 상태와 요구, 해당 학생의 단기 목표와 연례 목표, 특수교육 관련 서비스의 구체적 방안과 횟수, 서비스 제공자와 장소, 학년 연장 서비스(ESY: Extended School Year) 등에 관한 계획이 최근 1년 이내의 해당 학생의 성취 및 다각적 평가 자료에 근거해 구체적으로 기술되어야 한다.[152] 이는 해당 학생을 위한 단기·연간 목표들을 세우는 데 도움이 된다.

각 학생의 〈개별화교육계획안〉은 개별화교육계획팀이 매년 체크해야 하며, 3년에 한 번 이상 해당 학생에 대한 재평가를 실시해야 한다. 재평가는 개별화교육계획팀의 관찰 기록과 평가 자료에 근거해 진행된다. 이는 해당 학생에게 기존 서비스를 계속 제공해야 할지, 아니면 새로운 서비스를 제공해야 할지 결정하기 위함이다.

〈개별화교육계획안〉 및 특수교육에 필요한 서비스는 0~3세의 경우 개별화된 가족지원계획(IFSP: Individualized Family Service Plan)을 통해, 3~21세의 경우 개별화된 가족지원계획과 개별화교육계획팀 간의 협력에 의해 제공된다. 개별화교육계획팀은 장애학생이 14세가 되면 고등학교 졸업 후의 생활 및 직업 활동으로의 전환까지 도울 수 있도록 전환계획(Transition Plan)도 제공해야 한다.[153]

〈개별화교육계획안〉은 각 학생의 고유한 요구와 필요를 적극적으로 반영해야 한다. 물론 교육제공자는 장애학생이 제한된 환경에서 효과적으로 학습할 수 있도록 다양한 '편의(Accommodation)'나 '변형(Modification)'을 제공하고 그 후에 평가를 실시해야 한다.

'편의'는 장애학생이 교과 내용을 쉽게 이해하고, 과제나 시험을 무난히 소화할 수 있도록 환경을 제공하는 것이다. 이를 통해 장애학생은 비장애학생들과 동일한 학습 과정을 추구할 수 있다.

편의의 구체적 사례로는 해당 장애학생이 선호하는 자리 허용, 다양한 교수법 실시, 시험 보기 전에 학습 가이드 제공, 더 많은 시험 시간 할당 등이다. 과제나 시험을 무난히 소화할 수 있도록 돕기 위한 편의로는 과제의 양 줄이기, 사지선다 대신 삼지선다로 답안지 제시, 더 많은 시간 부여, 지문 읽어주기, 사전이나 계산기 사용 허용 등이 있다.

만약 장애학생이 복잡한 교실 환경으로 인해 불안감을 느낀다면, 해당 장애학생이 편안함을 느낄 수 있도록 교실의 조용한 곳에서 학습하도록 해주는 것도 그 장애학생에게는 편의가 될 수 있다.

'변형'은 과제나 시험을 학생의 요구에 부합하는 형태로 바꾸어 제시함을 의미한다. 대표적인 사례로는 '대체평가'를 들 수 있는데, 이와 같은 경우에는 해당 주에서 제시한 기준에 적합한지 주의 깊게 살펴야 한다.[154]

〈개별화교육계획안〉에는 대체평가의 당위성과 해당 유형에 대한 상세한 설명이 포함되어야 한다.

〈개별화교육계획안〉에 위와 같은 편의와 변형에 대한 내용이 구체적으로 기록되어있지 않으면, 특수교사가 없을 경우 장애학생에게 필요한 편의나 변형된 교재를 제공할 수 없다.

학기말 시험을 예로 들어보자. 시험 때 특수교사 이외의 여러 교사들이 장애학생 3~4명으로 이루어진 소그룹을 담당한다. 이때 장애학생 개개인의 필요와 요구 사항이 적힌 〈개별화교육계획안〉이 없다면, 시험 감독관은 각 장애학생의 요구에 부응하는 적합한 환경을 조성해줄 수 없다. 이는 장애학생들이 자신의 학습 능력을 발휘하는 데 커다란 지장을 초래한다.

〈개별화교육계획안〉은 교육 기관과 학부모, 장애학생 간의 약속이다. 그래서 교육 기관이 〈개별화교육계획안〉대로 교육의 의무를 정확히 이행하지 않으면, 학부모가 서비스 개선을 요구할 수 있다. 이럴 경우 교육청은 60일 이내에 해당 장애학생 가족의 요구에 응답해야 한다.

편의의 예(1) - 학습 가이드

장애학생이 읽기를 무난히 소화하도록 학습 가이드를 제공한다.

편의의 예(2) – 감정 완화 환경
장애학생의 감정이 격화되었을 때 감정을 완화시켜줄 있도록 환경을 제공하는 것도 장애학생의 학
습에 긍정적 영향을 준다.

장애학생의 의견을 존중하는 '개별화교육계획 회의'

개별화교육계획팀은 '개별화교육계획 회의'를 1년에 한 번 이상
소집해야 한다. 회의의 주요 목표는 장애학생이 1년 전에 세웠던 교
육 목표를 달성했는지 평가하는 것이다.

미국의 장애인교육법에 따르면 개별화교육계획팀은 장애학생의
부모, 특수교사, 일반학급 교사, 학교 관리자, 교육심리 전문가, 특수
교육 관련 서비스 제공자, 장애학생 등으로 구성된다. 장애학생은 회
의에 10~15분 정도 참석해 학교생활에 관한 경험을 팀원들과 공유

하며, 팀원들의 질문에 답하고 자신의 요구 사항을 이야기한다.

교육팀의 팀원들 중 장애학생과 학부모를 제외하면 모두 학교와 교육청 관계자이기에 학부모는 자칫 소외감을 느낄 수 있다. 이러한 소외감은 학부모가 자신의 의견을 솔직하게 말하는 데 걸림돌이 될 수 있다. 그래서 이러한 문제를 줄이고 학부모의 발언권을 보호하기 위해 학부모는 회의에 지인이나 교육 전문가를 대동할 수 있다. 또한 영어가 모국어가 아닌 학부모는 통역을 신청할 수 있으며, 이에 소요되는 경비는 모두 교육청에서 부담한다.

개별화교육계획 회의 전에 미리 장애학생 담당 교사가 해당 장애학생에 대한 개별화교육계획 초안을 작성하는 경우가 많다. 이는 교사를 포함한 팀원들이 수업을 비우고 회의에 참석하는 경우가 많기에 회의 시간을 줄이기 위해서다. 새로운 교육계획안은 학부모를 포함한 모든 팀원들이 동의해야 효력이 발생한다. 또한 학부모는 자녀의 교육 계획이 타당하지 않거나 명확하지 않다 싶으면 질문을 하거나 의견을 교환할 수 있으며, 회의 재소집을 요청할 수도 있다.

학생이 장애 진단을 받은 뒤 처음 열리는 개별화교육계획 회의에서 학부모는 해당 학생의 교실 배정에 관한 동의서(Placement Consent Form)에 서명하게 된다. 이는 해당 학생이 어떤 환경에서 가장 효과적으로 학습할 수 있는지에 대한 결정으로, 학부모 동의하에서만 관련 서비스가 제공될 수 있기 때문이다.

학부모가 개별화교육계획 회의 결과에 동의하지 않거나 학교와의 의견차를 좁힐 수가 없다면 해당 학부모는 개별화교육계획 회의를 다시 소집하거나, 분쟁 해결 사무소(ODR: Office for Dispute Resolution)를 통해 중재를 요청할 수 있다. 아울러 특수교육을 받고 있는 학생에게 더 이상 특수교육이 필요 없다고 판단한 학부모는 특수교육 중단을 요청할 수 있다.

현재 미국 노스캐롤라이나 주 채플힐Chapel Hill에 거주하는 김연광 씨는 학부모의 입장에서 본 미국의 특수교육에 대해 다음과 같이 말했다.

저는 자폐 진단을 받은 초등학교 1학년 아이의 아빠입니다. 우리 아이는 현재 노스캐롤라이나 주 채플힐 교육청 일반 공립 학교 내에 부설된 특수학급에서 교육을 받고 있습니다. 교실에는 우리 아이를 포함해 적게는 3명, 많을 때는 7명까지 있어요. 담임교사 1명과 보조교사 1~2명이 수업을 맡고, 종종 자원봉사자나 교생실습생이 동참합니다.

우리 아이는 월요일부터 금요일까지, 오전 8시부터 오후 2시까지 학교에 갑니다. 매주 각 한 시간씩 2회 제공되는 언어치료와 작업치료가 개별 전문가에 의해 일대일 수업으로 시행되고요. 이러한 교육 진행의 경과와 진행 사항에 대해서는 매학기 초반과 후반에 교사, 상담사, 치료 전문가, 교육청 담당자, 그리고 학부모가 모여 한 시간 이상 하는 회의에서 반드시 논의됩니다. 자폐를 포함한 발달장애아의 교육 성과는 매우 느리게 나타나며, 장기간 꾸준한 노력과 많은 인내심을 요구하기에, 우리 부모는 이들의 도움이 절실하지요.

우리 부부는 특수아동의 학부형으로서 아이에게 최선의 교육 환경을 제공하고 있는지에 대한 고민을 늘 하고 있습니다. 이 부문에 관한 저의 고민은 크게 세 가지입니다.

첫째, 사회문화적 조건이 윤택한 큰 도시 주변에서 살아야 하느냐에 대한 것입니다. 그러나 이 분야의 많은 전문가들의 공통된 견해는, 특수아동 가족이 서울이나 뉴욕과 같은 대도시에 사는 것만이 최선은 아니라는 겁니다. 그래서 소도시 교외에서, 1층 대문만 열면 곧장 잔디밭과 동네 놀이터가 가까운 작은 타운하우스에 사는 현실에 만족하고 있습니다.

둘째, 사립 학교에 보내지 못하는 것에 대한 안타까움입니다. 특수아동의 양육과 교육 성과에 부모의 경제적 능력이 가장 큰 결정변수가 된다는 현실은 미국이나 한국이나 비슷한 편입니다. 실제로 미국에서도 사립 특수학교가 공립 교육 시설보다 훨씬 훌륭한 환경과 집중치료 설비를 갖추고 있다고 알려져있습니다. 그러나 학비가 무료인 공립 학교와는 달리 사립 학교는 매달 최소 3,000달러 이상의 학비를 지불해야 해요. 당연히 접근성은 너무나 제한적입니다. 그래서 아예 사립 시설에 대해서는 관심도 갖고 있지 않습니다.

셋째, 모국인 한국에서 살아야 하는 것이 아닌가 하는 고민입니다.

사실, 아이가 태어난 후 한국에서 학부모로 살아본 경험이 없어서 미국과 한국 중 어느 곳이 아이에게 더 나은지 판단할 수 없습니다. 다만 개인적으로 판단하건대, 미국에서는 아빠와 엄마 모두 집에 매일매일 일찍 귀가하여 함께 아이를 돌볼 수 있지요. 아이 엄마에게 너무나 큰 부담이 되는 특수교육이라든가 양육과 관련하여 아빠의 적극적 참여는 필수적입니다. 그러니 아빠의 이른 귀가가 가능한 미국에서의 생활은 한국에 비해 아이를 양육하는 데 크게 좋습니다.

그러나 미국에서 발달장애아를 교육시킬 때의 가장 큰 고충은 언어 문제입니다. 집안에서 쓰는 언어와 학교에서의 언어가 다르니, 우리 아이의 1차적 교육 목표인 언어치료가 어렵지요. 그렇다고 모국어에 비해 뒤쳐지는 영어를 집안에서도 아이에게 쓰는 것은 올바르지 않다는 것이 이곳 전문가들의 견해입니다. 더구나 아이의 원래 한국식 이름 대신 미국 여권에 등재된 미국식 이름으로 불러야 하는 낯설음도 피할 길 없고요.

따라서 저희는 호칭이나 고유명사는 영어로, 그 밖의 단어를 사용하거나 커뮤니케이션을 할 때에는 한국어도 함께 집안에서 쓰도록 노력하고 있습니다.

2. 장애학생의 학습권을 보장하는 나라, 미국

　미국 연방정부의 특수교육법에 의해 장애학생은 무상으로 특수교육을 받는다. 학교가 특수교육 및 교육 관련 서비스를 무료로 제공한다는 의미다. 이는 장애학생을 위한 특수교육이 학교 밖에서 이루어져 추가 비용이 발생할 경우 학교가 지불해주는 식이다. 다만 1년에 한 번씩 내는 준비물 비용이라든가 장애학생의 부주의로 기물이 파손되었을 때의 배상비는 학부모의 책임이다.

　미국의 장애인교육법(IDEA)은 장애학생의 교육권을 보장하기 위해 다음과 같은 네 가지 원리를 명시하고 있다. 각 주는 장애인교육법에 명시된 원리에 근거해 각 주의 실정에 맞춰 정책을 펴나간다. 그래서 주마다 정책 실행 방법은 다를 수 있으나, 장애인교육법에 반하는 정책이나 절차는 허용되지 않는다.

비장애학생과 장애학생이 함께 공부하기 위한 '최소 제한 환경'

　미국에서 장애학생은 장애 정도에 따라 병원이나 시설, 특수학교 등과 같이 격리된 건물 혹은 일반학교의 특수학급(Self-Contained),

리소스룸Resource Room, 통합학급(Inclusive Classroom) 등에서 교육을 받을 수 있다. 장애학생의 교육 환경은 개별화교육계획팀의 정기회의에서 논의된 결과에 따라 결정된다.

일반적으로 '경도장애(Mild Disabilities)'로 알려진 학습장애나 경도 정서장애 혹은 고기능(High-Functioning) 자폐학생은 일반학교의 통합학급에서 교육받는 시간이 많다. 그리고 보다 집중적인 도움이 필요한 영역에 대해서는 리소스룸에서 수업을 받는다. 장애 정도가 심한 중도장애(Severe Disabilities)를 가진 학생들은 일반학교의 특수학급 혹은 격리된 시설에서 교육을 받기도 한다.

그런데 장애인교육법에는 '최소 제한 환경(Least Restrictive Environment)'이 명시되어있다. 이는 특수교육을 받는 장애학생들이 특수교육을 받지 않는 또래들과 가급적 많은 시간을 함께 보내야 한다는 규정이다. 여기서 '제한 환경'이란 장애학생이 비장애학생과 접촉할 수 없도록 격리된 환경이다. 그런데 그 제한은 병원이나 수용시설, 특수학교, 특수학급, 통합학급의 순으로 완화된다. 장애학생 개인의 필요와 장애의 특성에 따라 활동할 수 있는 환경 중 '가장 최소한으로 격리된 환경을 선택'하는 게 최소 제한 환경의 요지이기 때문이다.

그런데 그간의 연구에 따르면 비장애학생과 장애학생의 교실 속 접촉은 장애학생의 학습에서의 성취와 사회성 고취는 물론, 비장애학생의 다양성 이해와 사회성에도 긍정적인 것으로 나타났다. 또한 통합 교육은 장애학생들의 학업 성취는 물론 졸업 후 사회생활에도 도움이 된다는 연구 결과가 있다.

미국 교육 통계 센터(NCES)의 자료에 의하면, 지난 20여 년간 공립 학교에서 통합 교육 사례는 꾸준히 증가했다. 1990년에는 6~21세 장애학생들 중 33.1%가 일반학급에서 일과 시간 중 80% 이상을 비장애학생들과 함께 교육받는 데 쓴 반면, 2013년에는 통합 교육을 받는 장애학생들의 비율이 61.8%로 두 배가량 증가했다.[155]

그러나 이러한 긍정적 측면에도 불구하고, 장애의 특성이나 정도, 장애학생 개인의 고유한 요구에 따라 어떤 장애학생에게는 특수학급이 최소한의 제한 환경이 될 수도 있다는 점을 고려해야 한다. 그래서 일반학급에서 보조기기나 편의가 주어져도 장애의 특성·정도로 인해 기대 수준을 달성하기 어려울 수 있다. 이럴 경우 해당 장애학생의 학업 성취 달성과 정서적·사회적 요구가 통합 교육 환경보다 다른 교육 환경에서 더욱 잘 이루어질 수 있다고 다시 검토된다면, 개별화교육계획팀은 제한이 가장 완화된 교육 환경으로 해당 학생을 재배치해야 한다.

저자가 텍사스 주의 공립 중학교에서 특수교사로 근무할 때의 일이다. 그 학교에는 영어·수학 리소스룸 2개와 정서장애·중도장애를 앓는 학생들을 위한 특수학급이 3개 있었다. 7학년 학생이던 코비(가명)는 일반학생인 친구들과 함께 일반학급에서 수업을 받으며 하루 중 대부분을 보냈다. 사실, 코비는 초등학교 5학년 때부터 수학 학습장애라는 진단을 받았다. 학년 말에 실시된 학기말 평가를 포함한 주 학력평가에서도 수학에서 낮은 성취도를 보였기 때문이다. 결국 코비가 보다 집중적으로 수학 교육을 받는 게 좋겠다는 개별화교육계획팀의 결정에 따라, 코비는 다른 친구들이 일반 수학 교실로 이동할 때 저자가 담당한 수학 리소스룸에 와서 수학 특수교육을 받았다. 수학 리소스룸에서는 코비를 비롯하여 총 6명의 학생들이 함께 수업을 받았다. 코비를 비롯한 장애학생들은 기초가 부족해서 수업은 개념 다지기 활동(Foundational Skills)과 반복 학습으로 진행되었다. 또한 각 학생의 개별화교육 문서에 명시된 대로, 수업 시간에 계산기를 사용할 수 있게 했고, 문제 풀이에 더 많은 시간을 주기도 했다.

수학 리소스룸 옆에는 스미스 선생님과 엔두카 선생님, 빌 선생님이 맡은 특수학급 3개가 있었다. 각 특수학급 교실은 비슷한 장애를 가진 학생들로 구성되었다. 중도정서장애(Severe Emotional Disability)를 가진 학생들은 스미스 선생님의 교실에서 고도로 조직화된 교육을 받았다. 다운증후군, 뇌성마비, 저기능자폐, 인지장애 등의 중도장애를 가진 학생들은 엔두카 선생님과 빌 선생님의 교실에서 교육을 받았다. 수업은 언어치료사와 작업치료사 등 관련 분야 선생님들이 중도장애학생들의 교실을 방문해 교육하는 형식으로 이루어졌다.

특수학급 교실에서는 특수교사 1명과 2~4명의 보조교사가 각 학생들의 학습을 도왔다. 특수학급은 대부분 4~10명의 장애학생들로 구성되며, 학생 개개인의 학습 요구와 속도에 맞춰 수업을 진행했다. 수업에는 일반 교과목은 물론 장애학생이 독립적으로 일상생활을 할 수 있도록 돕기 위한 생활 기술 수업도 포함되었다. 그러나 점심시간, 음악, 미술, 체육 시간에는 장애학생이 비장애학생들과 접촉할 수 있도록 함께 수업하기도 했다. 격리된 특수학급에 소속된 학생들 중 보다 제한이 완화된 환경에서 수업받을 수 있다고 판단된 학생은 리소스룸으로 이동하기도 했다.

장애학생 선별, 공정한 결과를 위한 공정한 평가

장애학생 선별 검사는 편견을 배제하고서 공정하게 진행되어야 한다. 평가 문항은 해당 아동의 모국어로 작성되어야 하며, 연령에 적합해야 함은 물론, 해당 아동에게 문화적으로 익숙해야 한다. 또한 아동의 장애 정도는 2개 이상의 방법으로 평가되어야 한다. 장애가 있을 거라고 의심되는 모든 부분에 대해 평가해야 하며, 평가 결과는 전문가가 분석해야 한다.

초등학교 3학년인 윤아(가명)의 예를 보자. 윤아는 한국에서 미국으로 온 지 1년이 안 됐고, 집에서 사용하는 언어는 한국어였다. 윤아의 학업성취도가 저조한 점을 우려한 교사는 장애 선별 검사를 제안했고, 윤아 부모의 동의 후 평가했다. 교육청의 주도하에 평가가 진행되었으며, 평가 문항은 한국어로 작성되었다.

그러나 대부분의 평가 문항이 윤아가 이해하기 어려운 미국 문화에 기초해 만들어졌다. 학교는 평가 결과를 보니 윤아가 학습장애를 가지고 있을 가능성이 있다며 빠른 시일 내에 특수교육을 시작해야 한다고 진단했다. 하지만 윤아의 부모는 문화적으로 편향된 평가도구로 인해 결과가 잘못 나왔다며 동의하지 않고, 제3의 기관에서 다시 평가할 것을 요구했다. 재평가 비용은 후에 교육청으로 청구되었다.

방학 중에도 제공되는 장애학생을 위한 무상 공공교육

미국의 장애인교육법에서 정의한 '장애를 지닌 학생'은 누구나 개인의 상황에 적합한 개별화된 교육을 받을 수 있다. 그리고 특수교육 관련 서비스, 보조 기기 및 관련 서비스에 대한 모든 비용은 각 교육청에서 지불한다. 만약 개별화교육계획팀의 결정에 의해 장애학생이 학교 외부에서 관련 서비스를 받아야 한다면, 이 또한 학생의 교육권을 보장하는 최소의 필요사항이기에 교육청에서 비용을 지급한다. 심지어 해당 장애학생의 학부모는 교육 장소로 이동하는 데 필요한 교통비도 교육청에 청구할 수 있다.

장애학생을 위한 무상 교육은 학기 중으로 한정되지 않는다. 미국에서는 여름방학이 3개월가량인데, 이 긴 방학 동안 장애학생들은 개별화교육계획하에서 배운 학습 내용과 생활 습관 등을 잊어버리기 쉽다. 특히 매일 정해진 스케줄에 따라 특수교육을 받아야 하는 저기능자폐나 발달장애를 지닌 학생의 경우가 더욱 그렇다. 이에 각 지역교육청은 "선행학습을 목적으로 하는 것이 아닌, 장애학생이 이미 배운 학습 내용과 생활 습관 등을 유지하도록 돕기 위한 것이다"라는 장애인교육법에 나와있는 조건에 의거해 장애학생들에게 방학 중에도 학년 연장 서비스를 무상으로 제공해야 한다.

장애학생과 그 부모의 권리를 보호하기 위한 절차

특수교육은 적법한 절차에 의해 이루어져야 한다. 이는 장애학생의 교육권과 부모의 권리를 보호하기 위함이다.

앞서 윤아의 사례에서 보듯이 장애학생으로 판명할 때에는 학부모의 의견을 우선시하면서 법적 절차를 따라야 한다. 예를 들면, 학부모의 동의 없이는 해당 학생에 대한 선별·진단 평가는 물론 어떤 특수교육도 실시할 수 없다.

장애 진단 관련 회의에는 학부모가 참석할 수 있도록 사전에 서면으로 회의 장소·시간을 통지해야 하며, 학부모의 요구에 따라 시간·장소는 변경될 수 있다. 무엇보다 학교와 학부모 간의 의견차가 있다면 청문회(Due Process Hearing)와 같이 법에서 정한 구체적 절차에 따라 의견을 조율해야 한다.

장애학생과 관련된 정보는 해당 학생의 교육과 직접 관련된 사람만 열람할 수 있으며, 열람 기록은 보관되어야 한다. 학부모는 장애를 가진 자녀와 관련된 모든 정보를 열람하고, 그 외 필요한 정보도 요청할 권리가 있다.

3. 장애인의 접근성과 평등권을 보장하는 미국장애인법

누구도 장애 때문에 차별받아서는 안 된다

월마트Wal-mart를 비롯한 미국의 대형 마트에는 계단이 없는 에스컬레이터가 설치돼있다. 백화점 출입문은 폭이 넓은 양문이며, 도로에서 횡단보도를 건너기 전 밟는 보도블록에는 턱이 없다. 박물관과 도서관, 학교 건물의 출입구에는 경사로(Ramp)가 있다.

이렇듯 공공건물에 장애인들이 쉽게 접근할 수 있도록 보장해주는 시설들을 마련하는 것은 모두 1990년에 제정된 미국장애인법(ADA: Americans with Disabilities Act of 1990)의 요구 때문이다. 조지 H. W. 부시George H. W. Bush 대통령 시절에 제정된 미국장애인법은, 장애인들이 장애인이라는 이유만으로 일상에서 차별받지 않도록 제정된 법이다. 이는 현존하는 미국의 장애인법 중 가장 포괄적인 인권법이다.

무릇 '일상'이라 함은 고용의 기회, 상품·서비스 구매 활동, 연방·주정부의 프로그램에서 활동하는 권리, 그러니까 모든 이들에게 동등한 기회를 제공하는 것에 관한 일이다. 예를 하나 들어보자. 미국에서 운전면허증은 가장 대표적인 신분증이다. 일반적으로 상점에서 물건을 사고 수표(Check)를 낼 때 상점 주인은 구매자의 신분증을 요구한다. 이때 운전면허증이 유일한 신분 확인 수단이라면 이는 시각 장애인에 대한 차별이 된다. 장애인이 상점이라는 물리적 공간에 접근하는 데는 차별이 없었으나, 시각장애인이 취득할 수 없는 운전면 허증을 요구함으로써 장애인이 물건을 살 수 없다면 이는 장애인의 접근성에 대한 방해로 여겨지기 때문이다.[156]

이런 이유로 2016년 2월 미국 법무부 침해조사과(The Civil Rights Division of the Department of Justice)가 그레이하운드Greyhound 버스 회사를 고소했다. 미국장애인법에 의하면 버스회사 등 운송회사는 장애를 지닌 승객을 위한 운송 서비스를 제공해야 하는데, 그레이하 운드는 지속적으로 이를 지키지 않았기 때문이다. 그레이하운드는 총 37만 달러에 달하는 벌금과 보상금을 선고받았다.[157]

미국장애인법은 누구도 장애로 인해 차별받지 않고 자신의 재능을

턱이 없는 횡단보도의 보도블록

경사로와 계단이 함께 설치된 학교 출입구

펼쳐 미국 사회에 도움을 줄 수 있도록 하고자 제정되었다. 장애인의 접근성과 평등권을 보장하는 것이 장애인법의 요지다. 이는 장애인이 비장애인과 동등하게 교육을 받을 권리는 물론, 직장생활을 할 수 있는 근거도 마련했다. 그래서 장애인이라는 이유로 고용을 거절하는 것은 이 법에 저촉된다.

미국장애인법이 교육에 미친 영향

그렇다면 미국장애인법은 교육 체계에 어떤 영향을 미쳤을까?

일단, 미국장애인법에서 정의하는 공공개체(Public Entities)는 공공건물부터 공원, 상점, 학교, 보육원까지 다양하다. 이에 따라, 앞서 말한 바와 같이, 학교와 같은 교육 기관은 장애학생들이 장애로 인해 교육권을 침해당하지 않도록 적절한 환경을 제공해야 한다. 예를 들어, 휠체어를 타는 학생들에게는 휠체어 탑승이 가능한 스쿨버스를 제공해야 한다. 학교 주차장과 건물 출입구의 보도블록은 턱이 없어서 휠체어 사용이 용이해야 하며, 출입구에는 경사로가 있어 휠체어를 탄 학생이 수월하게 들어갈 수 있어야 한다. 자동문 버튼을 설치해 자유롭게 출입문을 열고 닫을 수 있도록 해야 하는 것은 물론이다. 장애인용 화장실 등 편의시설을 제공해야 하는 것도 교육 기관의 준수 사항이다.

앞서 장애인의 접근성 측면에서 언급한 편의들은 실로, 장애 유무에 관계없이, 모든 이들의 편의를 돕기 위한 것들이다. 예를 들면, 턱 없는 보도블록은 휠체어를 탄 장애인들은 물론 유모차를 끌고 다니는 엄마들, 자전거 이용자들, 혹은 걸음이 불편한 노인들에게도 편리하다.

장애인교육법과 미국장애인법의 도입으로 미국 교육 현장에서는 큰 변화가 일어났다. 미국에서는 2008년을 기준으로 장애학생들 중 95% 이상이 지역 공립 학교에서 교육을 받을 수 있게 되었고, 600만 명 이상의 장애학생들이 일반학급에서 교육을 받게 되었다. 이는 비단 초·중·고등학교뿐만 아니라 영유아를 위한 교육과 대학교에까지 영향을 미쳤다. 모든 학생이 교육에 접근할 수 있는 권리를 법으로 보호받게 된 것이다.

집중 탐구 017　미국 특수교육의 창시자, 엘리자베스 패럴

엘리자베스 패럴Elizabeth Farrell(1870~1932)을 언급하지 않고는 미국의 특수교육에 대해 이야기하기 힘들다. 엘리자베스 패럴은 특수교육의 근본 원리를 미국 공립 특수교육에 최초로 적용했다.

장애인은 격리되어야 한다는 당시 사회적 통념을 반대한 패럴은, "어떤 학생도 교육 기회를 박탈당해서는 안 된다"는 강한 신념을 가지고 있었다. 그래서 장애학생도 일반학급에서 공부해야 한다고 주장했다. 또한 학생 개개인의 지능보다는 학생 자신이 무엇을 원하는지를 더욱 중시하며 교육해야 한다고 생각했다.

이러한 신념에 근거해 패럴은 만 8~16세의 뉴욕 거주 아동들 중 학교에서의 부적응 등으로 학업을 지속하지 못한 학생들을 대상으로 '학년 없는 교실(Ungraded Class)'을 시작했다.[158] 학년 없는 교실은 학생의 나이로 반을 나누는 대신 학생 개개인의 발달 사항에 맞춰 반을 배치하는 것으로, '다학년 교실(Multi-Aged Classroom)'이라 불리기도 한다. 패럴의 헌신적인 노력으로 학년 없는 교실은 성공적으로 시행되었고, 뉴욕 시의 많은 학교들이 이를 채택했다. 그리하여 뉴욕 시는 1906년에 패럴을 특수교육 책임자로 임명했다.

패럴은 특수교육 영역을 넘어 교육 기회를 박탈당한 모든 학생들을 위한 병원, 학교, 이민 서비스 등에도 큰 관심을 기울였다. 또한 장애학생 부모와의 교류, 교사 교육에도 힘을 썼고, '미국특수교육협회(CEC: Council of Exceptional Children)'도 창설했다.[159] 그녀의 이러한 노력이 오늘날 미국의 특수교육이 추구하는 방향과 일치하는 것을 보면서, 패럴의 선견지명과 헌신이 미국 특수교육의 토대와 비전을 확립하는 데 핵심적인 역할을 했음을 알 수 있다.

4. 평등을 추구하는 미국의 특수교육

미국은 교육평등권에 근거해 특수교육을 발전시켜왔다.

1975년에 장애인교육법인 전장애아교육법(EAHCA: Education for All Handicapped Children Act)이 제정될 당시까지만 하더라도 180만 명의 장애학생들은 공립 교육으로부터 배제당했지만, 40년이 지난 지금은 69만 명의 장애학생들이 각 개인의 고유한 요구와 필요를 충족시켜줄 수 있는 특수교육을 받고 있다.

미국은 특수교육의 효과를 높이기 위해 장애인교육법을 지속적으로 개정하며 교육의 질을 향상시키고 있다. 이러한 장애인교육법의 테두리 안에서 특수교사의 책무성(Accountability)에 대한 관심도 높아지자, 양질의 특수교사를 양성·유지시키기 위한 다양한 프로그램도 시행되고 있다.

장애학생의 학업성취도와 특수교사의 책무

2002년에 낙오아동방지법(NCLB)이 승인되기 전까지만 해도 장애학생들의 학업 성취는 미국에서도 주요 관심사가 아니었다. 예를 들면, 다운증후군이나 지적장애를 지닌 장애학생들의 경우 사회성 향상이나 직업 훈련 실시 등이 특수교육의 주된 목표였다.

더군다나 장애학생들은 학습 능력이 부족하다는 사회 전반에 깔린 편견으로 인해 고등학교에 재학 중인 장애학생도 알파벳·숫자 쓰기, 선 그리기 같은 단순한 학습 과제만 수행했다.

앞서 말했듯이 특수교육의 궁극적 목표는 장애학생이 독립적으로 생활할 수 있도록 돕기 위함이다. 그러니 위와 같은 단순한 학습 과제는 특수교육 목표에 부합하지 않는다. 고등학교를 졸업하고 사회에 나가 직장을 구하려면 최소한 이력서는 작성할 줄 알아야 하는데, 단순한 글자·숫자 쓰기 등이 사회생활의 첫걸음에 얼마나 도움이 될까?

이와 같은 문제점을 개선하고자 낙오아동방지법과 장애인교육법은 개별 장애학생의 나이에 적합한 수준의 학업성취도를 강조하고 있다. 이에 따라 특수교사는 개별 장애학생들의 수준에 맞는 교과를 편의를 고려하거나 변형을 통해 지도해야 하며, 자신이 지도하는 장애학생들의 학업성취도에 책임을 져야 한다. 그리하여 낙오아동방지법이 시행된 이후 학교 전체 학생의 5%인 대체평가(Alternative Assessment) 대상자를 제외한 모든 학생들(특수아동 포함)의 학업성취도가 표준화된 시험에 의해 평가되었다.[160]

그러자 논란이 벌어졌다. 학생들의 '연간적정향상도(AYP)'를 평가할 때 특수교육 대상자가 많은 학교일수록 성취 미달로 인해 불이익을 받게 된 것이다. 이로 인해 누가 5%에 해당되는지, 표준화된 시험을 치러야 하는 장애학생들에게는 어떤 편의가 주어져야 하는지를 연구하게 되었다.

사실, 낙오아동방지법과 장애인교육법에 따르면 장애학생도 영어, 수학, 과학 등의 과목에 대해 평가받아야 한다. 하지만 현실적으로 지적장애나 중도장애를 지녔다는 진단을 받은 학생들은 편의가 주어져도 표준화된 평가에 참여할 수 없는 경우가 많다. 그렇다고 장애학생의 평가를 면제하는 것은 교육에 대한 접근성을 막는 것으로 해석될 수도 있다. 결국 다양한 논의 끝에 신체적·정신적 장애를 지닌 학생들은 일반학생들이 배우는 것과 동일한 내용도 다른 방법으로 배우고 다르게 평가받을 수 있도록 했다. 이러한 대체평가의 대상자는 개별화교육계획팀이 결정하며, 각 주의 교육 평가 기관이 채점을 담당한다.

애리조나 주 교육부의 대체시험 매뉴얼에 따르면, 대체시험은 선다형 문제와 수행평가로 이루어진다.[161] 선다형 문제는 시험관이 문제를 읽어주면 학생이 세 가지 보기들 중에서 답을 선택하는 방식이다. 이때 장애학생은 개별화교육계획팀의 허락하에 계산기 혹은 언어생성기와 같은 공학 기구(Assistive Technology)나 학습 도구를 사용할 수 있다. 그리고 효과적인 시험을 위해 시험관은, 직접 답을 알려주지는 않더라도, 장애학생이 정답을 맞힐 수 있도록 신호(Prompts)를 단계적으로 제공한다.

이와 관련하여 지적장애를 가진 초등학교 3학년 매튜(가명)의 예를 보자. 매튜는 1부터 10까지 써진 숫자판을 가지고 있다. 시험관이 다음과 같이 체계적으로 신호를 준다.

"매튜 군! 3을 짚어봐요."

매튜가 5초가 지나도 대답하지 못하면 시험관은 조금 더 구체적인 신호를 준다.

"매튜 군! 3을 짚어봐요. 2와 4 사이에 있어요!"

다음 단계는 매튜가 비슷한 답을 선택하도록 돕는 제스처다.

"매튜 군! 내가 2를 짚는 걸 잘 봐요!"

시험관이 2를 먼저 손으로 짚는 것을 보여줌으로써 매튜가 3을 짚도록 유도하는 것이다. 이런 식으로 시험관은 신호를 단계적으로 제공하면서 장애학생의 학업성취도를 평가한다.

이 사례는 장애학생이 독립적인 인격체로서 성장할 수 있도록 교육해야 하는 교사의 책무를 보여준다. 실제로 미국에서는 장애학생들의 학업성취도를 높이기 위해 교사의 책무를 강화한 결과, 2010년 이후 고등학교를 중도에 포기한 장애학생이 20%가 안 될 정도로 장애학생들의 고등학교 졸업률이 높아졌다. 1995년에 미국 장애학생들 중 45%만이 고등학교 졸업장을 취득한 것에 비하면 실로 엄청난 발전인 것이다. 장애학생들의 대학교 등록률도 급격히 상승했다.

이렇듯 현재 미국의 특수교육은 장애학생 개개인의 다양한 필요를 충족시키는 개별화교육에 집중하고 있다. 또한 장애학생의 사회성과 학업성취도 향상에도 중점을 두고 있다. 이를 위해 교사의 질 향상과 과학적 근거에 기반을 둔 교수법 및 개별화된 교수법 등이 강조되고 있다.

특수교사의 역량을 높이는 데 집중하는 미국

"학생의 학업성취도를 높이는 데 가장 중요한 요인은 교사다"라는 연구 결과는 특수교사를 양성하기 위한 교육에도 영향을 끼쳤다.[162] 그래서 미국 특수교육계는 장애학생의 학업성취도를 높이기 위해 교사의 질을 향상시키는 교육에 관심을 집중하고 있다.

사실, 예전에는 특수교사 부족을 해소하기 위해 전공과 상관없이 교장 재량으로 일반교사를 특수교사로 임용한 뒤, 해당 교사들이 학교에 근무하면서 자격증을 취득하기도 했다. 그러나 교사의 질과 장애학생의 학업성취도 사이에는 깊은 관련이 있다는 연구 결과들이 나오면서, 수준 높은 특수교사로 준비시키는 것이 교사 교육 기관의 중요한 과제가 되었다.

특수교사는 자료에 근거한 의사 결정(Data-Based Decision), 보편적 교수법(Universal Decision), 긍정적 행동 중재와 지원(PBIS: Positive Behavioral Interventions and Supports), 장애학생들과 그 가족들에 대한 개별화된 지원 등에 능숙해야 한다.[163] 이는 기존에 특수교사에게 요구된 역량과는 차이가 크다. 기존의 특수교사의 역할은 장애학생을 위한 생활 지도, 생활에 필요한 기술의 지도·평가, 장애학생을 위한 편의 제공 등으로 한정되었다. 그러나 낙오아동방지법이 시행된 이후 특수교사는 장애학생의 학업성취도에 대한 책임은 물론, 장애학생이 일반학급이나 최소 제한 환경에서도 학습할 수 있도록 해주어야 한다. 즉, 특수교사는 일반학급의 교사와 관련 서비스 제공자, 학교의 관리자 등과 적극적으로 커뮤니케이션하며 협력해야 한다.

이러한 변화는 특수교사 양성 프로그램에도 커다란 영향을 끼쳤다. 수준 높은 특수교육 서비스를 제공하기 위해 다수의 특수교육과에서는 초등 교육, 중등 교육, 언어치료, 사회복지학과 연계된 양성 프로그램 등을 제공한다. 또한 양성 프로그램에서 배운 지식이 실제로 장애학생들을 지도하는 데 직접 활용될 수 있도록 체계적인 실습 기회를 제공한다. 예를 들면, 특수교육과에 입학한 학생들은 인턴십과 교생실습의 기회를 갖는다.

인턴십은 블록Block 1과 블록 2로 나뉘어 시행된다. 블록 1은 대학교 2학년 때 일주일에 한 번씩 인근 초·중·고등학교의 특수학급이나 통합학급을 방문해서 수업에 참관하는 것이다. 블록 2는 대학교 3학년 1학기 학생들이 일주일에 두 번씩 인근 학교를 방문해 수업을 직접해본 뒤 보고서를 쓰는 것이다. 인턴십의 다음 단계인 교생실습은 교생이 실제 교사의 스케줄대로 하는 것으로, 교생이 한 학기 내내(흔히 봄학기 1월부터 5월까지) 아침 7시 30분부터 오후 4시까지 학교에 상주하며, 수업은 물론 교실·성적 관리 등 모든 일을 책임지는 것이다.

현재 미국은 보다 역량 있는 특수교사를 양성하기 위해 코칭Coaching을 교생실습에 도입하고 있다. 기존에는 임상교수가 감독자(Supervisor)로서 교생의 실습 장소로 찾아가 수업을 참관하면서 교생의 정서적 안정을 위해 조언해주며, 협력교사(Collaborative Teacher)와 좋은 관계를 유지하게끔 도와주는 역할을 했다. 그런데 이때에는 임상교수가 실습 장소에서 교생이 겪는 어려움이나 관계 유지에만 집중했기에, 교생이 교사 양성 프로그램에서 배웠던 지식을 실제 교실

수업에서 활용하는 데 별다른 도움이 되지 않았다.[164]

현재 교실 현장에서 사용되는 코칭 방식에 대해 뉴스 앵커를 예로 설명해보겠다. 뉴스 앵커는 뉴스를 진행할 때 귀에 이어폰을 꽂는다. 그 이어폰을 통해 스튜디오 뒤에 있는 연출자의 지도를 받으며 뉴스를 진행한다. 연출자는 방송계에서 오랫동안 근무한 전문가로, 뉴스 진행 중 앵커에게 어떤 말을 해주어야 하는지 잘 안다.

이와 같은 예를 특수교육 현장에 적용하면 다음과 같다. 특수교사 교육 전문가가 대학교 연구실에서 원거리 화상통화를 통해 예비교사의 실습 교실을 참관한다. 교생은 수업을 시작하고, 교육 전문가는 필요할 때마다 화상통화로 코칭한다. 이는 교과 내용은 물론 학생 행동을 교정하는 데도 도움을 준다. 예를 들면, 전문가가 교생에게 "학생더러 선생님한테 집중하라고 말해요", "똑바로 앉으라고 말해요"라고 조언함으로써 산만한 장애학생들의 행동을 빠른 시간 내에 교정하도록 돕는 것이다. 수업 중 교생의 설명이 충분치 못한 경우에는 "이 부분을 다시 설명하세요"라고 코칭함으로써 해당 교생의 교수법도 향상시킬 수 있다.

장애영유아의 가족을 배려하는 조기 중재

낙오아동방지법의 영향으로 미국 특수교육은 또 다른 변화를 맞이했다. 그것이 바로 '조기 중재(Early Intervention)'다. 즉, 아동의 장애가 의심되는 즉시 전문가가 개입하는 것이다.

노스캐롤라이나 대학교 교육대학의 교사용 자료실

교사용 자료실(Teacher Resource Center)은 교생실습 중인 학생들과 현직 교사들이 수업에 필요한 자료들을 가져다 사용할 수 있도록 교구들을 보관하는 곳이다.

조기 중재는 장애인교육법에 의거해 시행되는 조기 특수교육 프로그램으로, 대상자는 발달장애나 언어장애를 지닌 만 3세 이하의 영유아다. 기존의 연구에 의하면, 발달의 기초가 형성되는 영유아기에 중재가 이루어지면 장애라든가 그 위험성이 더욱 심화되는 것을 막을 수 있고, 이를 극복하면 보다 고차원적인 학습 능력과 기술도 습득할 수 있다.

영유아 조기 중재의 특징은 장애학생의 가족에 대한 배려와 교육이다. 장애학생 가족들의 생활 패턴은 비장애학생 가족들과 많이 다르다. 그래서 장애학생 가족들이 관련 분야의 전문가들로부터 유용한 정보를 얻는 것이 무엇보다 필요하며, 장애학생의 독특한 행동에 대해 가족들이 현명히 대처할 수 있도록 정부의 지원도 필요하다.

현재 미국 연방·주정부는 장애학생의 가족들에게 교육·건강 서비스 등을 제공하고 있으며, 이에 따라 미국의 모든 주에서는 조기 중재가 시행되고 있다. 2013년 통계 자료에 따르면, 34만 명 이상의 미국 내 장애영유아가 조기 중재 서비스를 받고 있다.

영유아 자녀의 장애가 의심되면 가족은 우선 소아과 의사로부터 장애 여부를 진단받아야 한다. 그 후 진단 결과를 거주 지역의 보건 관련 기관에 제출하고 도움을 요청해야 한다. 예를 들면, 미국에 사는 한국인 가정들은 한국어와 영어라는 이중 언어를 사용하기에 자녀의 언어 발달이 늦는 경우가 있다. 이런 경우 혹시 장애나 장애 위험이 없는지 전문의와 상담할 필요가 있다.

미국장애인법은 누구도 장애로 인해 차별받지 않고
자신의 재능을 펼쳐 미국 사회에 도움을 줄 수 있도록 하고자 제정되었다.
장애인의 접근성과 평등권을 보장하는 것이 장애인법의 요지다.

6장

글로벌 인재를
육성하는
미국 교육의 뒷이야기

미국 스탠퍼드 대학교 명예교수이자 교육 정책과 리더십의 역사에 정통한 데이비드 타이악David Tyack은 이런 주장을 했다.

"미국 교육자들에게 있어 민주주의를 재정의하고 학교를 재조직 하는 일은 다음 세대를 위한 전통적 상식이 되었다."[165]

이처럼 미국 교육의 역사는 자유주의 국가인 미국을 상징하며, 교 육을 통한 민주주의 실현은 교육 정책 개발과 학교 현장의 중심이 되 어왔다. 교육의 기회를 확대하는 동시에 교육의 질과 효율성, 형평성 을 추구하려는 미국 정부의 노력은 지금도 계속되고 있다.

이번 장에서는 미국의 교육 정책과 그 기반이 된 사상의 흐름을 연 대기적으로 살펴봄으로써 한국 교육 정책을 위한 시사점을 찾아보고 자 한다.

1. 미국의 교육, 그 출발점은

　현재 세계 경제 질서를 주도하고 있는 미국. 그 경쟁력의 저변에는 개인의 개성과 창의력을 독려하면서도 타인과의 조화를 추구하는 미국의 교육이 자리하고 있다.

　물론 미국의 교육 시스템은 완벽하지 않고, 우리 교육처럼 가정을 비롯해 시간과 장소를 막론하고 이루어진다. 그러나 학교 같은 기관을 중심으로 한 교육 시스템은 사회 전반에 걸친 교육의 질과 양식을 결정한다.

　타인의 말에 귀 기울이며 자신의 생각을 펼칠 줄 알고, 때로는 번뜩이는 아이디어로 세계의 경쟁자들을 놀라게 하는 미국인들의 저력. 여기서 우리는 의문을 품게 된다. 빌 게이츠나 마크 저커버그가 우리 아이들처럼 남들의 시선에 신경 쓰며 대학교 졸업장에 목숨을 걸었다면, 아니 대학교 졸업장에 연연하는 사회에서 살았다면 지금의 마이크로소프트와 페이스북을 탄생시킬 수 있었을까?

　타인들과의 끊임없는 비교 대신 자신의 장점에 집중하고, 개개인의 다양성을 인정해주면서 그들 각자가 진정한 행복의 가치를 발견해가도록 도와주는 미국 교육의 근간을 확인해보자.

미국의 교육, 그 시작

미국 역사학계의 석학인 하버드 대학교 명예교수 버나드 베일린 Bernard Bailyn은 저서 《미국 사회 형성에서의 교육 Education in the Forming of American Society》에서 이렇게 주장했다.

"교육은 공식적인 교수법(Pedagogy)이 아니라 한 사회의 문화가 다음 세대로 이전되는 일련의 과정으로 봐야 한다."[166]

이처럼 미국 교육의 근간을 살펴보려면 미국의 교육 과정·정책이 어떻게 탄생했으며, 다음 세대에 어떤 영향을 미쳐왔는가를 먼저 알아봐야 한다.

여느 국가의 교육 시스템과 마찬가지로 미국의 초기 교육 시스템은 사회경제적 안정을 위해 탄생했다. 종교의 자유와 '신세계에서의 더 나은 삶'을 좇아 유럽에서 아메리카 대륙의 식민지로 건너온 초기 이민자들의 교육은, 지역 공동체와 종교 기관 등을 중심으로 이루어졌다. 유럽과 달리 지역 교회나 대학교의 지원이 없는 개척지의 척박한 환경에서, 각 가정에서의 교육은 주로 새로운 땅에 정착하기 위한 기본 지식을 배우는 것이었다.

그러나 굶주림과 질병으로 삶은 어려워졌고, 새로운 환경에 적응하고 땅을 개간하는 과정에서 가정 교육과 종교적 믿음에 대한 열정은 식어버렸다. 이와 같은 도덕적·종교적 위협 앞에서 이민자들은 가정의 부담이던 자녀 교육을 학교 기관에 맡기기 시작했다.[167]

이러한 배경하에서 세워진 미국 최초의 공립 학교가 바로 매사추세츠 주 보스턴에 있는 '보스턴 라틴 스쿨 Boston Latin School'이다. 미국

보스턴 라틴 스쿨이 있던 자리 표시

보스턴 라틴 스쿨은 현재 보스턴 루이 파스퇴르 거리(Avenue Louis Pasteur)로 이전했으며, 옛터에는 자리 표시만 남아있다.

에서 현존하는 가장 오래된 학교인 보스턴 라틴 스쿨은 영국 청교도 목사인 존 코튼John Cotton(1585~1652)의 헌신적인 노력으로 1635년 4월 23일 보스턴의 옛 시청 건물 모퉁이에서 시작되었다. 이는 미국 최초의 대학교인 하버드 칼리지Harvard College보다 1년 먼저 설립된 것이다.[168]

한편 미국의 식민지 시대와 독립 직후 교육의 성과는 글을 읽고 쓸 줄 아는 시민들이 얼마나 많은지를 보여주는 식자율(Literacy)로 분명히 확인할 수 있다. 역사학자인 케니스 로크리지Kenneth Lockridge에 따르면, 뉴잉글랜드 식민지에 살던 남성의 식자율은 1650~1670년에 60%이던 것이 1790년대에는 90%까지 증가했다. 보스턴과 같은 대도시에 살던 남성의 식자율은 100%에 육박했다.[169] 이는 무엇보다 종교적 정통을 깨우치는 것이 자극제가 되었기 때문이다.

매사추세츠 주의 청교도 입법자들은 스스로《성경》을 읽고 해석할 수 있는 능력이야말로 식민지 주민의 자격(Membership)이라고 봤다. 그래서 1642년에 식민지 주민들의 자녀들이 종교와 국가의 기본 법안·원리를 읽고 이해할 수 있도록 의무화하는 교육 법안을 통과시켰고, 이를 따르지 않는 부모나 견습생을 둔 상인은 처벌받도록 했다.

1647년 매사추세츠 지방의회는 북아메리카에서는 최초로 학교 설립과 지원을 의무화하는 '올드델루터사탄법(Old Deluder Satan Act)'을 통과시켰다. 가정의 수가 50개 이상인 모든 마을에는 학생들의 읽기와 쓰기를 담당할 교사를 임명하고, 100개 가정 이상인 마을에는 초등학교 졸업 이후 대학교 교육과 연계되는 그래머스쿨Grammar School을 세우도록 한 것이다.[170] 이에 따라 상업적 활동이 활발해지면서 각 개인의 필요를 충족시키기 위한 다양한 형태의 학교도 등장하기 시작했다.

그러나 이때까지는 학교에 대한 당국의 지원은 아직 미미했고, 그래서 대부분의 학교 운영은 학생들의 등록금이나 독지가의 기부에 의존했다. 이와 같은 전통은 아직도 미국 내 일부 교육 기관에서 나타나고 있다.

미국의 공립 학교 시스템이 뿌리를 내리기까지

미국 공립 학교의 기틀은 18세기에 토머스 제퍼슨Thomas Jefferson (1743~1826)과 벤저민 프랭클린, 벤저민 러시Benjamin Rush(1746~ 1813) 등에 의해 마련되었다. 이성과 과학에 바탕을 둔 서유럽의 계몽주의 사상에서 영감을 받은 이들은, 영국의 계몽주의 사상가이자 철학가인 존 로크John Locke(1632~1704)의 교육관을 받아들였다.[171] 특히 미국의 〈독립선언서〉 초안자이자 제3대 대통령인 토머스 제퍼슨은, 1775~1783년의 미국독립전쟁 중에 버지니아 주의 주지사직을 역임하면서 주정부 차원의 공립 학교 시스템 관련 법안을 제안했다.

제퍼슨은 주정부의 지원을 받는 공립 학교를 통한 대중교육이야 말로 신생 공화국인 미국에서 독재를 예방하는 가장 확실한 방법이라고 믿었다. 그의 입법안에 따르면 버지니아 주의 학생들은 3년간 등록금을 내지 않고 공립 초등학교(Primary School)에 다닐 수 있었다. 능력주의(Meritocracy)에 입각해 빈곤층에서 우수한 학생들을 선발해 그래머스쿨 학자금을 지원하는 방안도 담겨있었다. 물론 제퍼슨의 당시 제안은 의회에서 거부당하면서 그대로 실행되지는 못했지만, 이후 미국 교육 정책의 방향을 제시했다.

미국 〈독립선언서〉의 초안자이자 정치가, 외교관 등으로 활약하면

토머스 제퍼슨이 세운 버지니아 대학교

미국 버지니아 주 샬러츠빌(Charlottesville)에 있는 버지니아 대학교(University of Virginia)는 미국 건국의 아버지 중 1명이자, 제3대 대통령인 토머스 제퍼슨이 1819년에 설립한 공립 대학교다.

사진 제공: 한상진

서 많은 업적을 남긴 벤저민 프랭클린은, 1749년에 펜실베이니아 주에서 라틴어 대신 영어로 가르치는 그래머스쿨을 열어야 한다고 제안했다. 공리주의 사상의 영향을 받은 그는 실생활에서 사용되는 영어가 학생들의 생각과 표현의 중심이 되어야 한다고 본 것이다. 또한 시민권(Citizenship)을 위한 교육을 통해 상업과 사회 발전을 이룰 수 있다고 강조했다.[172]

미국 〈독립선언서〉의 서명자이자 의사였던 벤저민 러시도 교육을 공공재(Public Good)라고 여겼다. 그래서 1786년에 필라델피아 주 의회에서 100개 가정 이상으로 이루어진 각 구역(District)이나 마을에 무료로 운영되는 초등학교를 설립해야 한다고 제안했다. 이와 함께 모든 시민들이 교육을 통한 범죄율 감소 등으로 실질적인 이득을 누리게 될 것이라고 주장했다.[173] 이처럼 러시는 성숙한 시민의식을 지닌 사회인 양성을 교육의 최대 지향점으로 본 것이다.

이렇게 사상적 기반을 다진 미국의 공립 초등학교는 '미국 공교육의 아버지' 또는 '미국 공립 학교의 대변인'으로 불리는 호레이스 만 Horace Mann(1796~1859)에 의해 뿌리를 내리게 된다.

19세기에 이르러 증기선과 기차 등 수송 수단의 획기적인 발달로 미국 경제는 급속도로 발전했고, 독일과 아일랜드 등 유럽에서의 이민자가 늘면서 인구도 급증했다. 그러면서 대농장 체제와 흑인 노예에 의존하던 남부와, 상공업 발달로 도시경제가 발달하던 북부의 긴장 관계도 날로 심화되었다.

이 와중에 시장 경제의 확대로 인한 부작용을 최소화하려는 '제2차 신앙 부흥 운동(The Second Great Awakening)'을 비롯한 사회 변혁 운동이 일어나기 시작했다. 이러한 움직임의 일환으로 오늘날에도 대표적인 혁신 운동으로 꼽히는 '보통학교 운동(The Common School Movement)'이 일어났다.[174] 보통학교 운동의 리더들은 시민의식과 공화국의 보전을 강조했던 바, 이는 토머스 제퍼슨과 벤저민 프랭클린, 벤저민 러시의 교육관과 일맥상통한다. 호레이스 만의 교육관도 앞선 교육 선구자들과 크게 다르지 않았다.

호레이스 만은 1796년 매사추세츠 주의 작은 시골 마을인 프랭클린Franklin에서 태어났다. 벤저민 프랭클린의 이름을 본 딴 이 조그마한 마을에는 그가 기증한 100여 권의 책으로 설립된 마을 도서관이 있었는데, 이 도서관은 미국 최초의 공립 도서관이다.[175] 교육을 위한 자원이 너무나도 부족했던 제2차 신앙 부흥 운동 시기, 호레이스 만은 이 지역 도서관에서 꿈을 키우며 브라운 대학교(Brown University)에 입학해 법학을 공부했다.

1827년에 매사추세츠 주의 하원의원으로 선출된 호레이스 만은, 무엇보다 공교육에 대해 지대한 관심을 보였다. 1837년 매사추세츠 주의 초대 교육 위원회 위원장으로 선출된 그는, 교육을 시민의식을 기르는 필수 요건으로 보았다. 아울러 학교에서 맞춤법이나 산수 교육은 물론 건강한 생활 습관을 기르기 위해 음악과 체육 교육에도 비중을 둬야 한다고 역설했고, 실제로 초등학교에 예체능 과목을 도입했다.[176] 이와 함께 '비종파적인 도덕 교육'의 중요성을 강조하면서 교육을 통한 시민의식 양성에도 역점을 두었다. 지력, 심력, 체력의 균형 있는 발달을 통한 성숙한 시민 육성을 주창한 것이다.

이렇듯 19세기의 미국에서는 정치적 갈등이 심했지만, 공교육을 통해 선량한 시민들을 육성하고 그들에게 시민 사회의 공통 가치를 공유시킨다는 사회적 합의 아래 보통학교(Common School)를 전국에 설립할 수 있었다. 그리하여 지역마다 자체적으로 운영하는 분권화된 교육 시스템과 공화주의적 가치에 기반을 둔 교육 과정이 미국 각 주에 자리를 잡을 수 있게 된 것이다.

그러나 이 과정에서 비종파적 교육에 반기를 든 가톨릭 신자들이 자신들만의 학교를 세우며 보통학교 시스템에 반발하기도 했다.[177] 그리고 이 시대에는 여전히 교사 중심의 주입식 교육이 학교 교육의 주를 이루었다.

2. 진보주의 시대와 교육의 진보

전통적 교육에서 벗어나기

20세기 초 미국은 농·상·공업의 지속적인 발전과 종교의 자유 실현, 무상 공립 교육 확립 등을 기반으로 세계 강국으로의 발돋움을 시작하고 있었다. 그러나 정치적 부패와 자본주의의 병폐가 만연하면서 1890년대부터 미국이 제1차 세계대전에 참여하기 전인 1917년까지 '진보주의 운동(The Progressive Movement)'이라는 개혁 운동이 펼쳐졌다.[178] 미국 역사상 사회 개혁 운동이 가장 활발했던 이 시기는 교육의 진보에도 큰 영향을 미쳤다. 특히 교육의 진보에 영향을 미친 사회 개혁가로 제인 애덤스의 공을 빼놓을 수 없다.

1931년에 미국 여성 최초로 노벨 평화상을 수상한 애덤스는, 활발한 사회사업가이자 '미국 인보관 운동(The American Settlement House Movement)'의 지도자로 손꼽힌다. 정의로운 사회를 구현하기 위한 그녀의 처방전은, 도시의 공립 학교를 개혁하는 데도 큰 영향을 미쳤다. 애덤스는 1889년 시카고에 그녀의 절친한 친구인 엘렌 게이츠 스타Ellen Gates Starr(1859~1940)와 함께 사회복지관의 효시인 '헐 하우스Hull House'를 설립했다.

'헐 하우스'는 빈민들을 위한 복지시설이었을 뿐만 아니라 노동 운동 센터, 공공 포럼, 사회 과학 연구 기관 등의 역할을 담당하며 진보적인 사회 변혁을 이루어가는 사랑방 역할을 담당했다.[179] 애덤스와 그녀의 동료들은 당시 미국 사회의 문제점들을 개선할 때 제도적 접근법을 사용했는데, 그러한 접근법들 중 하나가 교육을 기본으로 한 사회 개혁이었다.

애덤스의 친구이자 미국 교육 사상에 지대한 영향을 미친 존 듀이는 공교육을 통한 민주주의 확립을 제안하기도 했다.[180] 듀이가 미국의 교육 개혁에 미친 영향에 대해서는 뒤에서 좀 더 구체적으로 살펴보도록 하겠다. 이 사회 개혁 운동 덕에 미국에서는 사회경제적 여건에 상관없이 누구나 자연 속에서 마음껏 뛰어놀며 인성과 체력을 기를 수 있는 생활 체육 공간들이 자리를 잡기 시작했다.

도시의 관리자들과 계획가들이 펼쳤던 '시정 개혁 운동(The Municipal Reform Movement)'의 영향으로 빈민 지역의 공동주택가에도 공원과 놀이터가 들어서고, 대중 교통 체계와 당국이 관리하는 도시 학교 시스템 등이 확립되면서 교육 개혁의 물꼬까지 텄다.[181]

진보주의 교육이 교육 개혁에 미친 영향

교육을 통한 사회 개혁 운동의 선구자이자 미국의 가장 저명한 교육철학자로 손꼽히는 존 듀이는 '진보주의 교육의 아버지'로 불린다.

1859년에 미국 버몬트 주에서 태어난 듀이는 1896년 시카고 대학교 교수로 재직하면서 '시카고 대학교 부속 실험학교(University of Chicago Laboratory Schools)'에서의 연구를 통해 기존의 공교육을 획기적으로 개선하고자 했다. 1899년에 출간된 저서 《학교와 사회*The School and Society*》에서 듀이는 '외부로부터의 주입'이 주를 이루는 기존의 전통적 주입식 교육 방식을 비판했다.[182] 듀이는 학생을 존중하고, 학생들의 흥미와 능력, 곧 경험을 중시하는 교육 방식이 진정한 배움으로 이어질 수 있다고 주장했다.

이른바 '듀이식 진보주의 교육'은 흔히 아동의 자유로운 활동과 흥미만을 중시하는 것으로 알려져있다. 하지만 듀이는 학생들의 창의성과 비판적 사고력을 북돋워주는 교사의 역할을 강조했고, 무엇보다 교육이 민주주의 확립에 큰 역할을 해야 한다는 점에 방점을 찍었다.

듀이는 저서 《민주주의와 교육*Democracy and Education*》에서 "민주주의의 특징은 공통의 관심 영역을 넓히면서 각기 다른 개개인의 능력들을 충분히 발휘하게끔 하는 데 있다"고 밝혔다.[183] 즉, 제대로 된 민주주의 교육은 학생 스스로 민주주의의 본질을 경험하고 실천할 수 있도록 북돋워주는 것이라는 의미다. 듀이는 "사회구성원들 간의 합의된 신념을 바탕으로 자유롭게 소통하고, 변증법적 방법을 통해 최선의 의견을 수렴하는 사회가 민주주의 사회다"라고 본 것이다.[184, 185]

듀이의 교육철학 이론 가운데 '학생 중심의 교육 방식'은 진보주의 교육의 대표 격으로 활용되었다. 이에 따라 학생 중심 교육을 기치로 내건 소규모 사립 학교들이 설립되었고, 이러한 학교들은 학생들의 흥미를 최적화할 수 있도록 학생들의 생활 지역을 기반으로 교육 프로그램들을 고안했다.

공립 학교에서도, 학생 수는 많고 재원은 부족했기 때문에 제한적이기는 하지만, 진보적 교육 방식이 활용되기에 이르렀다. 초등학교에는 다양한 체험 활동 프로그램이 개설되었고, 중·고등학교에는 종합 교과 프로그램을 통해 학생들의 흥미에 맞춘 교육 과정이 마련되었다.[186]

IQ 테스트와 미국 교육

미국 진보주의 시대에 이루어진 교육 변혁에 있어 '심리 테스트 운동(Psychological Testing Movement)'의 역할 또한 빼놓을 수 없다. 특히 심리학자인 루이스 터먼의 지능 검사는 미국 교육심리학계에 획기적인 변환을 가져왔다.[187]

터먼은 프랑스의 심리학자인 알프레드 비네Alfred Binet(1857~1911)의 지능 검사 방법을 응용해 새로운 지능 검사를 고안했다. 정신지체 아동을 진단하기 위해 지능 검사를 개발한 비네는, "지능은 바뀔 수 있고, 훈련을 통해 계발될 수 있다"고 판단했다. 터먼은 이를 변형해 1916년 흔히 IQ로 알려진 '지능지수(Intelligence Quotient)'를 도입했다. 터먼이 만든 스탠퍼드-비네(Stanford-Binet) 지능 검사에서 지능지수는 한 개인의 정신연령과 실제연령 사이의 비율을 나타낸다. 그러나 터먼은 비네와 달리 "IQ는 선천적이며 고정된 것이기에 바뀌지 않는다"라고 믿었다.

체험과 흥미 위주의 여름 캠프

미국의 여름 캠프는 대부분 체험과 흥미 위주 프로그램으로 구성되어있다. 이는 '경험으로의 교육'을 지향한 존 듀이의 진보주의 교육 사상에 기반을 두었기 때문이다. 사진은 노스캐롤라이나 대학교의 러닝 팩토리 여름 캠프(UNCG's Learning Factory Summer Camp)에 참가한 아이들이 판지 등을 이용해 재활용 작품을 만드는 모습이다.

사진 제공: 매트 피셔(Courtesy of Matt Fisher, Assistant Director – Michel Teaching Resources Center/ UNCG SELF Design Studio Makerspace)

터먼의 제자인 아서 오티스Arthur Otis(1886~1964)는 제1차 세계대전 직전에 필기시험 형식의 지능 검사를 고안했다. 이는 전쟁 발발 뒤 병사를 징집하는 데 활용되었다. 스탠퍼드-비네 지능 검사의 도입은 제1차 세계대전 이후 필기식 지능 검사와 표준화된 학력고사가 미국 내 모든 학교에서 확산되는 계기가 되었다.[188]

터먼은 지능 검사를 통해 개인이 성취할 수 있는 직업을 정확하게 예측할 수 있다고 믿었다. 그러나 터먼은 주변 환경이 한 개인의 지능에 미치는 영향을 간과했다는 비판에 직면했다. 게다가 사회 계층과 인종에 따른 편견적 가정에 기반을 둔 IQ 테스트에 반대하는 교육자들의 비난을 샀다.[189]

이 같은 논란에도 불구하고 1920년대 미국 교육 행정가들은 학습 능력이 얼마나 향상되었는지를 기록하고, 학생들을 능력치에 따라 분류하기 위해 터먼의 지능 검사 등을 적극 활용했다. 그래서 IQ 테스트는 1926년에 시작된 미국의 대학교 입학 시험인 SAT의 모체가 되었다.[190]

사회적 효율성을 위한 더 과학적이고 민주적인 교육

20세기 초에 이탈리아와 그리스, 폴란드, 러시아 등지로부터 많은 이민자들이 유입되면서 이민자들의 자녀들을 교육시키려는 미국 교육가들의 고민도 깊어졌다. 특히 급격히 늘어난 다양한 인종·민족의 학생들을 어떻게 관리할지가 미국 교육가들의 주된 관심사였다.

이 당시에는 특히 효율적인 학교 운영에 대한 관심이 커지면서 테일러리즘Taylorism과 연결주의(Connectionism)가 각광을 받았다.[191] 테일러리즘은 표준화를 통해 노동생산성을 최적화하는 과학적인 관리 기법이다. 그리고 연결주의는 저명한 교육심리학자인 에드워드 손다이크Edward L. Thorndike(1874~1949)가 고안한 것으로, 각 개인에 맞는 적합한 보상이 주어진다면 외부의 자극이 긍정적인 반응으로 이어질 수 있다는 이론이다.[192]

진보적 교육가들은 손다이크의 연결주의를 바탕으로 개개인의 특성에 맞춰 차별화된 교육이 필요하다는 데 의견을 같이했다. 그러나 당시 교육계는 과학적·통계적인 IQ 테스트 등을 통해 학생들을 분류하고 진학·진로를 결정하는 방법이 민주적이라고 여겼다. 게다가 테일러리즘의 영향으로 표준화를 통해 교육 행정의 효율성을 증대할 수 있다고 믿었다. 이에 따라 학자들은 더 체계적으로 학생들을 나누고 진학 관리를 하기 위해 구체적인 평가 요소가 담긴 점수 기록 카드 템플릿(Score Cards Templates)을 고안했다.

이 같은 사회적 효율성을 위한 교육 기조를 바탕으로 1918년에는 국가 교육 협회 산하 중등 교육 재편성 위원회(The National Education Association Commission on the Reorganization of Secondary Education)가 '7대 중등 교육 기본 원칙(The Cardinal Principles)'을 공표했다. 이 기본 원칙은 건강(Health), 기초 과정 지도(Command of Fundamental Processes), 가치 있는 가족공동체(Worthy Home-Membership), 직업(Vocation), 시민교육(Civic Education), 여가 생활의 가치 있는 활용(Worthy Use of Leisure), 도덕적 인격 확립(Ethical Character) 등을 포함했다. 무엇보다 이 원칙들은 이민자들의 증가로 더욱 '인종·민족의 용광로(Melting Pot)'가 된 미국 사회에서 중등 교육을 통해 민주주의의 이상을 실현할 수 있도록 그 책임과 의무를 강조한 것이었다.[193]

1930년대에는 대공황으로 일자리가 줄면서 아이들은 일터가 아닌 학교로 자연스레 발길을 옮겼다. 아울러 모든 주에서 아이들이 16살 때까지 교육을 받아야 한다는 의무교육법을 통과시키고, 아동들의 노동을 금지하는 미성년노동법 등이 시행되면서 고등학교 등록률이 급격히 늘었다.[194]

제2차 세계대전 이후에는 제대한 군인들에게 교육·복지 혜택을 제공하는 '제대군인원호법(GI Bill)'이 시행되면서 대학교 입학의 문도 더 넓어졌다. 제대군인원호법은 주택 구입 자금 저리 대출, 창업 지원, 실업 급여 제공 등 다양한 혜택을 포함했지만, 그중 가장 인기를 끈 것은 대학교 등록금 및 생활비 지원 정책이었다.[195]

대학교에서의 교육도 대중교육으로 변모하면서 미국의 대표적 교육심리학자인 벤저민 블룸을 주축으로 교육의 목적과 측정 방법을 체계적으로 확립하기 위한 논의가 진행되었다. 블룸은 그가 시카고 대학교의 이사회 감독관실(The Office of the Board of Examiner)에 재직하던 1949~1953년에 34명의 교육학자, 심리학자, 학교 감독관 들과 수차례 논의하여 '교육 목적 분류 체계(Taxonomy of Educational Objectives)'를 정립했다.

블룸의 교육 목적 분류 체계에 따르면 교육은 인지적·정의적·정신운동적 영역으로 나뉜다.[196] 인지적 영역의 지력, 정의적 영역의 심력, 정신운동적 영역의 체력을 균형 있게 계발하는 것을 교육의 목표로 본 것이다. 블룸의 교육 목적 분류 체계는 당초 대학교 교육에서 활용하려고 개발되었지만, 점차 초·중·고등학교에서도 사용되기에 이른다.

3. 냉전과 교육에 대한 열정 사이

1930~1950년대에 취학률이 급격히 증가하면서 학교의 역할에 대한 고민도 더욱 깊어졌다. 이에 따라 실용적인 수업 위주의 '생활 적응 교육(Life Adjustment Education)'이 미국 전역의 공립 고등학교에서 시행되었다.

생활 적응 교육 과정은 지역 사회 문제 해결 방안이나 혹은 위생 등 학교 교육과 실생활을 접목시키는 과목들로 이루어졌다.[197] 무엇보다 생활 적응 교육은 대부분의 학생들이 대학교 교육을 목표로 하기에는 능력이 부족하다는 것을 전제로 했다. 심지어 생활 적응 교육의 선구자였던 찰스 프로서Charles Prosser(1871~1952)는 1947년에 이렇게 주장했다.

"미국 청소년들 중 20%만이 대학교 진학 준비를 위한 교육 과정에 적합하고, 20%에게는 숙련공이 되기 위한 직업 훈련이, 이 모두에 들기 어려운 나머지 60%에게는 생활 적응 교육이 필요합니다."[198]

프로서의 주장이 국가적 차원에서 받아들여지면서 공립 고등학교에서는 대학교 진학을 위한 교육보다 생활 적응 교육이 주를 이루는 것처럼 보였다. 그러나 이 같은 생활 적응 교육이 전체 교육의 질을 떨어뜨린다는 비판도 이어졌다.

소련의 스푸트니크 1호 발사가 미국 교육을 뒤흔들다

생활 적응 교육의 득실得失에 대한 논란이 계속되던 가운데, 결국 생활 적응 교육을 주도한 교육가들이 철퇴를 맞는 사건이 발생했다. 바로 1957년에 소련이 세계 최초의 인공위성인 스푸트니크 1호를 발사한 것이다.

제2차 세계대전이 끝나고 냉전이 시작되면서 사회공산주의 국가인 소련과 대척점을 이루던 자유자본주의 국가인 미국은 소련이 먼저 인공위성을 쏘아 올렸다는 발표에 경악을 금치 못했다.[199] 국민들의 비난 여론에 미국 정부는 높은 수준의 수학자, 과학자, 공학자 들을 육성하지 못해 미국이 우주 개발 경쟁에서 앞서 나가지 못하고 있다고 발표했다. 이에 따라 학문중심주의에서 동떨어진 진보주의적 교육으로 국가 안보가 위협을 받고 있다는 비난도 이어졌다.

이처럼 '교육 실패'가 미국이 우주 경쟁에서 뒤쳐지게 된 근본 원인으로 지목되면서 연방정부가 교육 과정 개혁을 위해 발 벗고 뛰어들게 되었다. 연방정부는 우수 학생 양성을 위한 프로그램 개발에 자금을 쏟아 붓는 등 교육 개입에 적극 나섰다. 1958년에 연방의회는 '국가방위 교육법(NDEA)'을 통과시켜 연방정부 차원에서는 처음으로 교과 교육을 지원하기 시작했다.[200] 이에 따라 우수한 학생들이 대학교와 대학원에서 수학, 과학, 외국어 등을 전공할 경우 연방정부가 저금리 대출 자금을 지원해주기에 이르렀다.

학계의 노력도 뒷받침되었다. 1958년에 미국국립과학원(NAS)이 전 세계 유수의 수학자, 심리학자, 생물학자 등을 초청해 학회를 열기까지 했다. 이 자리에서 하버드 대학교의 교수이자 심리학자인 제롬 브루너Jerome Bruner(1915~2016)를 주축으로 복잡다단해지는 초·중·고등학교 과정을 지도하기 위한 이론적 토대가 마련되었다.[201]

브루너는 학회에서의 논의 등을 모아 1960년《교육 과정The Process of Education》을 집필했다.《교육 과정》의 핵심은 "교과 과목들을 학생들의 지적 발달 단계에 맞춰 가르칠 때 가장 효과적이다"라는 것이었고, 이는 곧 다양한 교육 과정으로 가시화되었다.[202] 각 교육 과정을 가르칠 때 '발견학습(Discovery Learning)'이 주된 교수법으로 활용되기에 이르렀다.[203]

그러나 실제로 학교 현장에서 모든 교사들이 발견학습법으로 새로운 교육 과정을 가르친 것은 아니었다. 교육 과정 개발에서 교사들이 배제되다 보니, 그만큼 새로운 교육 과정의 활용도도 떨어지게 된 것이다. 그러나 교육에 대한 연방정부 차원의 지원은 우수하고 창의적인 인재 양성에 대한 범국민적인 관심을 촉발시켰다. 이는 다양한 관련 프로그램 개발로 이어졌다.

체력은 국력!

냉전 시대의 경쟁은 첨단 기술 분야라든가 우주 개발 분야에만 국한된 것은 아니었다. 체력 경쟁도 한창 이루어졌다.

1955년에는 주간지 〈스포츠 일러스트레이티드Sports Illustrated〉가 미국 청소년들의 체육 교육에 큰 영향을 미친 체력 검정 관련 연구 결과를 발표하여 이런 분위기에 불을 지폈다. 〈스포츠 일러스트레이티드〉에 의하면 근육의 힘과 유연성을 측정하는 검사(크라우스 웨버 테스트Kraus-Weber Tests) 결과 여섯 가지 검사 항목 중 한 가지 이상 항목에서 무려 60%에 달하는 학생들이 탈락했다고 한다.[204] 비교 대상이 된 유럽 학생들의 탈락 비율은 8.7%만이었다.

미국 국민들은 큰 충격을 받았다. 심지어 제2차 세계대전 때 서유럽 연합군 최고 사령관이기도 했던 당시 대통령 드와이트 아이젠하워Dwight Eisenhower(1890~1969)는 냉전 체제에서 학생들의 낮은 체력이 국가의 안보는 물론, 자유주의 체제를 위협하는 요소가 될 수 있다고 생각했다.[205]

학생들의 체력 향상 방안을 논의하는 회의가 수차례 열렸고, 〈스포츠 일러스트레이티드〉의 발표로부터 불과 1년 뒤인 1956년에는 '대통령 산하 청소년 체력 위원회(PCYF)'와 '청소년 체력 자문 위원회(Citizens Advisory Committee on the Fitness of American Youth)'가 설립되었다. 이 기관들은 체력 검사 기준과 측정 방법을 개발하는 역할을 맡았다.

아이젠하워 대통령 집권 당시 PCYF는 '체력(Fitness)'의 의미를 신체적인 부분에만 국한시키지 않았다. 체력을 "신체적인 것은 물론 영적·정신적·감정적·사회적·문화적인 전인全人을 포함한다"고 정의한 것이다.[206] 이는 20세기 초 저명한 체육 교육가인 제시 윌리엄스Jesse F. Williams(1886~1966)의 철학을 반영한 것이다.

윌리엄스는 신체 활동이란 단순히 몸을 단련시키는 것은 물론, 한 사람을 교육시키는 일련의 활동이라고 보았다. 그래서 체육 교육이 "스스로 최선을 다할 수 있게 하고, 다른 사람에 대한 존중, 다른 팀에 대한 관대함, 같은 팀원들에 대한 신뢰를 보여줄 수 있는 것은 물론, 민주적인 삶을 살 수 있게 해준다"고 강조했다.[207] 윌리엄스는 신체적·지적·감성적·사회적인 부분들이 모두 연결되어있다고 보기까지 했다. 이와 같은 측면에서 체육 교육이 체력을 향상시키고 자존감을 높이는 것은 물론, 사회성 발달을 촉진하는 역할도 할 수 있다고 주장하는 등 '전인체육(Total Fitness)' 개념을 제시했다.

PCYF가 윌리엄스의 '전인체육' 개념을 도입한 이면에는 국가 주도의 신체 단련 프로그램을 법제화하던 소련 등 공산주의 국가와 미국은 다르다는 것을 보여주기 위한 측면도 컸다. 이는 당시 아이젠하워 행정부가 국가 주도의 신체 활동 프로그램도 미국 고유의 자유정신을 반영해야 한다고 믿었기 때문이다. PCYF의 첫 책임자였던 셰인 매카시Shane MacCarthy(1909~1983)는 '놀이 기반의 체육 활동(Play-Based Physical Activity)'을 중시했고, 이에 따라 아이들이 어른들의 과도한 감독 없이 놀 수 있도록 시간과 공간을 마련해주어야 한다고 주장했다.[208]

그러나 아이젠하워 행정부의 '전인체육' 정책은 정치적으로 각광받지 못했다. 냉전 시대에는 제3차 세계대전이 발발할 수 있다는 위

공원에서 체육 활동을 하는 청소년들

기감이 감돌았고, 그에 대비하기 위한 학생들의 체력 단련을 위해서
는 좀 더 체계적이고 측정 가능한 체육 교육 정책이 필요하다는 의
견이 지배적이었기 때문이다. 그래서 뒤이어 등장한 존 F. 케네디
John F. Kennedy(1917~1963) 대통령 행정부는 찰스 맥클로이Charles Mc-
Cloy(1907~1959)의 체육 교육 모델에 입각해 측정 가능한 체육 활동
기준을 세우기 시작했다.

아이오와 대학교의 교수였던 맥클로이는 반복되고 측정 가능한 체
력 검사를 통해 학생들의 체력 향상 여부를 확인할 수 있다고 주장했
다.[209] 케네디 행정부의 체육 교육 정책은 학생들의 선택의 자유를 저
해했지만, 신체 단련 운동의 기준을 세우고 이를 시스템화했다는 점
에서는 긍정적인 평가를 받고 있다.[210]

1970년대의 올림픽 대회들에서 미국이 소련을 비롯한 사회공산주
의 국가들보다 메달을 덜 따자 리처드 닉슨Richard Nixon(1913~1994)
대통령과 제럴드 포드 대통령 시기의 체육 교육 정책은 엘리트 위주

의 교육으로 바뀌었다. 그러나 아이젠하워 행정부의 놀이 기반 체육 활동과 닉슨 행정부의 시스템화된 체력 평가는 현재 미국 전역의 운동장과 체육관, 공원 등에서 여전히 활용되면서 체육 교육의 기반을 제공하고 있다.

4. 누구에게든 동등한 학습 기회를 주는 미국 사회

교육 정책의 문제는 크게 평등한 교육 기회(Access), 교육의 질 (Quality), 효율성(Efficiency), 형평성(Equity) 등에 따라 나눌 수 있다.

미국 학교들은 공교육 시스템이 도입된 이래 더 많은 학생들을 위해 교육의 기회를 확대해왔고, 교육의 질을 높이기 위한 노력도 계속해왔다. 그러나 20세기 초반까지도 인종과 성별, 사회경제적 지위 (Socioeconomic Status) 등은 여전히 '기회의 평등'을 가로막는 벽으로 작용됐다.

결과의 평등이 아닌, 기회의 평등을 위하여

흑인을 비롯한 유색인종들은 언제나 교육의 기회와 멀리 떨어져있었다. 하지만 1950년대 이후 보편적 공교육에 대한 관심이 높아지면서 '기회의 평등'을 위한 본격적인 움직임이 나타났다. 첫 포문을 연 것은 1954년 연방 차원에서 인종에 따른 분리 교육을 금지하는 '브라운 판결(Brown v. Board of Education of Topeka)'이었다.

이는 캔자스 주의 주도州都인 토피카Topeka에서 살던 한 흑인 소녀가 집에서 가까운 백인 학교로의 입학이 거절당하자 그의 아버지 올리버 브라운Oliver L. Brown(1918~1961)이 토피카 교육 위원회를 상대로 소송을 내면서 시작되었다. 1868년에 비준된 '수정헌법 제14조'는 어떤 주·지역정부도 적법한 절차를 통하지 않고는 시민들의 생명, 자유, 재산권을 침해하도록 강제할 수 없다고 규정했기에 '브라운 판결'의 근거가 되었다.[211] 흑백 분리 교육이 시민들의 고유한 교육의 자유를 침해하므로 헌법에 위배된다는 판결이 나온 것이다. 그러나 남부 지역 사회와 백인 학교들은 이와 같은 판결에 반발했고, 흑백 통합 교육에 참여하는 백인 학교의 수도 적었다. 본격적인 흑백 통합 교육은 1960년대 이후에야 물꼬를 트기 시작했다.

케네디 대통령의 뒤를 이은 린든 존슨Lyndon Johnson(1908~1973) 대통령은 '위대한 사회(The Great Society)'를 기치로 내걸고 교육을 통한 빈곤 퇴치에 앞장섰다. 이에 따라 연방의회는 1965년에 '초중등교육법(ESEA)'을 통과시켰다. '초중등교육법 제1조(Title I)'는 저소득층 아이들이 무상 교육을 받을 수 있도록 연방 차원의 지원을 명시했다. 그래서 초중등교육법 최초 예산 중 대부분은 제1조와 관련된 부분에 투입되었다.[212]

초중등교육법이 도입되기 전까지 각 학교의 재정은 주정부나 지역 예산으로 충당되었기에 각 지역 학군의 재정 수준과 그에 따른 교육의 질은 천차만별이었다. 하지만 초중등교육법 덕에 저소득층 학생들이 있는 학군에 연방정부의 재정이 투입되자 상대적으로 부유한 지역의 의회 등은 이 법안 시행에 반발했다. 이에 존슨 행정부는 정치적 충돌을 피하고자 재정 지원이 가장 필요한 학군이 아닌 거의 모든 학군에 초중등교육법 제1조의 예산을 지급시켰다. 결국 이 예산은 저소득층 학생들을 지원하는 것은 물론 다른 목적을 위해서도 사용될 수 있게 되었고, 심지어 교직원 월급이나 악기 구입 비용 등으로도 쓰였다. 저소득층 학생들을 지원한다는 본래 취지가 연방 차원의 교육 예산을 늘리는 방향으로 바뀐 것이다.[213]

닉슨 행정부는 1970년대에 초중등교육법 제1조 예산을 당초 목적대로 저소득층 학생들과 학업성취도가 낮은 학생들에게 배정하도록 법 집행을 강화했다. 대상 학생들은 보충 수업을 비롯한 학업 지원을 받았지만, 이에 대해 '보여주기식'이라는 비판도 제기되었다. 하지만 이 같은 보충 수업 등을 계기로 장애학생들의 교육을 위한 지원에 대한 관심이 커졌고, 이에 따라 1975년에는 '전장애아교육법(EAHCA)'이 통과되었다. 전장애아교육법은 지적장애나 신체적 장애를 지닌 학생들의 제한된 환경을 최소화하고, 특별한 경우를 제외하고는 장애학생들이 일반 교실에서 통합 교육을 받을 수 있도록 명시했다.[214]

린든 존슨 대통령의 '빈곤과의 전쟁' 선포는 저소득층 아동들과 그 가족들을 위한 조기 개입 정책으로도 이어졌다. 존슨 행정부는 저소득층 가정의 3~5세 아동들을 대상으로 교육·복지 혜택 등을 제공하는 '경제기회법(EOA)'을 1964년에 통과시켰고 헤드 스타트 프로그램Head Start Program도 시행했다. 헤드 스타트 프로그램은 저소득층 아동에게 유치원 등 조기 교육에 참여할 수 있는 기회를 보장하는 것은 물론, 인지 발달 및 의료, 영양 관련 서비스 등 일반 가정의 아이들

이 누릴 수 있는 환경을 제공함으로써 빈곤의 세습을 막는 것을 목표로 했다.[215]

사실, 데이케어와 프리스쿨 등 미국의 취학 전 교육은 대개 민간에서 운영하기에는 비싼 편이다. 그래서 저소득층 아동들은 취학 전 교육의 혜택을 누리지 못하는 경우가 많았다. 헤드 스타트 프로그램의 실효성에 대한 논란은 계속되었지만 빌 클린턴Bill Clinton 대통령 행정부 등은 이 프로그램의 질적 수준을 향상시키려는 노력을 계속했고, 오바마 행정부에서는 헤드 스타트 프로그램의 효율성을 담보하기 위해 책무성 강화 정책을 펼치고 있다.[216] 이와 함께 오바마 대통령은 연임 이후 '전 국민 무상 조기 교육 프로그램(Pre-K for All)' 확대를 위해 지속적인 노력을 기울인 바 있다.[217]

'기회의 평등'을 향한 외침은 성별에 따른 교육 차별도 철폐해야 한다는 움직임으로 번졌다. 특히 성별에 따라 제한된 체육 교육을 바꿔야 한다는 목소리가 터져나온 것이다. 미국에서는 체육 교육의 시스템화로 남성 청소년들이 각종 스포츠 활동을 즐길 수 있었지만, 여성 청소년들은 그 혜택을 누리지 못하고 있었다. 당시 여학생들은 남학생들과 달리 팀을 이루는 스포츠를 할 수 없고, 제대로 된 훈련도 받을 수 없는 편이었다.

여성 인권 운동가들이 이러한 현실을 지적하자 연방의회는 1972년에 '교육법 제9조(Title IX)'를 개정함으로써 체육 교육과 직업 교육 등 연방정부가 지원하는 모든 교육 프로그램에서 성별에 따른 차별을 철폐하도록 했다.[218] 그러나 이러한 개정안이 제대로 시행되기까지 꽤 오랜 시간이 걸렸다. 보수적인 남부 지역 학군들은 연방정부의 교육 프로그램 지원 예산마저 거부하며 정책 실행을 보이콧했다. 그러나 점진적인 개혁이 이루어지면서 여학생 스포츠팀도 인정을 받기 시작했고, 체육 교육은 물론 남성 편향적이던 교과서 내용도 바뀌었다. 이 같은 변화의 물결 덕에 여학생 스포츠팀은 초·중·고등학교와 대학교에서는 물론 평생 스포츠 분야에서도 각광을 받고 있다.

이 밖에도 교육 평등을 지향하는 미국의 교육 정책은 불법체류자들의 자녀들에게도 공립 학교에서 교육받을 수 있도록 길을 열어주었다. 지난 2014년 5월에 미국 법무부와 교육부는 공동으로 "미국 내의 모든 어린이들은 그들의 인종, 피부색, 국적, 시민권 보유 여부, 체류 신분에 상관없이 동일하게 공립 초등학교와 중·고등학교에서 교육받을 권리가 있다"는 내용의 교육 지침을 전국의 모든 교육청에 내려보냈다.[219] 이처럼 인종, 성별, 신분의 차이를 넘어 교육 기회의 평등을 확보하기 위한 미국 정부의 노력은 지속적인 법·제도 개선으로 이어지고 있다.

 집중 탐구 018 텍사스 A&M 대학교[220]

미국 텍사스 주 칼리지스테이션College Station에 있는 텍사스 A&M 대학교(Texas A&M University)는 미국의 대표적인 연구 중심 공립 대학교다.

텍사스 주의 첫 번째 공립 고등 교육 기관이기도 한 텍사스 A&M 대학교는 1876년에 설립 당시 백인 남성들만 입학할 수 있었으며, 학생들은 학군단(Corps of Cadets)에 입단해 군사 훈련을 받아야만 했다.

그러나 제임스 루더James E. Rudder 총장이 재임하던 1960년대에는 인종·성별 차별을 철폐하고 흑인과 여성도 입학할 수 있게 하면서 다양성이 확대되었다. 텍사스 A&M 대학교 학생들의 학군단 입단 규정도 1965년에는 자발적인 것으로 바뀌었지만, 학군단은 여전히 텍사스 A&M 대학교의 정신과 전통의 수호자 같은 역할을 하고 있다.

특히 텍사스 A&M 대학교는 미국에서 ROCT(Reserve Officers' Training Corps) 프로그램을 운영하는 6개 상급 군사대학교(Senior Military Colleges)들 중 하나로 남아있을 정도로 군사 교육 전통을 중시한다.

텍사스 A&M 대학교 학군단의 가두 행진

《위기에 처한 국가》 보고서가 미국 교육의 수월성 향상을 꾀하다

1983년 로널드 레이건Ronald Reagan(1911~2004) 대통령 산하의 '국가 교육 개선 위원회(National Commission on Excellence in Education)'는 이후 미국의 국가 교육 정책에 획기적인 영향을 미친 보고서를 발표했다. 바로 미국 공교육의 실상을 담았다는 《위기에 처한 국가*A Na-tion at Risk*》 보고서다.

이 보고서는 학교 교육의 낮은 질 때문에 국제경쟁력이 떨어지고 있다고 경고했다.[221] 소련의 스푸트니크 1호 발사를 계기로 제기되었던 교육에 대한 비판이 일본과 독일 등과의 경제 전쟁을 계기로 다시 수면 위로 올라온 것이다.

레이건 행정부는 낮은 학업 기준과 약화된 학교 시스템 때문에 미국이 자동차 산업 등 제조업 분야에서 타국에 뒤처지고 있다고 지적했다. 그러면서 학교에 기업과 같은 경쟁 체제를 들여와야 한다고 주장했다. 이 보고서의 내용이 사실을 과장한 것이라는 주장도 나왔다. 보고서에서 강조하는 것과 달리 극단적인 학업성취도 하락은 나타나지 않았으며, 공교육 체계가 오히려 더 많은 학생들에게 교육의 기회를 제공해왔다는 반박이었다.

그러나 각 주·연방 정책가들은 세계적인 경쟁 시대에 발맞춰 《위기에 처한 국가》 보고서에 주목했다. 이에 따라 교육을 통한 기회의 평등과 형평성을 추구해왔던 연방 교육 정책은, 1983년 이후 수월성·효율성 위주의 정책으로 전환되었다. 교과 관련 수업 시간은 더 많아졌고, 교사를 평가하는 잣대는 더 엄격해졌으며, 학생들의 학업성취도를 평가하는 표준화된 시험의 수도 늘어났다.[222]

교육 개혁이 점점 더 이슈화되자, 1988년 대통령 선거에서 조지 H. W. 부시 후보는 '교육 대통령(The Education President)'이 되겠다고 공언하며 대통령에 당선되었다. 부시 대통령은 학생들의 학업성취도를 높이기 위해 주별 기준을 세우고 강화하는 정책을 지지했다. 그 기조의 바탕에는 미국이 세계 경제에서 우위를 차지하기 위해 세계적인 학교 교육 시스템이 필요하다는 의지가 담겨있었다. 부시 대통령은 모든 미국 학생들이 영어·과학과 같은 중심 과목에서 우수한 성취도를 나타낼 수 있도록 지원하는 '아메리카 2000America 2000' 개혁안을 내놓았다. 부시 대통령은 국가 표준 교육 과정 시행과 시험 도입 등을 추진했지만, 여당인 공화당도 지방 자치의 영역으로 여겨졌던 교육 문제에 연방정부가 주도적으로 개입하는 것을 찬성하지는 않았다.[223]

이렇듯 부시 대통령의 교육 개혁안은 실패했지만, 이는 다음 대인 클린턴 행정부의 교육 개혁 정책에 큰 영향을 미치게 된다. 빌 클린턴 대통령은 진보와 보수 세력을 아우르며 1994년에 '아메리카 2000'의 내용을 골자로 한 '목표 2000(Goals 2000)'을 의회에서 통과시켰다. '목표 2000'의 내용은 수학·영어 과목에 대한 최소 교육 기준을 설정하고 평가하는 주에 연방정부의 재정을 아끼지 않겠다는 것이었다. 이와 함께 클린턴 행정부는 1994년에 초중등교육법 제1조의 개정안 등을 담은 '미국학교개선법(IASA)'을 발표했다.

이 개정안의 핵심은 저소득층 학생들은 물론 모든 미국 학생들을 위한 '수월성 교육(Excellence in Education)'을 추진하겠다는 것이었다. 이와 같은 정책들은 주 차원의 교육 기준을 세우도록 독려하는 데는 성공했지만, 교육 기준에 대한 평가를 의무화하지는 못했다.[224]

클린턴 대통령의 다음 대인 조지 W. 부시George W. Bush 대통령은

2002년 1월 '낙오아동방지법(NCLB)'에 공식 서명했다. 낙오아동방지법은 클린턴 행정부의 교육개정안을 강화해 각 주가 설정한 교육 기준을 평가할 때 그 책임과 의무를 강조했다.[225] 이 법안을 통해 각 주가 모든 학생들을 대상으로 3학년에서 8학년까지 매년, 그리고 11학년에는 한 번 수학·영어 시험을 치르도록 의무화했다. 또한 이 법안이 공포된 뒤 입학한 초등학생이 고등학교를 졸업하는 2014년까지 수학·영어에서 '학년성취도(The Level of Proficiency)'를 달성하도록 했다.

이 법안은 각 학교들은 물론 학생들을 인종과 성별 등에 따른 그룹으로 나누어 각 그룹의 학생들이 '연간적정향상도(AYP)'를 보이고 있다는 것을 증명하도록 했다. 예를 들면, 어떤 학교를 평가할 때, 그 학교 3학년 학생 전체가 정해진 기준을 달성하는지도 평가하지만, 흑인 학생들이나 히스패닉 학생들이 정해진 기준을 달성하는지도 평가하는 것이다. 이러한 조치는 어떤 인종적·사회적 배경을 가진 학생들도 학업 성취 면에서 뒤떨어지지 않게 하겠다는 정책적 의지를 잘 보여준다.

만약 어떤 학교가 이를 2년 연속 충족시키지 못할 경우 해당 학교의 학생들은 다른 학교로 전학을 갈 수 있으며, 제재 강도는 갈수록 높아져 5년이 넘도록 발전이 없으면 해당 학교는 지방정부 등으로부터 엄격한 심의를 받는 차터 스쿨Charter School로 전환되거나 교직원들을 모두 바꾸는 등의 강력한 조치를 받도록 했다.[226]

그러나 낙오아동방지법은 시행 후 다양한 문제점들을 드러냈다.

무엇보다 주마다 자체적으로 기준을 세우다 보니 숙달 기준 자체를 낮게 설정한 것이다. 학교의 질을 시험 점수로 평가하는 것도 큰 문제였다. 시험 과목이 아닌 교과 과목의 경우 수업 시간이 축소되는 등 시험 중심의 교육이 강화되는가 하면, 높은 시험 점수를 받기 위한 부정 행위가 적발되기도 했다.[227] 많은 주에서 학생들의 창의력과 비판적 사고력을 높이는 평가 방식보다, 객관식과 같이 점수를 빠르고 쉽게 낼 수 있는 방식으로 시험을 대체했다.

이에 교육 정책자들은 다시 주별 기준이 아닌 국가 차원의 표준 교육 기준으로 눈을 돌렸다. 국제학업성취도평가에서 좋은 성적을 보인 국가들이 국가 공통의 표준화된 교육 기준을 가지고 있다는 통계도 공통 국가 성취 기준 마련 움직임의 토대가 되었다.[228]

'공통핵심국가성취기준' 채택

공통 국가 성취 기준 마련에 대한 논의 끝에 미국의 48개 주가 초·중·고등학교 학생들을 위한 영어·수학 과목 공통 국가 성취 기준을 지지했다. 그리하여 2010년 6월에는 '공통핵심국가성취기준(CCSS)' 최종안이 발표되었으며, 2016년 현재 42개 주가 이 기준을 채택하고 있다.

CCSS는 학생들이 고등학교를 졸업한 뒤 대학교나 직장의 훈련 프로그램에서 성공적으로 적응할 수 있도록 높은 수준으로 설정되었다.[229] 이는 기존의 낙오아동방지법으로 인해 설정된 낮은 기준과 낮은 학업성취도가 제대로 된 대학교 교육과 직업 교육 준비를 저해했다는 비판이 반영된 것이었다. 물론 CCSS는, 똑같은 교육 과정을 강제한 것이 아니라, 국가 공통의 기준을 설정한 것이다. 따라서 각 학교들과 교사들이 무엇을 가르치고 어떻게 가르칠지를 자율적으로 결정할 수 있다. 오바마 행정부는 2009년에 '최고에 이르는 경주(RttT)' 프로그램을 만들어 CCSS 채택과 재정 지원을 연계했다. 2007년에 발발한 서브프라임 모기지 사태로 촉발된 경제 위기 속에서 재정난에 시달리던 대부분의 주는 CCSS를 채택하기에 이르렀다.[230]

그러나 CCSS에 대한 비판도 만만치 않다. 미국은 학교 교육을 통해 개개인의 다양성을 존중하고, 직업 교육 등을 통해 기업가정신을 기르며 국가경쟁력의 발판을 마련해왔다. 그런데 CCSS를 통해 학업성취도가 중시되면서 전통적인 미국 교육의 강점이 약화될 수 있다는 우려의 목소리가 나온 것이다.[231] 카토 연구소(The Cato Institute)의 교육 자유 센터 부책임자인 닐 맥클러스키Neal McCluskey는 2010년 정책 연구 보고서를 통해 지방 자치 중심의 학교 교육에 익숙한 미국인들은 낙오아동방지법에 반감을 나타냈으며, 학업 성취에 대한 지나친 강조는 미국 문화와 맞지 않다고 분석했다.

맥클러스키는 "근면하지만 학문에 얽매이지 않고, 개척자정신과 기업가정신을 중시하는 것이 미국인들의 정체성을 형성하는 근간이다"라며, "미국인들은 학문보다는 비교과 활동과 직업 활동을 더 강조하는 경향이 있다"고 주장했다. 그러면서 미국의 학교들과 학생들이 수학적이고 과학적인 기술과 지식보다는 '비판적 사고'와 덜 구체적이고 측정이 어려운 결과물에 더 중점을 둔다는 연구 결과에 주목하라고 했다. 일본이나 중국에서 온 학생들이 일반 미국 학생들에 비해 수학적이고 과학적인 기술과 지식 등에 대한 학업성취도를 더욱 중시하는 것도 이런 문화적 차이를 보여준다면서 말이다.[232] 실제로 미국 학생들은 자신보다 성적이 잘 나오는 학생을 시기하기보다는 인정하고 시험 점수보다 본인의 흥미에 집중하는 편이다.

오바마 대통령은 이 같은 여건을 반영해 2015년 12월 낙오아동방지법을 대신할 '모든학생성공법(ESSA)'을 발표했다. 이에 따라 기초교육 강화라는 기존 법안의 취지를 존중해 낙오아동의 발생을 방지하기 위한 각종 지원은 계속하되, 연방정부 주도의 공교육 관련 의사결정 권한 등을 상당 부분 주정부로 넘겼다. 아울러 학생들의 학업성취도 평가를 위해 연례 시험은 계속 치르도록 했지만, 시험 결과를 교사·학교에 대한 상벌과 연계하는 것은 지양하기로 했다.[233]

이와 관련해 일부 주정부에서는 낙오아동 관련 교육 정책을 자체적으로 실행할 만한 능력이 부족하다는 우려의 목소리도 나오고 있다. 그러나 교육의 지방 자치를 중시하는 미국 본연의 문화를 존중하는 결정이 내려진 만큼, 향후 교육 개혁 방안과 실행 결과에 귀추가 주목된다.

학교 선택 기회의 확대

《위기에 처한 국가》 보고서 이후 자유 경쟁 시장 개념을 도입해 공립 학교의 질을 개선하자는 움직임이 일면서 공립 학교에도 '선택의 시대'가 도래했다. 바로 교육 수요자인 학생들과 학부모들이 학교를 고를 수 있도록 선택의 폭을 넓힌 것이다.

물론 선택의 확대에 대한 평가는 엇갈린다. 특히 논란이 되고 있는 학교 선택 유형 가운데 '바우처Voucher'라는 프로그램이 있다. 바우처 프로그램은 학생들이 학비를 걱정하지 않고도 사립 학교에 지원할 수 있도록 혜택(Voucher)을 지급하는 것이다. 바우처 프로그램의 수혜 대상은 가정 형편이 어려운 저소득층 학생, 장애가 있어서 특수 교육이 필요한 학생, 해당 학군의 공립 학교 수준이 지나치게 낮아서 제대로 된 수업을 받을 수 없는 학생, 군인 자녀 등이다.

주정부는 바우처 프로그램 대상 아동의 학부모에게 수표를 보내고, 학부모는 그 수표를 학생이 등록한 사립 학교에 학비로 낸다. 학부모는 그 수표를 현금으로 바꾸거나 다른 용도로 사용할 수 없고, 오직 자녀가 등록한 학교의 등록금으로만 사용할 수 있다. 또한 주정부에서 받은 바우처로 수업료 및 교재 비용, 시설 사용료 등을 지불할 수는 있지만, 방과 후 수업이나 과외 활동비는 따로 지불해야 한다.

이러한 바우처 프로그램이 처음 등장하게 된 계기는 노벨 경제학상을 수상한 경제학자 밀튼 프리드먼Milton Friedman(1912~2006)의 〈교육에서 정부의 역할The Role of Government in Education〉이라는 논문 때문이다. 프리드먼은 이 논문으로 공적 자금을 사립 학교에 지원할 경우 학교 간 경쟁 구도가 심화되고, 이는 학생들의 높은 학업성취도를 이끈다고 주장했다.

많은 이들이 이러한 프리드먼의 생각을 옹호했고, 결국 1989년에는 위스콘신 주 밀워키Milwaukee에서 처음으로 바우처 관련 법안이 통과되었다. 이후 밀워키의 저소득층 학생들이 바우처로 사립 학교에 입학한 이래, 현재 13개 주와 워싱턴D.C. 등에서 바우처 프로그램이 시행되고 있다.[234] 바우처 프로그램이 사립 학교와의 경쟁을 통해 공립 학교의 교육 개선을 이끌어낼 것이라는 의견도 있지만, 일단 공립 학교에 사용되어야 할 예산을 사립 학교에 투입하는 셈이니 오히려 공립 학교의 질 저하를 초래할 수 있다는 우려의 목소리도 높다.

공립 학교를 다양화해 선택의 기회를 확대하려는 시도도 계속되고 있다. 특화된 프로그램을 제공하는 대안적인 공립 학교인 마그넷 스쿨이 한 예다. 제4장 '세계를 변화시킬 능력을 길러주는 영재교육'에서도 소개했던 마그넷 스쿨은 대개 학군과 상관없이 성적 등 일정 수준의 자격을 갖추면 지원할 수 있으며, 추첨을 통해 학생을 선발한다.

일반 공립 학교가 주정부 등 지방정부의 통제 아래 운영되는 데 반해, 교육 방법과 내용 등을 학교 자체에 일임하는 차터 스쿨도 있다. 차터 스쿨은 헌장(Charter)을 바탕으로 학교가 운영되며, 해당 헌장에는 학교의 의무·철학, 평가 방법은 물론 학생과 학부모의 역할 등도 포함되어있다. 차터 스쿨은 자율적인 학교 운영을 기반으로 하면서도 일반 공립 학교처럼 주정부 등 지방정부로부터 지원을 받는다. 그래서 주마다 차이는 있지만 차터 스쿨은 학교 운영의 책무성을 높이기 위해 3~5년마다 재심의를 받고 재계약을 체결해야 한다.[235]

만약 헌장에 담긴 내용을 이행하지 못할 경우 계약은 취소되고 학교도 폐교 조치된다.

멈출 수 없는 인성·시민교육

미국에서는 1983년 이후 강조되고 있는 표준화된 수월성 교육 물결 속에서도 조화롭고 비판적 의식을 견지하는 시민 양성을 위한 '시민교육(Civic Education)'이 계속되고 있다. 이에 따라 클린턴 행정부가 1994년 추진한 '미국학교개선법(IASA)'에는 연방정부 차원에서 인성교육을 지원하는 법안도 포함되었다.[236]

연방정부는 미국학교개선법을 통해 1995년부터 2001년까지 인성교육 파일럿 프로그램을 시행하도록 예산을 지원했다. 인성교육은 학교 교육을 통해 가족, 지역 사회, 국가 등이 어떻게 연결되었는지를 고민하고, 긍정적인 인성을 형성하는 것을 목표로 한다.[237] 이러한 미국의 인성교육은 무엇보다 비판적이고 열린 사고를 견지하는 시민을 양성하기 위해 시행되고 있다. 현재 거의 모든 주에서 인성교육을 법으로 강제하거나 장려하고 있으며, 각종 교육 관련 비영리 기관들도 도덕적인 시민 양성을 기치로 내걸고 인성교육 관련 프로그램을 운영하고 있다.[238]

일부 지역에서는 인성교육을 통해 학생 개인은 물론 학교와 지역 사회가 변모하는 사례까지 볼 수 있다. 그 대표적인 사례가 오클라호마 주의 무스코지 공립 학교(Muskogee Public School)의 변화다. 무스코지 공립 학교에서 인성교육 프로그램을 실시했던 Character.org

의 인성학교(Schools of Character)의 책임자인 셰릴 모건Sheril Morgan 은 해당 학교의 변화에 대해 다음과 같이 말했다.

무스코지 공립 학교는 한때 부정적 이미지의 대명사였습니다. 학 부모들은 자녀들을 이 학교에 보내는 걸 꺼렸고, 교사들도 무스코 지 학교에 부임하는 걸 주저했어요. 몇몇 교사들은 종종 급여 때문 에라도 지역의 다른 부유한 학교에서 근무하는 걸 선택하기도 했고 요. 학생들은 오클라호마 주의 중간 크기 마을인 무스코지에서 학 교를 다녔다고 말하는 것을 자랑스러워하지 않았습니다.

그런 가운데 무스코지 공립 학교는 2009년 인성교육과 관련한 Character.org의 국가 포럼에 참여했습니다. 저희 Character.org 는 비영리 단체입니다. 저희의 비전은 청소년들을 교육시키고, 청 소년들이 열의를 갖도록 격려하며, 청소년들에게 권한을 부여하여 이들이 사회 이슈에 관심을 갖고 선거에도 적극 참여하는 윤리적인 시민이 되도록 돕는 것입니다.

Character.org의 열한 가지 인성교육 원칙에 대한 교육을 계획적 으로 시행한 뒤, 무스코지 공립 학교의 풍토는 완전히 바뀌었습니 다. 이 열한 가지 원칙은 학교가 학생들의 자발성을 계발하도록 돕 고, 학생들의 인성 형성을 위해 학교가 학생들의 가족들 및 지역 구 성원들과 파트너 관계를 맺는 것 등을 포함합니다.

이후 무스코지 공립 학교에서는 학생들에 대한 징계가 반으로 줄었 고, 학업성취도는 지난 15년간의 그 어느 때보다 높아졌습니다. 학생들과 교직원들의 사기도 사상 최고로 진작됐고요. 이 학교에서는 이 과정에서 가족적인 분위기가 형성되었고, 바로 '그' 학교에서 불과 몇 년 사이에 '최고의' 학교로 바뀌었습니다. 힘든 일이었지만 그만큼 가치 있는 일이었지요.

조화로운 시민 양성을 위한 미국의 시민교육은 '민주주의의 꽃'이라고 할 수 있는 선거 교육에서도 잘 드러난다. 바로 유치원생부터 모의 선거에 참여할 수 있도록 하는 '어린이 투표(Kids Voting)' 교육 프로그램이다.

'어린이 투표'는 1991년 애리조나 주에 기반을 둔 비영리 기관인 '미국어린이투표(Kids Voting USA)'에서 시작되었다. 이 기관의 창립자들은 투표율이 90%가 넘는 코스타리카에서 아이들도 투표를 하도록 제도를 마련해 어렸을 때부터 자연스럽게 선거와 투표에 관심을 갖도록 한 것에 주목했다.[239]

각 주마다 차이는 있지만 '어린이 투표' 교육 프로그램은 현재 미국에서 전 국가적으로 시행되고 있다. 어린이 투표 교육은 선거에 대한 교육을 통해 책임감 있는 시민이 되겠다는 의식을 기르고, 투표 참여를 독려하기 위한 것이다. 이 과정에서 아이들은 모의 선거에 참여하는 것은 물론, 선거의 의미에 대해 진지하게 고민하는 시간도 갖는다.

'어린이 투표' 교육 프로그램은 유치원생(K학년)부터 고등학생에 이르기까지 민주주의가 무엇인지, 왜 투표를 해야 하는지 등에 대해

초등학교 저학년 학생의 투표에 대한 생각을 담은 작품

출처: https://www.kidsvotingusa.org/index.php/kids-voting-artwork

논의하는 교육 과정도 제공하고 있다.[240] 이 프로그램을 통해 학생들
은 학교는 물론 가정에서도 선거에 나온 후보자들과 그들의 공약에

대해 토론할 기회를 갖는다. 이후 별도로 마련된 유권자 등록란을 작성한 학생들은 선거 당일에 부모와 함께 투표소를 방문해 자신의 판단에 따라 후보를 선택하고 별도의 투표함에 투표하게 된다. 아이들의 투표 결과는 어른들의 투표 결과와 함께 지역 신문 등에 기재되는데, 해당 아이들은 이를 통해 선거 참여의 기쁨을 미리 알게 되면서 선거에 더욱 관심을 갖게 된다.

이처럼 미국은 건국 초기부터 교육의 기본 목적으로 내걸었던 민주주의 교육을 지속적으로 발전시켜오면서 창의적이고 비판적이면서도 상대방을 포용할 줄 아는 조화로운 시민을 양성해오고 있다.

미국 교육자들에게 있어 민주주의를 재정의하고
학교를 재조직하는 일은 다음 세대를 위한 전통적 상식이 되었다.

_ 데이비드 타이악David Tyack

글로벌 인재를 육성하는
미국 대학교에 입학하려면?

1. 내신성적

미국 대학교 입학 상담 협회(NACAC)의 2013년 연례보고서에 따르면, 미국 대학교 입학 사정 시 가장 중요하게 고려되는 요소는 고등학교 내신성적(GPA)이라고 한다.[241] 내신성적이 학생들의 성실성, 지적 능력과 호기심, 책임감 등을 평가할 수 있는 가장 신뢰성 높은 척도이기 때문이다. 특히 입학사정관들은 난이도가 높은 과목에서 좋은 성적을 받은 경우에 가장 높은 가중치를 부여한다.

대입 전형에는 보통 9학년부터 12학년 1학기까지의 성적이 반영된다. 그러나 9학년 성적 반영 비율은 미미하고, 실질적으로 10학년부터의 성적이 더 중요하다. 따라서 고등학교에 입학하면 9~12학년의 4년간 수강 계획을 미리 짜야 한다. 특히 미국의 대학교들은 학생들의 지적 욕구가 어느 정도인지, 얼마나 어려운 과목에 도전하는지, 학업에 최선을 다하는지를 평가하므로, 자기가 소화할 수 있는 능력 범위 안에서 난이도가 높은 AP 과목들을 수강하는 것이 좋다. 그러기 위해서는 중학생 시절부터 효과적인 학습 방법을 터득하면서 탄탄한 기본기를 바탕으로 실력을 쌓아야 한다.

미국의 중·고등학교에서는 정기고사에 큰 비중을 두지 않는다. 매일매일 과제를 열심히 하고, 퀴즈(쪽지시험)에서 꾸준히 높은 점수를 받고, 교과 연계 활동에 적극적으로 참여하면 자연스럽게 좋은 성적을 받게 된다. 즉, 미국의 학교 시스템에서는 벼락치기 공부가 통하지 않는다.

　대부분의 고등학교에서는 과목 성적을 '4.0점(학점) 만점'으로 표기하지만, 간혹 '5.0점 만점'으로 표기하는 학교도 있다. 그리고 대학교도 학교마다 내신성적 산출 방식이 다르니, 지원하고자 하는 대학교에 문의하거나 해당 홈페이지를 방문해서 어떤 성적 산출 방식을 사용하는지 확인해야 한다.

2. 대학입시표준시험과 대학교 과목 선이수제

내신성적 다음으로 중요한 요소는 SAT나 ACT와 같은 대학입시표준시험이다. 현재 미국 내 대부분의 대학교에서는 입학 전형 시 SAT 또는 ACT 점수를 요구한다. 한국에서 1년에 딱 한 번 전국적으로 동시에 실시되는 대학수학능력시험과 유사하지만, 운영 방식에서 크게 두 가지가 다르다.

첫째, SAT는 연 7회, ACT는 연 6회 서로 겹치지 않는 일정에 따라 지정된 장소에서 실시된다.[242, 243] 학생들은 본인이 준비가 되었다고 생각할 때 학년과 시기에 관계없이 시험을 볼 수 있기에 압박감을 덜 수 있다.

둘째, 미국에서는 시험 성적을 등급으로 나누지 않고 응시자가 받은 점수를 그대로 대학교 입시 전형에 사용한다. SAT나 ACT 점수 산출 방식은 시험 당일의 난이도나 시험에 응시한 학생들의 수준에 따라 점수가 결정되는 상대평가다. 따라서 점수와 함께 지원자가 전체 응시자의 상위 몇 %에 속하는지도 알 수 있기에 굳이 성적을 등급으로 표기하지 않아도 되는 것이다.

SAT

SAT(Scholastic Aptitude Test)는 학생들의 사고력을 측정하기 위해 비영리 단체인 칼리지보드College Board가 1926년 처음으로 고안한 시험이며, '미국 교육 평가원(ETS)'과 공동으로 주관하고 있다.[244] 2016년 3월부터 개정된 SAT가 시행되고 있으며, 다음에 언급하는 내용은 모두 개정된 SAT에 대한 것이다.

SAT는 크게 SAT I과 SAT II(SAT subject tests)로 나뉜다.

SAT I은 '증거 기반 독해와 작문법(Evidence-Based Reading and Writing)', 수학, 그리고 선택과목인 에세이로 구성된다. 쉽게 말해 언어, 수학, 에세이(선택)로 구성되는 것이다.

각 영역은 '800점 만점'으로, 총 점수는 필수 두 영역의 합산 점수로 표기되며, 최고 점수는 1600점이다. 에세이는 독해(Reading), 분석(Analysis), 작문(Writing)의 3개 영역으로 구성되며, 총점은 24점으로, SAT I 점수와 별개로 표시된다.

에세이를 요구하는 대학교는 2016년 현재 다트머스 대학교, 스탠퍼드 대학교, 예일 대학교, 프린스턴 대학교, 하버드 대학교, 그리고 모든 UC(University of California) 계열 대학교 등이 있다.[245]

에세이 점수를 요구하지 않는 대학교는 뉴욕 대학교, 브라운 대학교, 서던캘리포니아 대학교, 존스홉킨스 대학교, 컬럼비아 대학교, 코넬 대학교, 펜실베이니아 대학교, MIT 등이다.

칼리지보드의 협력사인 칸 아카데미Khan Academy에서는 SAT I을 준비하는 학생들을 위해 온라인 강의와 모의고사를 무료로 제공하고 있다. 칼리지보드의 발표 자료에 따르면 2015년 6월에 무료 서비스가 시작된 이래 140만 명 이상의 학생들이 이용했으며, 2016년 3월 첫 시험 응시자의 반 정도가 칸 아카데미 자료로 SAT를 준비했다고 한다.[246]

SAT II는 서브젝트 테스트Subject Tests를 말하며, 과목별 수학능력 시험이다. 영어, 역사, 수학, 과학, 외국어 등 5개 영역에 걸쳐 총 20개 과목이 있으며, 학생이 선택한 과목에 응시할 수 있다.

시험 시간은 모든 과목이 동일하게 60분이고, 점수는 200~800점이다. 시험은 해마다 3월을 제외하고 연 6회 SAT I이 있는 날 동일한 장소에서 실시되지만, SAT I과 SAT II를 같은 날에 응시할 수는 없다.

시험 성적이 좋지 않을 것 같으면 현장에서 취소가 가능한데, 주의할 점은 시험 당일에 본 모든 과목의 결과가 취소된다는 것이다.

SAT II의 모든 과목은 객관식 문항으로 구성되어있다.[247]

ACT

ACT(American College Testing)는 아이오와 대학교의 교수인 에버

UC 계열 대학교들 중 하나인 캘리포니아 대학교 로스앤젤레스 캠퍼스(UCLA)

렛 프랭클린 린드퀴스트Everett Franklin Lindquist(1901~1978)가 고안하여 1959년부터 시행된 시험으로, 고등학교의 교육 과정에 기초한 학업성취도를 측정한다.[248]

ACT는 영어, 수학, 독해, 과학 등 4개 과목으로 구성되며, 선택 과목으로 작문이 있다. 4개 과목은 각각 '36점 만점'으로, 총 점수는 4개 과목들의 평균점수로 표기된다.

전통적으로, ACT는 11학년 학생들의 학업 수준에 맞춰 개발되었기에 학생들은 11학년 2학기인 봄에 ACT를 치르고, 성적이 기대에 미치지 못하면 12학년 1학기인 가을에 시험을 다시 치러왔다. 그러나 최근에는 첫 시험을 치르는 시기가 빨라져서 11학년 1학기인 가을에 ACT를 보는 학생들이 점점 많아지고 있다.

그러나 ACT에 응시하려면 기본적으로 대수학, 기하학, 생물, 화학 분야를 공부해야 하고, 더 좋은 성적을 거두려면 삼각함수와 물리적 지식도 필요하므로 너무 서두를 필요는 없다.

ACT 시험은 개발 이래 늘 SAT의 그늘에 가려져있다가 2007년부터는 대학 입시 전형 시 모든 4년제 대학교에서 SAT와 ACT 점수 중 하나만 제출해도 받아주고 있다.[249] ACT 응시자 수가 점점 늘면서 2012년에는 SAT 응시자 수를 처음으로 넘어선 뒤 꾸준히 증가세에 있다.[250] 특히 ACT는 고등학교 교과를 반영해 출제되므로 학교 공부를 꾸준히 잘해온 학생들은 좋은 점수를 받을 수 있다.

〈표〉 SAT와 ACT의 특징 비교

SAT	Vs.	ACT
3시간 + 50분(에세이)	시험 시간	2시간 55분 + 40분(에세이)
증거 기반 독해: 52문항, 65분 작문법: 44문항, 35분 수학: 20문항, 25분(계산기 불허) 　　　+ 38문항, 55분(계산기 허용) 에세이(선택): 1개, 50분	시험 구성	영어: 객관식 75문항, 45분 수학: 객관식 60문항, 60분 독해: 40문항, 35분 과학: 40문항, 35분 에세이(선택): 1개, 40분
객관식(4지 선다)	문제 유형	객관식(4지 선다)
400~1600점 에세이는 6~24점	총 점수	1~36점 에세이는 2~12점
언어·수학 각각 200~800점 에세이는 3개 영역으로 구성, 각각 2~8점	영역별 점수	4개 영역 각각 1~36점. 에세이는 4개 영역으로 구성, 각 영역 점수의 평균으로, 2~12점
없음(오답을 선택해도 감점 없음)	오답 패널티	없음
3, 5, 6, 8, 10, 11, 12월	시험 시기	2, 4, 6, 9, 10, 12월

출처: College Board와 ACT 홈페이지의 내용을 발췌하여 재구성함

대학교 과목 선이수제

대학교 과목 선이수제(AP)는 1955년 미국의 비영리 단체인 칼리지 보드에서 만들었으며, 고등학교에 개설된 대학교 수준의 수업을 듣고 고등학교 학점과 대학교 학점을 동시에 이수할 수 있는 제도다.[251]

2016년 현재 총 38개의 AP 과목이 있지만, 학교의 재정 상태와 규모, 교사 수급 상황, 학생들의 역량에 따라 각 학교에서 개설 가능한 AP 과목의 개수에는 큰 차이가 있다.

AP 과목 시험은 5월에 약 2주간 과목별로 한 번씩 시행된다.

AP 과목 시험 성적은 보통 7월에 공개된다. '5점 만점'이며 1점 간격으로 성적이 표기된다. 대학교에서는 보통 3점 이상을 맞아야 해당 과목의 학점을 이수한 것으로 인정해준다. AP 과목을 수강하는 것이 좋은 이유는 다음과 같다.

첫째, 성적 환산 시 가산점이 있기에 내신성적(GPA)을 올림으로써 대학교 입학 전형 시 유리한 위치에 설 수 있다.

둘째, AP 과목을 이수하는 것 자체가 장점이 될 수 있다. 지원자가 어려운 과목에 대해 도전 의식을 갖고 열심히 하며, 학업 수준도 높다는 것을 증명하는 것이기 때문이다.

셋째, 대학교 과정의 수업을 미리 경험함으로써 대학생활에 대한 자신감을 가질 수 있다. 일반 수업보다 어려운 AP 수업을 수강함으로써 시간 관리 능력도 생기고, 자신의 한계에 도전하면서 계속 자기 계발을 할 수 있기 때문이다.

넷째, 장학금을 받을 가능성이 높아진다. 대학교에서 장학금 수여자 선정 시 지원자의 AP 과목 수강 여부도 고려 항목에 포함하기 때문이다.

그러나 무분별한 AP 과목 수강은 부작용을 나을 수도 있으니 주의해야 한다. 예를 들면, 학교에서 여러 개의 AP 과목을 수강한 뒤, 그중 2~3개의 AP 시험만 치르면 대학교의 입학사정관은 시험을 치르지 않은 AP 과목들은 학생이 잘하지 못한다고 판단하여 불이익을 줄 수도 있기 때문이다.

공과대학에 지원하는 학생들은 'AP 물리 1(AP Physics 1)', 'AP 물리 2(AP Physics 2)', 'AP 물리 C(AP Physics C)', 'AP 미적분학 AB(AP Calculus AB)', 'AP 미적분학 BC(AP Calculus BC)' 같은 과목들을, 의대 쪽으로 진학할 학생들은 'AP 생물학(AP Biology)', 'AP 화학(AP Chemistry)', 'AP 심리학(AP Psychology)' 같은 과목들을 수강해야 대학 입시 전형 시 유리한 것은 물론, 대학교의 수준 높은 수업을 따라가기가 수월할 수 있다.

3. 특별활동 경력과 수상 실적

　일반 주립 대학교는 내신성적과 SAT 또는 ACT 성적만 잘 받아도 무난하게 입학할 수 있다. 반면, 명문 대학교에 지원하는 학생들 중에는 GPA 점수가 4.0이나 되는 학생도 수두룩하고, ACT나 SAT에서 만점을 받은 학생 등 고득점자가 상당히 많기에 입학사정관들은 지원자들의 특별활동에도 큰 관심을 보인다. 즉, 우수한 두뇌들 중에서도 독보적인 리더십이나 천재적인 재능을 가진 지원자를 가려내려는 것이다.

　비교과 활동 평가에서는, 얼마나 많은 활동에 참여했는지보다는, 지원자의 적성과 관련된 분야를 얼마나 오랫동안 꾸준히 해왔는지가 매우 중요하다.[252] 그 활동에 얼마나 주도적으로 참여했는지, 사회에 특별한 공헌을 했는지, 리더로서 활동했는지에도 주목한다.

　지원자가 전공하고자 하는 분야와 관련된 비교과 활동 중 큰 규모의 대회에서 수상한 경력이 있는지도 평가한다. 특히 가장 기본적인 평가 대상은 비교과 활동에 대한 열정이다. 따라서 중학생 시절부터 관심 있는 활동에 최대한 많이 참여·경험해보고, 그중 본인의 적성에 맞는 활동을 선택해 진지한 태도로 꾸준히 이어나가야 한다.

4. 에세이

에세이는 본인이 작성하는 주관적인 자기보고서라고 할 수 있다. 따라서 그 목적은 앞서 언급한 내신성적(GPA), SAT와 ACT 같은 대학입시표준시험 점수, 비교과 활동 등의 객관적인 지표가 드러낼 수 없는 지원자의 장점을 최대한 드러내는 것이다.

에세이에는 지원자의 성품, 삶의 목표, 열정, 재능, 철학 등을 총체적으로 잘 나타냄으로써, 그것이 입학사정관들의 마음을 움직일 수 있게 해야 한다. 특히 지원자들의 조건들이 비슷한 경우, 탁월한 업적이나 수상 경력이 없는 지원자에게는 에세이가 더욱 중요한 항목이다. 만약 특정 학기의 성적이 저조했다면 그럴 수밖에 없었던 사정을 에세이로 이야기해서 입학사정관들의 이해를 도울 수도 있다.

에세이는 지원자의 글을 쓰는 능력까지 검증하는 수단이고, 글자 수에 제한이 있기에 꼭 필요한 내용만 짜임새 있게 작성해야 한다. 예를 들면, 주제를 잡고 초안을 쓴 뒤 여러 차례에 걸쳐 수정을 하는 작업을 거치면 완성도 높은 에세이를 완성할 수 있다. 그러니 몇 달에 걸쳐 신중하게 작성해야 한다. 만약 에세이를 원서 마감을 앞두고 급하게 작성하기 시작하면 제대로 된 글을 쓸 수 없다.

서배너 미술 디자인 대학교(SCAD)

조지아 주 서배너(Savannah)에 있는 SCAD는 미국에서 가장 다양한 미술·디자인 분야 학위 프로그램을 제공하는 사립 대학교다.

일부 지원자들은 인터넷에서 찾은 에세이를 표절해서 대학교에 제출하기도 한다. 그러나 미국의 대학교들은 표절 적발 소프트웨어를 갖추고 있기 때문에, 만약 그 혐의가 인정되면 아무리 뛰어난 지원자라도 탈락시킨다.

5. 추천서

추천서는 제삼자가 지원자의 학업 수행 능력과 인성 등을 전반적으로 평가하는 보고서다. 그래서 미국 대학 입시에서 추천서는 주로 지원자를 잘 아는 교과교사와 상담교사가 작성하며, 대학교들은 추천서를 2~3개 정도 요구한다.

대부분의 대학교들이 추천서를 온라인으로 받기에 해당 지원자는 추천서의 내용을 볼 수 없다.

미국 대학교의 입학사정관들은 지원자들의 다른 조건들이 비슷할 때 추천서를 매우 꼼꼼히 분석·평가한다. 그래서 추천서에 의해 대학교 입학의 당락이 좌우되기도 한다.

이렇듯 추천서가 중요한 이유는 학교 성적이나 대학입시표준시험 점수만으로는 알 수 없는 지원자의 학습 태도와 학업에 대한 열정, 리더십, 자기통제력, 장·단점 등을 파악할 수 있기 때문이다. 따라서 교사로부터 좋은 추천서를 받으려면 교과 수업은 물론 방과 후 활동에도 적극적으로 참여해 교사에게 좋은 인상을 심어주어야 한다.

미국에서는 교사들이나 추천서 작성을 요청받은 사람들이 추천서를 솔직하게 작성한다. 추천서가 추천인의 신뢰도에도 영향을 끼친다는 것과, 추천인은 제삼자에게 정직한 정보를 전달해야 할 도덕적 책임과 의무가 있음을 잘 알기 때문이다. 미국의 어느 대학교에 진학을 희망했던 어느 학생은 아버지와 친분이 두터웠던 하원의원에게 추천서를 부탁했다. 그러나 그 하원의원은 자신이 그 학생의 아버지에 대한 추천서는 쓸 수 있지만 그 학생에 대해서는 아는 바가 없기에 써줄 수 없다며 거절했다.

추천서는 "추천인이 지원자와 어떤 관계로 얼마나 오랫동안 알고 지냈는지(How long and in what capacity have you known the applicant?)" 묻는 문항과, 지원자의 지적 능력, 창의력, 분석력, 리더십, 도덕성, 대인 관계 관련 능력, 커뮤니케이션 능력, 시간 관리 능력 등을 동료학생들과 비교했을 때 어느 정도인지 객관식으로 평가(예를 들면 Top 5%, Top 10%, Top 20%, Top Third, Middle Third, Bottom Third)하는 문항, 지원자의 강점과 장점, 약점과 단점 등을 서술하는 주관식 문항 등으로 구성되어 있다. 그러니 앞서 하원의원의 경우처럼 추천인이 아무리 지원자의 가족과 친분이 있더라도 지원자의 역량(지식, 기술, 태도 등)을 오랫동안 관찰하지 못했다면 추천서를 제대로 작성할 수 없다. 또한 객관적이고 구체적인 근거 없이 칭찬만 가득한 추천서는 결코 좋은 평가를 받지 못한다.

미국 학교의 종류(K-12)

미국은 시장 원리가 사회를 움직이는 나라다. 그렇기에 평등 이념을 토대로 구축된 미국의 공교육 시스템도 수요자인 학생과 학부모의 요구에 따라 변화하고 있다. 이에 따라 시장 원리를 부분적으로 도입하고, 학업성취도도 높이기 위해 교육 개혁의 일환으로 개발된 것이 '학교선택제(School Choice)'다.[253]

흔히 '학교'라고 하면 공교육 체계를 떠올리지만, 미국에는 우리가 생각하는 것보다 다양한 학교가 있다. 그래서 미국에서는 학교를 수요자인 학생과 학부모가 취향과 필요에 따라 선택할 수 있다.

일반 공립 학교 외에도 학생과 학부모가 선택할 수 있는 학교로는 마그넷 스쿨, 차터 스쿨, 사립 학교, 그 외에 학부모가 직접 자녀를 교육하는 홈스쿨링 등이 있다.

1. 공립 학교

일반 공립 학교

미국의 공립 학교는 유치원부터 고등학교까지 학비가 전액 무료이고, 학생의 체류 신분(학생비자[F-1] 소지자 제외)과 장애 유무에 상관없이 누구나 평등하게 교육을 받을 수 있다.

학교는 부모나 보호자가 함께 거주하는 학생의 주소지에 따라 배정된다. 학교 입학·전학 시 필요한 서류는 학군마다 조금씩 다르지만, 공통적으로 요구하는 것은 학생의 출생증명서, 거주 증명서(집 계약서, 공과금 납부고지서 등), 예방 접종 확인서, 이전 학교의 성적증명서 등이다.

공립 학교에 다니기 위한 유학생의 체류 신분은 다음과 같다.

첫째, 미국 공립 유치원부터 8학년까지는 학생비자(F-1)를 신청해도 비자가 발급되지 않는다.[254] 9~12학년은 학생비자 신분으로 최대 1년간 공립 학교에 다닐 수 있다. 하지만 연간 학비를 학군에 지불해야 한다. 미국 교육 통계 센터(NCES)의 자료에 따르면, 2014년 기준 초·중등 공립 학교의 학생 1인당 연간 교육 관련 지출 비용은 평균 1만

2,281달러라고 한다.[255]

둘째, 부모가 학생비자(F-1), 교환방문자비자(J-1), 주재원비자(L-1) 등을 받은 경우, 자녀는 부모의 체류기간 동안 무상으로 유치원(K학년)부터 12학년까지 공립 학교 교육을 받을 수 있다.[256]

셋째, 불법체류자도 무상으로 공립 학교 교육을 받을 수 있다. 이는 1982년 연방대법원에서 "체류 신분에 관계 없이 모든 학생들은 공립 학교 교육을 받을 권리가 있다"고 판결한 후 미국 전역에서 적용된다.

이렇듯 미국에서는 학생의 외적인 조건보다는 학생 그 자체를 인격적으로 존중하고, 서로 다름을 인정하는 교육이 이루어지고 있다. 특히 장애를 가진 학생들을 위한 제도적 장치가 잘 마련되어있고, 학교 현장에서도 그것을 실천하기 위해 노력하고 있다.

미국의 공립 학교 관련 정책은 연방정부가 아닌 주정부와 학군 교육 위원회가 자율적으로 결정한다. 교육 관련 법규·과정·예산 등을 포함한 대부분의 교육 관련 정책이 각 지역별로 결정되는 것이다. 따라서 주정부의 예산과 학군이 속한 지역(카운티나 시)의 세금으로 교사의 월급, 학생들의 학습 관련 기자재, 학교 시설 유지 등에 들어가는 비용의 대부분을 충당한다.

연방정부는 주나 학군을 지원하기 위해 저소득층과 장애학생들을 위한 예산을 지출한다. 그리고 간혹 연방정부가 '공통핵심국가성취기준(CCSS)'과 같은 교육 정책을 발표하면서 많은 주가 이를 채택할 수 있도록 예산을 지원하기도 한다.[257]

그러나 연방정부의 지침은 참고사항일 뿐 꼭 따라야 하는 것은 아니다. 실제로 네브래스카 주, 버지니아 주, 텍사스 주 같은 일부 주에서는 CCSS를 채택하지 않음으로써 그에 관련된 연방정부의 재정 지원을 받지 않기도 한다.[258]

현재 미국에는 1만 6,800여 개의 학군이 있으며, 그 숫자만큼이나 지역별로 교육에 대한 요구가 매우 다양하다. 기존의 공립 학교가 충족시키지 못하는 요구에 부응하기 위해서 마그넷 스쿨이라든가 차터 스쿨까지 생기면서 공립 교육 기관의 종류가 다양해지고 있다.

마그넷 스쿨

마그넷 스쿨은 공립 특수학교로서 공립 학교의 일반적인 교육 과정과 더불어 학교별로 수학, 과학, 공학, 인문, 외국어, 예술, 직업기술 등 특성화된 교육 과정을 운영하고 있다.[259]

마그넷 스쿨은 학생들의 역량을 끌어올리기 위해 몬테소리 교육 철학이나 가드너의 다중 지능 이론 등을 접목시켜 차별화된 교육 방법을 적용하기도 한다.

이처럼 특성화된 교육 덕분에 마그넷 스쿨의 학생 수는 꾸준히 증가하는 추세다.

마그넷 스쿨이 처음 선보인 것은 1960년대 후반 무렵이다.[260] 인종 차별이 사회 전반적으로 팽배했던 1960년대에는 많은 학교들이 인종을 기반으로 교실을 구성했다. 흑인들과 백인들이 사는 지역에 큰 차이가 있었기에 학군의 구분은 인종의 구분이나 마찬가지였고, 지리적인 학군을 기준으로 하여 학생을 받는 학교는 자연스레 인종적으로 분리되는 양상을 띨 수밖에 없었다.

마그넷 스쿨은 학군·인종에 상관없이, 학교의 특성에 따라 학생들을 선발하자는 목표에 맞춰 설립되었다. 하지만 일반 공립 학교와 학교 운영 원칙이 크게 다르지는 않다. 마그넷 스쿨이 있는 학군의 교육청과 교육위원이 해당 마그넷 스쿨을 관할하고, 일반 공립 학교와 같이 마그넷 스쿨도 초등학교부터 고등학교까지의 과정을 학생들에게 제공한다.

마그넷 스쿨도 일종의 공립 학교이기에 학생들은 특별히 등록금을 더 지불하지 않고, 학교 운영비도 관할 지역 교육청의 보조를 받는다.

마그넷 스쿨이 일반 공립 학교와 차별화된 부분은 크게 세 가지다.

첫째, 입학 과정이다. 마그넷 스쿨은 공립 학교지만 거주지에 상관없이 같은 학군 내의 마그넷 스쿨에 지원할 수 있다. 마그넷 스쿨이 점차 각광을 받으면서 해당 지역 외 많은 학생들이 마그넷 스쿨에 지원하는데, 학교별로 특성에 맞는 선발 시험을 보거나, 지원한 모든 학생 또는 시험에 통과한 학생만을 대상으로 추첨해 선발한다. 학교에 따라서는 인터뷰를 진행하기도 한다.

마그넷 스쿨이 처음 생겨났을 때는 인종적 다양성이 선발의 중요한 기준이었지만, 최근 미국 정부는 인종보다 학생의 사회경제적 배경을 고려해 선발하도록 권장하고 있다. 예를 들면, 가정 형편이 어려운 학생을 특별 전형으로 선발하는 식이다.

둘째, 특성화된 교육 과정이다. 대부분의 마그넷 스쿨은 특정 '테마Theme'를 중심으로 교육 과정을 개발·운영한다. 테마는 매우 다양하다. 요즘 한국에서도 각광받고 있는 'STEM' 분야인 과학, 기술, 공학, 수학은 물론 예술(미술이나 연기) 등도 많은 마그넷 스쿨이 채택하는 테마다.

마그넷 스쿨은 테마와 관련한 수업을 더 다양한 수준에서 더 많은 학생들에게 제공하고, 해당 테마와 관련해 잘 훈련된 교사를 배치함으로써 특정 분야에 흥미를 가진 학생들이 학교 교육을 통해 더욱 발전할 수 있도록 돕는다.

셋째, 마그넷 스쿨 학생들의 높은 만족도와 학업성취도다.

마그넷 스쿨의 초창기 설립 목적은 다양한 인종으로 구성된 학교를 만드는 것이었다. 그러나 점차 학교의 테마에 따라 흥미와 재능을 가진 학생을 선발하게 되면서 일반 공립 학교보다 학업성취도가 높은 학생들이 입학하게 되었다.

학생들도 주소지에 근거해 배정된 학교가 아닌, 자신의 흥미와 관심을 바탕으로 선택한 학교이다 보니 일반 공립 학교에 비해 훨씬 적극적으로 학교 활동에 참여하며, 교육 과정에 대한 만족도가 높다.

마그넷 스쿨은 일반 공립 학교보다 재정 지원을 많이 받는다.[261] 그래서 양질의 교육을 학생들에게 제공할 수 있고, 그것이 결국 학생들의 높은 학업성취도로 이어진다. 실제로 해마다 발표되는 전국 우수 학교 순위의 상위권에 항상 마그넷 스쿨이 등장한다.

미국 교육 통계 센터(NCES)의 자료에 따르면, 2011년 기준 미국 전역에서 2,722개의 마그넷 스쿨이 운영 중이며, 그중 464개가 미시간 주에, 414개가 플로리다 주에, 282개가 캘리포니아 주에, 그리고 219개가 텍사스 주에 있다.[262]

차터 스쿨

차터 스쿨은 헌장(Charter)을 바탕으로 학교 교육 과정이 구성·운영되는 학교다. 공교육 범위에 속하나 사립 학교처럼 독자적으로 운영되기에 '공교육 속 사립 학교'라고 불리기도 한다.

주에 따라 다양한 형태의 차터 스쿨이 있고, 운영 방식도 각각 차이가 있다. 그러나 모든 차터 스쿨은 성과계약서라 할 수 있는 헌장을 바탕으로 지역 교육청 또는 주 교육부와 3~5년가량의 계약을 맺고 재정적 지원을 받아 학교를 운영한다.[263]

차터 스쿨은 일반 공립 학교와 마찬가지로 주정부와 학군의 예산으로 운영되지만, 학교마다 혁신적이고 창의적인 교육 과정을 자율적으로 운영할 수 있는 공립형 자율학교다.

NCES의 자료에 의하면, 2004~2014년에 차터 스쿨에 등록한 학생 수는 약 80만 명에서 250만 명으로 증가했다.[264] 이렇게 차터 스쿨이 꾸준히 증가하고 있는 배경에는 지역 간 불균형이 심한 교육 예산과 일부 지역에서의 공교육에 대한 불신을 들 수 있다. 특히 저소득층이 많은 도심 지역에서는 열악한 교육 환경과 질 낮은 교육 서비스로 학생들의 학업성취도는 물론 졸업률도 낮은 편이다. 따라서 기존의 부실한 공교육 시스템을 대체하기 위해서라도 차터 스쿨의 대다수는 도심 지역에 있으며, 학생 구성도 일반 공립 학교에 비해서 흑인과 히스패닉 등 소수인종의 비율이 더 높다.

'전미 차터 스쿨 연맹(NAPCS)'의 연례 보고자료에 따르면, 2015년 현재 루이지애나 주의 올리언스 패리시 학군(Orleans Parish School District)은 미국에서 가장 높은 비율인 93%의 학생이 차터 스쿨에 재학 중인 것으로 집계됐다.[265] 이 학군은 2005년에 미국 남부를 강타한 허리케인 카트리나Katrina의 대표적인 피해 지역이라는 아픈 역사를 안고 있는 곳이다. 허리케인이 강타하기 전에는 교육 성과가 매우 낮은 지역으로 손꼽혔는데, 학교를 재건하면서 주정부 차원에서 개혁의 의지를 펼친 덕분에 괄목할 만한 성장을 보이고 있다.

미국 내 모든 지역에서 차터 스쿨이 이러한 성공을 거두는 것은 아니지만, 많은 논란 가운데서도 새로운 차터 스쿨이 계속 생겨나고 있으며, 차터 스쿨 재학생도 꾸준히 늘고 있는 추세다.[266]

차터 스쿨은 모든 학생이 입학 가능하고, 학비를 따로 내지 않으며, 특별한 선발 전형도 없다. 학군에 관계없이 누구나 입학 지원이 가능하고, 공개 추첨을 통해 학생을 선발한다. 일반 공립 학교와 마찬가지로 학생들의 수업료는 무료다.

차터 스쿨의 종류는 꽤 다양한데, 마그넷 스쿨과 마찬가지로 STEM과 같은 테마를 중심으로 운영하는 학교, 학업성취도 및 시험 성적 향상에 목표를 두는 학교, 대학교 진학을 목표로 하는 학교, 또는 장애학생이나 중도 학업 포기 학생들을 대상으로 운영하는 학교 등이 있다. 단, 종교적 색채를 띠는 학교는 인가 대상이 아니기에 종교는 테마에서 제외된다.[267]

차터 스쿨이 일반 공립 학교와 다른 점은 재정 지원 주체와 헌장, 즉 계약으로 맺어진 학교 운영자들이 책무성과 함께 상당한 자율성을 가지고 있다는 점이다. 차터 스쿨은 기존 공립 학교와의 차별화를 시도하는 학부모, 교사, 정치인 등 누구나 교육 인가서를 받으면 설립할 수 있다.

그러나 차터 스쿨을 설립하려면 학교 운영자, 교사, 학부모 등이 뜻을 모아 학교에서 이루고자 하는 교육적 목표 및 성취 기준, 교육 과정 전반(수업 운영 방식, 각 과목 시수 배정, 평가 방법 등)에 대한 설명, 교사 채용 방법 및 채용 시 주요한 점, 학생의 학업성취도 등 학교가 이루고자 하는 목표에 대하여 자세히 명시된 헌장을 지역 교육청이나 주 교육부에 제출하고 인가받아야 한다. 일단 계약이 성사되면 학교 운영자와 교사, 학부모는 학교 인사와 교육 과정, 재정, 예산 집행 등에 상당한 자치권을 갖게 된다.[268]

발로 컬리지어트 아카데미스 차터 스쿨

테네시 주 내슈빌에 있는 발로 컬리지어트 아카데미스(Valor Collegiate Academies)는 대학교 진학을 목표로 하는 차터 스쿨로 2014년에 문을 열었다. 현재 플래그십 아카데미(Flagship Academy)와 보야저 아카데미(Voyager Academy) 등 2개의 중학교를 운영하고 있으며, 높은 학업 성취도와 다양성 추구로 주목받고 있다.

차터 스쿨은 일반 공립 학교보다 효율적인 교육 과정을 운영할 수 있으며, 실력이 뛰어난 교사를 채용하여 학생들의 학업성취도를 높이는 데 주력할 수 있다. 그러나 성과계약이 제대로 지켜지지 않을 경우, 예컨대 차터 스쿨 학생들의 학업성취도가 주에서 제시한 기준보다 낮은 경우에는 학교 문을 닫을 수도 있다. 학교에 큰 자율권이 주어지는 만큼 교육 성과에 대한 책임도 큰 것이다. 실제로 2015년 한 해 동안 문을 닫은 차터 스쿨만도 272개에 달한다.[269] 운영의 자율권은 부여하되 계약 내용은 꼭 지켜야 하는 것이 차터 스쿨의 특징인 것이다.

2. 사립 학교

앞서 말한 공립 학교들과 달리 사립 학교는 주정부나 지방정부, 교육청으로부터 재정 지원을 받지 않는다. 등록금, 재단 지원금, 각종 기부금 등으로 예산을 편성해 학교를 운영한다. 그래서 공립 학교에 비해 연방정부, 주정부, 교육청의 간섭으로부터 자유롭다.

학생도 사립 학교가 자율적으로 선발할 수 있다. 학생들은 지역에 관계없이 사립 학교에 지원할 수 있으며, 남자 사립 학교와 여자 사립 학교로 나뉘어진 경우가 많다.

NCES의 자료에 의하면, 2014년 현재 미국의 사립 학교 수는 3만 861개이며, 전체 학령 인구의 10%를 차지하는 540만 명의 학생이 등록되어있다.[271] 초등학교의 경우 약 30%가 사립 학교다.

사립 학교 학생들 중 약 80%는 종교와 관련된 학교에 재학 중인데, 가톨릭 계열의 사립 학교가 전체 사립 학교의 약 50%에 달한다.

미국 사립 학교 위원회(CAPE)의 발표 자료에 의하면, 사립 학교 전체 학비 평균은 약 1만 달러 정도이지만,[272] 기숙사를 운영하는 보딩 스쿨Boarding School들 중에는 학비가 4만 5,000달러를 넘는 곳들도 적지 않다.

하퍼스 홀 스쿨

테네시 주 내슈빌에 있는 하퍼스 홀 스쿨(Harpeth Hall School)은 여자 사립 학교다. 아카데미 여우주연상을 수상한 영화배우 리즈 위더스푼(Reese Witherspoon)이 하퍼스 홀 스쿨을 졸업한 뒤 스탠퍼드 대학교 영문학과에 입학했다.[270]

사립 학교는 등록금 외 방과 후 수업 비용이나 과외 활동 비용 등이 따로 책정되어있고, 기부금을 요구하는 경우도 많다. 자본주의 사회답게 교육에도 자본주의 논리가 적용되는 것이다. 이렇게 비싼 학비에도 불구하고 학부모들이 사립 학교를 선호하는 데는 다음과 같은 이유들이 있다.

첫째, 교육의 질이 우수하다. 공립 학교에 비해서 교사 1인당 학생 수가 적고, 학교 시설이 좋으며, 자격 요건을 충분히 갖춘 우수한 교사를 채용하기 때문이다. 그리고 도덕성과 시민의식을 강조하며, 글로벌 리더를 양성하는 교육을 하기에 학생들이 학교에 대한 자부심을 가지고 열심히 학교생활에 임하게 된다.

둘째, 학교 환경이 안전하다. 자녀의 안전은 학부모가 자녀를 학교에 보낼 때 가장 염려하는 부분이다. 모든 부모는 자녀가 재능을 마음껏 발휘할 수 있도록 학교가 두려움과 공포로부터 자유로운 공간이 되기를 바란다. 특히 왕따(Bullying), 폭력, 마약, 증오범죄(Hate Crime), 낙서(Graffiti) 등은 미국의 대표적인 학교 범죄다.

2016년 5월 NCES와 법무부 통계국(Bureau of Justice Statistics)이 발표한 보고서인 〈2015년도 학교 범죄와 안전에 관한 지표(Indicators of School Crime and Safety: 2015)〉를 보면, 학교 범죄와 관련해 사립 학교가 공립 학교보다 안전함을 알 수 있다.[273]

〈표〉 학교 범죄와 안전에 관한 지표

지표에 대한 설문 문항 (응답자: 12~18세 학생)	공립 학교	사립 학교
학교에서 신체적 폭력을 경험했다. (Criminal victimization at school)	3.1%	2.8%
학교에서 폭력 조직을 본 적이 있다. (Gangs were present at their school)	13%	2%
학교에서 언어 폭력의 대상이 된 적이 있다. (Being the target of hate-related words at school)	6.6%	6.7%
학교에서 증오와 관련한 낙서를 본 적이 있다. (Seeing hate-related graffiti at school)	25.6%	12.6%
학교에서 공격 또는 피해를 당하지나 않을까 하는 두려움 때문에 가기가 꺼려지는 장소가 한 군데 이상 있다. (Avoiding one or more places in school because of fear of attack or harm)	3.9%	1%

출처: 〈2015년도 학교 범죄와 안전에 관한 지표(Indicators of School Crime and Safety: 2015)〉를 미국 교육 통계 센터(NCES)의 홈페이지(http://nces.ed.gov/pubs2016/2016079.pdf)에서 발췌해 재구성함.

셋째, 학생과 학부모, 교사 모두 학교생활에 대한 만족도가 높다. 충분한 사전 조사를 통해 학부모의 교육관과 자녀의 성향에 잘 맞는 사립 학교를 선택했기 때문이다. 또한 교사들도 공립 학교 학생들에 비해서 학업에 열의가 있고, 가정 교육도 잘 받은 학생들을 가르치기 때문에 훨씬 보람을 느끼며 근무할 수 있다.

넷째, 전반적으로 학생들의 학업성취도가 높다. 미국에서는 전국적으로 4학년, 8학년, 12학년을 대상으로 해마다 9개의 과목에 대해 '국가 학업 성취도 평가(NAEP)'를 실시한다.

NAEP가 성적을 분석한 자료를 살펴보면 해마다 수학, 영어, 역사, 과학 등 대부분의 과목에서 사립 학교 학생들의 성적이 우수하다는 사실을 확인할 수 있다. 물론 SAT나 ACT 같은 표준 시험으로도 사립 학교 학생들의 우수성이 입증되고 있다. 높은 학업성취도는 대학교 진학률과 고연봉 직종 취업률에까지 긍정적인 영향을 미친다.

사립 학교 재학생(K-12) 수는 2003년에 630만 명으로 정점에 도달한 뒤 꾸준히 감소 추세에 있다.[274] 그러나 이는 마그넷 스쿨과 차터 스쿨 같은 공교육 개혁에 영향을 받아 일부 중산층이 빠져나갔기 때문인 것으로 보인다. 높은 학비를 충분히 감당할 수 있는 부유층은 자녀에게 사립 학교에서의 특권을 누릴 수 있게 하리라 전망되기에 사립 학교는 앞으로도 계속 그 명성을 유지할 것으로 예상된다.

3. 홈스쿨링

홈스쿨링Home-schooling이란 교육 기관에 위탁하지 않고 학부모가 직접 자녀의 교육을 담당하는 것을 말한다.

미국에서는 한국과 달리 홈스쿨링이 오래전부터 제도적으로 정착되었기에, 주에 따라 절차는 다르지만, 학부모와 학생이 원하면 홈스쿨링을 비교적 쉽게 시작할 수 있다.

미국에는 '홈스쿨 조합(Homeschool Co-op)'이라는 홈스쿨링을 하는 부모와 학생들을 위한 단체도 지역마다 있어서 회원들끼리 정보를 공유하면서 주기적으로 만나거나, 학부모들이 일부 교과를 가르치기도 한다.

NCES의 자료에 의하면, 2012년 기준 미국 전역의 학령(만 5~17세) 인구 중 3.4%에 해당하는 177만여 명이 홈스쿨링을 하고 있다.[275] 홈스쿨링 학생 수는 1999년 약 85만 명, 2003년 109만 명, 2007년에는 152만 명으로, 현재까지 꾸준히 증가 추세에 있다.

2012년 미국 교육부가 발표한 통계 자료에 의하면 부모가 홈스쿨링을 선택하는 가장 주된 이유는 '교육 환경이 마음에 들지 않아서'다.[276] 즉, 왕따나 학교 폭력 등 또래 집단으로부터 받는 압력(Peer

Pressure), 마약, 안전 문제 등 자녀에게 악영향을 끼치는 요소들로부터 자녀를 보호하기 위해 홈스쿨링을 선택하는 것이다.

그 다음으로 많은 학부모들이 홈스쿨링을 선택한 이유는 종교적·도덕적인 교육 과정을 실현하고 싶어서다. 미국은 기독교 정신이 깊숙이 자리 잡은 나라인 만큼 기독교적 사명감으로 자녀를 교육하려는 사람들이 많다. 미국 인디애나 주에 사는 리사 켈시Lisa Kelsey도 그러한 부모다. 그녀는 홈스쿨링에 대해 다음과 같이 말했다.

우리는 홈스쿨링을 '어떻게' 하는지 얘기하기 전에 '왜' 하는지 생각해볼 필요가 있습니다. 그래서 저는 《성경》을 펴고 〈신명기〉 6장의 6~7절을 읽었답니다. 이로써 하나님께서 우리에게 우리의 자녀를 가르칠 것을 명하셨다는 걸 확인했지요.

부모로서 이보다 더 큰 책임감이 또 있을까요? 하나님은 우리가 자녀를 가르치는 데 필요한 재능을 이미 주셨어요. 만약 하나님이 우리에게 홈스쿨링을 하도록 명하신다면, 그분은 우리가 홈스쿨링을 할 수 있도록 이미 준비시키셨고, 날마다 우리에게 지혜를 주실 겁니다.

홈스쿨링의 가장 큰 장점 중 하나는 아이들과 함께 앉아있거나 길을 걷는 순간도 가르침의 기회로 삼을 수 있다는 겁니다. 교육은 단계마다 목적이 있지만, 유년기의 교육 목표는 아이들이 무엇에 흥미를 가지고 있는지 파악하고, 그것을 좇아가는 거지요.

우리가 엄격한 규칙으로 아이들의 행동을 억누르고 지루한 교과서로 열정에 찬물을 끼얹거나 책걸상에 가두고 기를 꺾지만 않는다면, 아이들은 자연스럽게 학습하게 됩니다. 부모가 하루 일과를 보내면서 아이들과 자연스럽게 함께 지낸다면, 아이들은 배우게 되지요.

아이들이 나중에 커서 학업적으로 성공하기 위해 어렸을 때부터 영적으로 단련되고, 부모와 자식이 서로를 존중하고 사랑하게 해주는 강한 유대감을 형성하는 것보다 더 좋은 토대는 없지요. 부모가 아이와 실생활을 함께하면 학습은 끊임없이 이루어집니다.

예를 하나 들게요. 제가 입양한 아들 빈다Vinda는 수학 때문에 힘들어했어요. 그래서 저는 빈다가 분수를 이해할 수 있도록 계량컵들을 보여주었습니다. 2개의 반 컵은 1컵과 같은 양임을 설명했더니 빈다도 이해했어요.

제가 빈다에게 밀가루 반죽을 만들려면 밀가루 2컵과 1/2컵이 필요한데, 1컵은 너무 커서 밀가루통에 넣을 수가 없다고 얘기했지요. 그러면서 이렇게 물었지요.

"밀가루 반 컵이 몇 개 필요할까?"

빈다가 문제를 해결하려고 애쓰고 있는데, 폴Paul이 빈다에게 속삭이더군요.

"다섯, 빈다! 반 컵 5개가 필요해!"

나는 폴에게 조용히 하라고 이르고, 빈다에게 다시 물었답니다. 그러자 폴이 다시 속삭였어요.

"빈다, 5개의 반 컵이 2와 1/2컵이랑 같은 거야."

그 당시에 폴은 6살이었고, 수학책은 들여다본 적도 없어요. 글자를 읽기는 했지만, '2.5 ÷ 0.5 = 5'가 무슨 뜻인지도 몰랐어요. 폴은 그저 우리가 앉거나 길을 따라 걷거나 쿠키를 구울 때 배운 겁니다. 그래서 폴에게 정식으로 수학을 가르치기 시작할 때 우리는 4학년 교재부터 시작했지요.

폴은 다른 형제들과 마찬가지로 이미 배운 실질적인 내용(삶의 경험)을 해결하기 위한 수학 기호들(학문적 기술)을 빨리 배웠습니다. 쿠키 만들기를 통한 학습은 3년간 연습문제를 푸는 것보다 훨씬 더 재미있는 방법이었던 거지요.

31년간 홈스쿨링으로 자녀들을 모두 대학교에 진학시킨 퍼듀 대학교 커뮤니케이션학 교수 제랄린 패리스Jeralyn Faris의 이야기도 들어보자.

저는 남편 데이비드와 결혼한 지 42년이 되었습니다. 하나님께서는 우리에게 아들 2명과 딸 6명을 선물로 주셨고, 고등학교 과정까지 홈스쿨링을 할 수 있도록 은총과 특권을 내려주셨지요.

우리 부부는 2010년까지 31년간 홈스쿨링을 했고, 자녀들은 모두 대학교를 졸업했습니다. 우리 부부는 하나님께서 이끌어주신다면 아이들이 대학교에 진학할 수 있으리라 봤어요. 그래서 초등학교 1~3학년 시기에는 읽기(Reading), 쓰기(Riting), 셈하기(Rithmetic) 등 소위 '3R's 기본 교육 과정'을 활용했습니다. 그리고 아이들이 커감에 따라 3R's 교육 과정에 과학, 정치, 역사 등과 관련된 과목들을 추가했고요.

아이들이 어린 시절에 새로운 개념을 체득하거나 글을 읽기 시작할 때 저는 항상 아이들과 함께했습니다. 아이들이 산수나 읽기에 아주 능숙해졌을 때에는 보다 더 관찰자의 역할을 취하며 아이들이 제대로 하고 있는지, 확실히 이해했는지 정도만 확인했습니다.

모든 아이들은 각각의 과목에서 자기가 해야 할 과제가 무엇인지 매일 기록하는 계획표를 가지고 있었고요. 그리고 《성경》 공부 시간을 제외하고는 모두들 독립적으로 공부했습니다.

빨래, 요리, 가르치기, 집 밖에서의 사역, 새로운 교회 설립을 돕는 등의 모든 것들은 예수님을 섬기는 일의 일환으로 행해졌습니다. 또 우리는 그러한 모든 일들을 예수님의 지상명령(Great Commission)의 관점에서 이해했고 가르쳤습니다.

우리는 아이들을 예수님의 제자로 훈육했고, 아이들은 교회와 믿음이 없는 이들을 위한 우리의 사역에 동참했습니다. 《성경》에 기초한 우선순위가 균형점이 됐어요.

하나님께서 다른 이들을 식구처럼 섬길 수 있는 기회를 주셨기에 주일은 엄격하게 지켰습니다. 아울러 우리는 홈스쿨링만을 고수하지 않고, 교도소에 있는 여성들과 그들의 가족들, 지역 사회의 가난한 사람들, 교육이 필요한 젊은 신도들 등 다른 이들도 섬기려고 노력했습니다.

학교 교육 과정이 마음에 들지 않아서 홈스쿨링을 하는 학부모들

도 많다. 예를 들어, 수학에 많은 관심을 갖고 공부하는 학생이 있다고 하자. 그 학생은 학교에 개설된 수학 수업 모두가 너무 쉬워서 학업에 흥미를 잃을 수도 있다. 그래서 집에서 집중적으로 공부할 수 있게 해주는 것이다. 이와 비슷한 이유로, 많은 학부모들이 공립 학교의 교육 수준이 낮다고 판단하여 홈스쿨링을 선택한다.

자녀에게 맞춤형 교육을 제공하기 위해 홈스쿨링을 선택한 부모들은 대부분 온라인 수업을 이용하거나, 종교 기관과 각종 사회 단체가 제공하는 교육 서비스를 활용한다. 예를 들면 자녀를 보이스카우트나 걸스카우트에 가입시켜 자립심을 키우고 시민의식을 고취시키는 식이다. 또는 거주하는 지역의 스포츠팀(Community Sports Team)에 가입시켜 학교 체육 활동을 대신하는 경우도 많다. 영어 단어 경시대회(Spelling Bee)나 지리 경시대회(Geography Bee) 같은 각종 경시대회에도 참여시켜 자녀를 학업적으로 자극하기도 한다.

한국 교육의 변화를 꿈꾸며

인재 교육에 관한 책을 기획하고 구성하던 중 내게 좋은 기회가 찾아왔다. 바로 미국의 교육 시스템을 심도있게 논하면서 미국의 교육현장까지 생생히 보여줄 수 있는 7명의 교육 전문가들을 만난 것이다.

이 책을 쓴 저자들은 미국의 교육대학원에서 교육학을 전공한 석·박사, 미국 대학교에서 예비교사들을 가르치는 교수, 미국의 데이케어, 프리스쿨, 초등학교, 중학교, 고등학교에 다니는 자녀를 둔 학부모들이다. 또한 한국에서도 중·고등학교 교사로 근무했거나, 초등학교 교사로 현재 근무하고 있기에 한국 교육 체계에 대해서도 나름의 식견을 가지고 있다. 한국과 미국 두 나라의 교육을 마주하고 있는 저자들이기에, 미국 교육에 대해 보다 실제적인 이야기를 할 수 있다고 확신했다.

이 책을 쓰면서 미국이 왜 강한지, 미국의 교육은 우리와 무엇이 다른지 좀 더 구체적으로 깨달았다. 그리고 교육의 본질적인 가치에 대해 독자들과 함께 고민하고 싶어졌다.

'교육은 백년지대계百年之大計'라는 말을 차치하더라도, 오늘날 한국에서 무너져가는 공교육을 바로 세우는 것보다 더 시급한 문제는 보이지 않았다. 게다가 우리 아이들은 격심한 입시 경쟁 속에서 전인격적으로 성장하지 못한 채, 남이 뛰니까 나도 뛴다는 식으로 삶의 방향도 목적도 없이 쳇바퀴를 돌리고 있다.

쳇바퀴에서 튕겨져 나온 아이들은 열패감에 휩싸이고, 쳇바퀴에 남은 아이들은 그냥 뛰는 것에 익숙해지면서 자신이 왜 뛰는지도 모르고 뛰고 또 뛴다. 쳇바퀴 안에서는 융합적 사고를 하는 창의적 시민도, 공동체 의식을 지닌 민주시민도, 다양성을 존중하는 세계시민도 나오지 않는다.

이렇듯 혼돈과 공허함이 가득한 한국 교육에 희망이 있을까? 언제쯤 우리의 교육이 지성과 인성을 겸비한 인재를 키우고, 국가 경쟁력의 원천으로 제 기능을 다할 수 있을까? 지성과 인성을 균형 있게 발전시키지 못한 채 오로지 입시를 위해 학습 능력만 키우는 나라에서 제대로 된 인재가 나올 수 없음은 자명하다.

물론 미국의 교육도 불완전하다. 다른 선진국들에 비해 고등학교 중퇴율이 월등히 높고, 낙후된 지역의 공립 학교들은 열악한 교육 예산으로 교육의 질마저 떨어지는 경우가 부지기수다. 하지만 미국의 교육은 지금까지 미국 사회가 필요로 하는 각 분야의 다양한 인재들과 민주시민들을 꾸준히 육성해왔다.

교육은 미국이 반세기 이상 경제, 과학, 문화, 군사, 의료 등 거의 모든 분야에서 초강대국으로서의 경쟁력을 유지하면서 범사회적 시스템을 견고히 지탱할 수 있게 해주었다. 그렇기에 이 책의 저자들은 우리가 미국의 교육으로부터 무엇을 배울 수 있을지 함께 고민했다.

미국이 키우고자 하는 인재의 모습은 무엇이며, 미국은 교육을 통해 어떻게 인재를 만드는지 살펴보고자 했다. 특히 자존감, 다양성, 자율성, 창의성, 정직, 관용, 배려, 소통과 같은 인생의 소중한 가치들과 역량들을 어떻게 아이들에게 심어주는지, 유아 교육에서부터 고등 교육에 이르는 교육 과정 전반을 다루어 보고자 했다. 물론 미국의 영재교육과 특수교육, 그리고 교육 정책과 그 기반이 된 사상의 흐름까지도 들여다봄으로써 부족하나마 한국 교육의 변화 방향까지 모색하고 싶었다.

지력과 심력, 체력을 조화롭게 갖춘 인재를 육성하는 것은 학교와 가정, 사회가 상호보완적인 관계를 기반으로 긍정적인 영향을 주고받을 때 가능하다. 하지만 교육 정책과 제도를 개혁하고, 이를 뒷받침하도록 사회문화적 환경이 변화하는 데는 오랜 시간이 필요하다.

게다가 한국 국민들은 그동안 교육 개혁의 실패를 수차례 경험하면서 변화에 대해 강한 의구심을 품고 있다. 상황이 이렇다면 가정에서부터 자녀의 교육 방식을 하나씩 바꾸는 것이 보다 효과적일 수 있다.

지금껏 우리들은 성적 지상주의로 치닫는 답답한 교육 현실을 체념하듯 받아들였을 뿐이지, 결코 그것에 동의한 것은 아니었다. 자녀가 자신의 꿈을 찾아가며 마음의 여유를 지닌 행복한 아이로 자라기를 바라는 부모의 마음은 매 한가지다. 그래서 독자들이 자녀를 어떻게 교육해야 할지 망설여질 때 이 책을 한 번씩 들춰봤으면 좋겠다. 그리고 이 책을 통해 그동안 놓쳤던 교육의 가치를 한 가지라도 찾게된다면 저자들의 바람은 이미 이루어진 것이나 다름없다.

집필을 마치며 이 책이 세상에 나올 수 있도록 도움을 주신 분들께 고마움을 전한다. 흔쾌히 귀한 시간을 쪼개어 원고를 감수해주신 하버드 대학교 교육대학원 조세핀 김 교수님께 진심으로 감사를 드린다. '추천의 글'을 써주신 분들과, 인터뷰에 응해주심으로써 미국 교육에 관한 소중한 경험을 나누어주신 분들께도 감사드린다. 또한 심혈을 기울여 책을 만들어주신 한언 출판사의 김철종 사장님과 담당 편집자인 장웅진 팀장과 담당 디자이너인 이찬미 대리에게 깊이 감사드린다.

Soli Deo Gloria!

저자들을 대표하여 김한훈

주

1. Edwards, H.(2015, Aug 29). What Is A College Legacy? What If You're Not a Legacy? *PrepScholar*. Retrieved from http://blog.prepscholar.com/what-is-a-college-legacy

2. 김한훈 외(2016). 미국의 길. 한언.

3. 국립국어원 표준국어대사전(http://stdweb2.korean.go.kr).

4. IMD World Competitiveness Center(2016). *IMD World Competitiveness Yearbook 2016*. Retrieved June 11, 2016, from http://www.imd.org/uupload/imd.website/wcc/scoreboard.pdf

5. Institute of International Education(2016). *International Students in the United States*. Retrieved July 11, 2016, from http://www.iie.org/Services/Project-Atlas/United-States/International-Students-In-US

6. Farrugia, C. A.(2014). Charting New Pathways to Higher Education: International Secondary Students in the United States. *Institute of International Education*.

7. 부모가 어학연수 과정으로 F-1 학생비자를 받고 자녀는 F-2 동반자 비자를 받아 미국 공립 학교에 등록하는 것이다. 부모의 비자가 F-1 학생비자거나 J-1 교환방문자비자인 경우, 부모의 체류 기간 동안 동반 자녀는 공립 학교를 다닐 수 있다.

8. OECD(2013). *PISA 2012 Results: Ready to Learn(Volume III): Students' Engagement, Drive and Self-Beliefs*. OECD Publishing, Paris. DOI: http://dx.doi.org/10.1787/9789264201170-en

9. 정영호(2014). 사회갈등지수 국제비교 및 경제성장에 미치는 영향. 연구보고서 2014-26-3. 한국보건사회연구원.

10. 김한훈 외(2016). 미국의 길. 한언.

11. 김한훈 외(2009). 리얼멘토링. 에딧더월드.

12. 김한훈 외(2010). 팀장의 자격. 대성.

13. Leary, M. R., Tambor, E. S., Terdal, S. K., & Downs, D. L.(1995). Self-Esteem as an Interpersonal Monitor: The Sociometer Hypothesis. *Journal of Personality and Social Psychology, 68*(3), 518-530.

14. 김한훈 외(2010). 팀장의 자격. 대성.

15. 김한훈(2012). 이겨라! 대한민국 직장인. 코리아닷컴.

16. Bose, P.(2003). 전략의 기술(박승범 역). 매일경제신문사(원전은 2003년에 출판).

17. 김재협(2016, 5, 12). 서울시교육청, 교권침해 대응 위해 긴급지원팀 운영. 뉴스캔. Retrieved from http://www.newscani.com/news/articleView.html?idxno=131858

18. Moore, C. W., & Woodrow, P. J.(2010). *Handbook of Global and Multicultural Negotiation*. San Francisco, CA: Jossey-Bass.

19. 김한훈 외(2016). 미국의 길. 한언.

20. Durham Public Schools(2016). Parent/Student Handbook 2016-2017. Retrieved from https://docs.google.com/document/d/1d-bbltzEox-1Fi5KTqL0n0nKoAF-3dgX1YOhjC1JJJTQ/edit

21. Miedema, J.(2009). *Slow Reading*. Sacramento, CA: Litwin Books, LLC.

22. Newkirk, T.(2010). The Case for Slow Reading. *Reading to Learn, 67*(6), 6-11.

23. 김한훈 외(2010). 팀장의 자격. 대성.

24. Chapin, C.(2014, Aug 13). An uncommon approach to our "uncommon prompts". The University of Chicago. Retrieved from https://collegeadmissions.uchicago.edu/uncommon-blog/uncommon-approach-our-uncommon-prompts

25. 강영우(2000). 우리가 오르지 못할 산은 없다. 생명의말씀사.

26. 국립국어원 표준국어대사전(http://stdweb2.korean.go.kr).

27. 기빙 유에스에이 재단(http://givingusa.org).

28. Volunteering and Civic Life in America 2015(https://www.volunteeringinamerica.gov).

29. 김한훈(2011, 9, 16). 리더에 대한 신뢰는 '현대판 탕자'들도 몰입하게 만든다. 한국경제신문. B11면.

30. 김한훈 외(2016). 미국의 길. 한언.

31. 양홍선(2016). KBS스페셜 28회: 6.25 특집 '장군과 아들' 한국 전쟁의 기억 [텔레비전 방송]. 서울: KBS 1TV.

32. 정아란(2016, 6, 23). KBS스페셜, 한국전 특집 '장군과 아들' 24일 방송. 연합뉴스. Re-

trieved from http://www.yonhapnews.co.kr/bulletin/2016/06/23/020000000
0AKR20160623055000033.HTML?input=1195m

33. 김한훈 외(2016). 미국의 길. 한언.

34. 정성호(2016, 2, 16). 한국, 과학기술혁신 역량 주요 38개국 중 18위. 연합뉴스. Re-
    trieved from http://www.yonhapnews.co.kr/bulletin/2016/02/16/020000000
    0AKR20160216129200017.HTML

35. 김한훈 외(2016). 미국의 길. 한언.

36. Huizinga, J.(2010). 호모 루덴스(이종인 역). 연암서가(원전은 1938년에 출판).

37. 김한훈 외(2016). 미국의 길. 한언.

38. Ibid.

39. 김한훈(2012). 이겨라! 대한민국 직장인. 코리아닷컴.

40. 최보윤(2013, 2, 18). '초저가' 췌장암 조기 발견 기기 만든 15세 천재소년. 조선일보.
    Retrieved from http://businessnews.chosun.com/site/data/html_dir/2013/
    02/18/2013021801155.html

41. 김한훈 외(2009). 리얼멘토링. 에딧더월드.

42. 강영우(2000). 우리가 오르지 못할 산은 없다. 생명의말씀사.

43. 조세핀 킴(2011). 우리 아이 자존감의 비밀. 서울문화사.

44. 김한훈(2011, 9, 23). "늦게까지 일하지 말라, 그런데 오늘은 끝내야지!" 무슨 소린지. 한
    국경제신문. B11면.

45. 김한훈(2014). 위태로운 당신을 위한 위기 탈출 가이드. Big Issue Korea, 78, 26-27.

46. 김한훈 외(2016). 미국의 길. 한언.

47. 산업연구원(2008). 기업가정신 육성 및 기업 친화 정책을 통한 잠재성장률 제고방안.
    지식경제부.

48. 강영우(2000). 우리가 오르지 못할 산은 없다. 생명의말씀사.

49. 김한훈 외(2009). 리얼멘토링. 에딧더월드.

50. Park, S. S.(2008, Oct 3). 44% of Korean Ivy League Students Quit Course
    Halfway. Koreatimes. Retrieved from http://www.koreatimes.co.kr/www/
    news/nation/2008/10/117_32124.html

51. 김한훈 외(2009). 리얼멘토링. 에딧더월드.

52. Ibid.

53. George Lucas Interview-Academy of Achievement(2013, Dec 10). Retrieved Sep-
    tember 9, 2016, from http://www.achievement.org/autodoc/page/luc0int-1

54. 김한훈 외(2016). 미국의 길. 한언.

55. 장경애(2016. 8. 12). 12세 한국계 천재소년, 美코넬대 최연소 합격. 동아일보. Retrieved from http://news.donga.com/Main/3/all/20160812/79710402/1

56. Gregoire, C.(2011. Oct 11). West Philly Teens Build Ground-Breaking "Badass Hybrid" Car. Huffington Post. Retrieve from http://www.huffingtonpost.com/2011/10/11/westphilly-teens-build-g_n_1004723.html

57. 이정환(2015. 1. 8). 김태호가 손석희에게도 '꿀리지' 않는 이유. 오마이뉴스. Retrieved from http://www.ohmynews.com/NWS_Web/View/at_pg.aspx?CNTN_CD=A0002070118

58. Hiatt, B.(2015. May 4). The Hulk: The Last Angry Man. Rolling Stone. Retrieved from http://www.rollingstone.com/movies/features/the-hulk-the-last-angry-man-20150504

59. Pearlman, C.(2007. Feb 25). Working on a killer movie. Chicago Sun-Times. Retrieved from https://web.archive.org/web/20071016065556/http://www.suntimes.com/entertainment/pearlman/271775, SHO-Sunday-movies25.article

60. 임현석(2015. 2. 23). 중고생 희망직업 1위는 교사…30% "하고싶은 일 없어". 동아일보. Retrieved from http://news.donga.com/InfoGraphics/View/3/all/20150223/69745383/9

61. 중앙대학교 산학협력단(2012. 11. 30). 진로에 대한 청소년 의식조사. 2012 청소년활동 및 생활요구조사 Vol.3. 한국청소년활동진흥원. Retrieved from http://okyd.org/Down-Load/332

62. Stanford University(2005. Jun 14). 'You've got to find what you love,' Jobs says. Stanford News. Retrieved from http://news.stanford.edu/2005/06/14/jobs-061505/

63. 안석배, 박세미(2016. 2. 18). 한국인 학업능력…高1때 세계 1등, 55세땐 꼴찌권. 조선일보. Retrieved from http://news.chosun.com/site/data/html_dir/2016/02/18/2016021800302.html

64. 매일경제사설(2014. 8. 14). 한국 선진강국 되려면 수학에 더 투자해야. 매일경제. Retrieved from http://news.mk.co.kr/column/view.php?year=2014&no=1095274

65. 김한훈 외(2010). 팀장의 자격. 대성.

66. 하채림(2013. 9. 10). 청소년 자살 10년간 57.2%↑ … 증가율 OECD 2위. 연합뉴스. Retrieved from http://www.yonhapnews.co.kr/bulletin/2013/09/09/0200000000AKR20130909175800017.HTML?input=1179m

67. 김한훈 외(2016). 미국의 길. 한언.

68. OECD(2015). Parental time with children: Daily minutes, 2013 or latest available year, in How's Life? 2015. OECD Publishing, Paris. DOI: http://dx.doi.org/10.1787/how_life-2015-graph102-en

69. 김윤덕(2014. 11. 21). 한국 엄마는 이미 '호랑이' … 아이 놀게 해줘라. 조선일보. Retrieved from http://premium.chosun.com/site/data/html_dir/2014/11/20/2014112004573.html?Dep0=twitter

70. 김한훈(2012). 이겨라! 대한민국 직장인. 코리아닷컴.

71. 김한훈(2011. 9. 30). 권한위임이란 부하의 보이지 않는 능력을 믿는 것. 한국경제신문. B11면.

72. 조세핀 킴(2011). 우리 아이 자존감의 비밀. 서울문화사.

73. 많은 백인 부모들의 양육 스타일이 권위형이라고 해서, 백인 부모들의 양육 스타일이 권위형이라고 일반화할 수는 없다. 백인 부모들 중에는 당연히 독재형 부모도 있고 방임형 부모도 있다.

74. Van Campen, K. S., & Russell, S. T.(2010). *Cultural Differences in Parenting Practices: What Asian American Families Can Teach Us*(Frances McClelland Institute for Children, Youth, and Families. ResearchLink, Vol. 2, No. 1). Tucson, AZ: The University of Arizona.

75. Ripley, A.(2014). 무엇이 이 나라 학생들을 똑똑하게 만드는가(김희정 역). 부키(원전은 2013년에 출판).

76. Waterman, E. A., & Lefkowitz, E. S.(2016). Are Mothers' and Fathers' Parenting Characteristics Associated With Emerging Adults' Academic Engagement? *Journal of Family Issues*, 0192513X16637101.

77. 김한훈(2011. 10. 7). 리더여, 오프라처럼 경청하고 래리 킹 같이 간결하게 질문하라. 한국경제신문. B11면.

78. 김한훈 외(2016). 미국의 길. 한언.

79. 박건형(2016. 5. 24). 1조원 대박친 新藥박사 "이번엔 한국서 기적 만들 것". 조선일보. Retrieved from http://news.chosun.com/site/data/html_dir/2016/05/24/2016052400385.html?Dep0=twitter&d=2016052400385

80. Wren, T.(2008). Philosophical moorings. In L. P. Nucci & D. Narvaez(Eds.), *Handbook of Moral and Character Education*(pp. 11-29). New York, NY: Routledge.

81. 유아 교육에 있어서의 예의범절을 위한 일반 원칙들(Grace & Courtesy)- •Say-

ing please and thank you • Saying excuse me • Greeting someone new • Shaking hands • Polite interrupting • Walking softly • Opening and clos-ing doors quietly • Waiting • Asking for help • Speaking to someone who is busy • Watching someone at work • Asking to give someone a hug • Expressing feelings Serving food • Answering the phone • Answering the door • Setting a beautiful table • Eating politely • Making conversation • Asking to be excused • Clearing the table • Expressing admiration • Say-ing I am sorry – when it is felt.

82. http://www.pz.harvard.edu/sites/default/files/Children-Are-Citizens-Book-2015.pdf

83. Rothshild, A.(2015, Aug). The Citizen Preschooler: What should young children learn about being part of a democracy? *The Atlantic*. Retrieved from http://www.theatlantic.com/education/archive/2015/08/the-citizen-preschooler/400220/

84. Laughlin, L.(2013). *Who's Minding the Kids? Child Care Arrangements: Spring 2011*. Current Population Reports, P70-135. U.S. Census Bureau, Washing-ton, DC.

85. 다음과 같은 여러 인터넷 사이트에서 다양한 놀이 아이디어를 무료로 제공한다. -http://www.education.com/worksheets/color-by-number / http://activities.raisingourkids.com/connect-dot-to-dot/index-02.html

86. Rotary.(n.d.). *Rotary and The Dollywood Foundation's Dolly Parton Imagination Library*. Retrieved July 24, 2016, from https://www.rotary.org/en/document/imaginationlibrary-fact-sheet

87. http://www.governorsfoundation.org/documents/gbbf-impact-report-final_digital-version-2015.pdf

88. 김태원(2007). 미국 교육 시스템에서의 K12. 공학 교육, 14, 18-26.

89. Banks, J. A., & Banks, C. A. M.(2004). *Handbook of Research on Multicultural Education*. San Francisco, CA: Jossey-Bass.

90. Vanquez-Nutall, E., & Romero-Garcia, I.(1989). From Home to School: Puerto Rican Girls Learn to Be Students in the United States. In C. Garcia Coll & M. de Lourdes Mattei(Eds.), *The Psychological Development of Puerto Rican Women*(pp.60-83). New York, NY: Praeger.

91. Hidalgo, N. M., Siu, S., & Epstein, J. L.(2002). Research on Families, Schools

and Communities: A Multicultural Perspectives. In J. A. Banks & C. A. M. Banks(Eds.), *Handbook of Research on Multicultural Education*(pp. 631-655). San Francisco, CA: Jossey-Bass.

92. 김한훈 외(2016). 미국의 길. 한언.

93. Ibid.

94. 신현성, 한혜숙(2009). 한국과 미국의 교과서 체제 비교분석. 한국학교수학회논문집, 12(2), 309-325.

95. 이관규(2013). 한국@중국@미국의 국어과 교육과정 비교 연구. 한글 제300호, 183-212.

96. Hamdan, et al.(2013). *The Flipped Learning Model: A White Paper Based on the Literature Review Titled A Review of Flipped Learning*. Flipped Learning Network 2013.

97. Bergmann, J.(n.d.). About Bergmann, J. Retrieved July 2, 2016, from http://jonbergmann.com/about-m/

98. Johnsen, S.(1994). Figuring out Interdisciplinary Curriculum. *Gifted Child Today, 17*(3), 37-39.

99. Jacobs, H. H.(1989). *Interdisciplinary Curriculum: Design and Implementation.* Alexandria, VA: The Association for Supervision and Curriculum Development.

100. 박만구(2013). 초등수학교육에서 창의성 신장을 위한 융합적 접근의 탐색 : 한국 초등 수학교과서와 미국 Investigations를 중심으로. 수학교육, 52(2), 247-270.

101. 김세영(2013). 미국의 Core Knowledge Sequence를 통해 본 우리나라 국가수준 초등 교육과정의 변화 가능성 탐색. 통합교육과정연구, 7(1), 69-95.

102. 방정숙(2000). 변화가 변화를 일으키지 못할 때: 한국과 미국 초등수학 수업 관찰로부터의 소고. 초등수학교육, 4(2), 111-125.

103. Sibley, B. A., & Etnier, J.(2003). The Relationship between Physical Activity and Cognition in Children: A Meta-Analysis. *Pediatric Exercise Science, 15*, 243-256.

104. Fiske, E. B.(1999). *Champions of Change: The Impact of the Arts on Learning*. Retrieved from the John F. Kennedy Center for the Performing Arts Web site: http://artsedge. kennedy-center.org/champions/pdfs/champsreport. pdf.

105. National School Boards Association.(2010). *School Boards Circa 2010: Gov-*

ernance in the Accountability Era. Retrieved July 3, 2016, from https://www.nsba.org/schoolboards-circa-2010-governance-accountability-era

106. 장흥근 외(2007). 한국인의 직업의식과 직업윤리: 국제비교 맥락에서 본 한국인의 직업의식. 한국직업능력개발원.

107. National Center for Education Statistics.(2016, May). *Public High School Graduation Rates.* Retrieved August 5, 2016, from http://nces.ed.gov/programs/coe/indicator_coi.asp

108. Lavigne, P.(2012, Oct 18). Bad Grades? Some Schools OK with It. *ESPN.* Retrieved from http://espn.go.com/espn/otl/story/_/page/Outside-The-Lines-GPA/some-high-schoolsactually-reducing-gpa-requirements-student-athletes

109. Jackson, A.(2016, Jan 27). An NFL Player is Starting a Math PhD Program at MIT in His Offseason. *Business Insider.* Retrieved from http://www.businessinsider.com/offensive-lineman-john-urschel-starting-phd-at-mit-2016-1

110. Cromwell, S.(2005). Team Teaching: Teaming Teachers Offer Tips. *Education World.* Retrieved May 29, 2016, from http://www.educationworld.com/a_admin/admin/admin290.shtml

111. 류난영(2013, 3, 31). 한국 학생 수업참여도 2% … 42개국 중 꼴찌. 뉴시스. Retrieved from http://www.newsis.com/ar_detail/view.html?pID=10200&cID=10201&ar_id=NISX20130329_0011961916

112. 김수진, 박지현, 김지영(2013). TIMSS 2011 결과에 나타난 우리나라 학생들의 학력특성. 연구자료 ORM 2013-17. 한국교육과정평가원.

113. https://www.timeshighereducation.com/world-university-rankings/2015/world-ranking#!/page/0/length/25

114. http://www.shanghairanking.com/ARWU2015.html

115. Golden, D.(2007). *The Price of Admission: How America's Ruling Class Buys Its Way into Elite Colleges and Who Gets Left Outside the Gates.* New York, NY: Random House, Inc.

116. 이는 오래 전부터 공공연히 제기되어온 사실이며, 더 자세한 내용은 Golden(2007)을 참고하기 바란다.

117. Espenshade, T. J., & Radford, A. W.(2010). *No Longer Separate, Not Yet Equal: Race and Class in Elite College Admission and Campus Life.* Princeton, NJ: Princeton University Press.

118. 학생들이 대학 재학 중 기숙사에 함께 살면서 배워나가는 것을 기숙형 대학(Residential College)이라고 하는데, 우리나라에서는 연세대학교 송도캠퍼스를 유사한 예로 들 수 있다.

119. http://nces.ed.gov/programs/digest/d13/tables/dt13_303.20.asp

120. http://www.tcs-online.org/Report/Default.aspx

121. 2003년 미국 연방대법원은 미시간 대학교(University of Michigan) 학부 과정 입학의 소수계 우대 정책(Affirmative Action) 제도의 위헌성을 평가하는 Gratz v. Bollinger 판결에서 해당 대학교의 제도가 위헌이라는 판결을 내렸다. 대법원에 따르면 소수계 우대 정책이 헌법에 합치하려면 1) 해당 대학교가 다양한 학생들로 구성된 것이 국가의 중대한 이익과 관련이 있고, 2) 다양한 학생층으로 구성하는 것을 가능하게 하는 방법이 소수계 우대 정책 외에는 없다는 것을 입증해야 한다고 밝혔다. 이 기준에 따르면 특정 인종 학생들이 입시 과정에서 자동으로 혜택을 보는 보너스 점수나 쿼터제는 위헌에 해당한다.

122. 2015년 미국 연방정부는 프린스턴 대학교가 아시아계 지원자들을 차별했다는 근거가 없다고 최종 발표했다. 더 높은 시험 점수를 받은 아시아계 학생들이 탈락하고, 더 낮은 점수를 받은 학생들이 합격한 것은 사실이지만, 아시아계 학생들 사이에서도 시험 점수가 더 높은데 불합격하거나 시험 점수가 더 낮은데 합격한 사례들이 있었기 때문이다. 즉, 프린스턴 대학교는 시험성적이 높은 학생을 불합격시키기는 했지만, 이것은 아시아계뿐만 아니라 다른 인종에 걸쳐서도 발견되는 현상이기 때문에, 이를 아시아계 학생에 대한 차별의 근거로 볼 수는 없다. http://www2.ed.gov/about/offices/list/ocr/docs/investigations/02086002-a.pdf

123. Blume, G. H., & Long, M. C.(2014). Changes in Levels of Affirmative Action in College Admissions in Response to Statewide Bans and Judicial Rulings. *Educational Evaluation and Policy Analysis, 36*, 228-252.

124. Ibid.

125. https://nces.ed.gov/programs/digest/d14/tables/dt14_326.10.asp

126. http://nces.ed.gov/programs/digest/d14/tables/dt14_331.20.asp

127. 한국교육개발원(2013). 영재교육 통계 연보.

128. OECD(2012). *Literacy, Numeracy and Problem Solving in Technology-Rich Environments: Framework for the OECD Survey of Adult Skills*. OECD Publishing, Paris. DOI: http://dx.doi.org/10.1787/9789264128859-en

129. Marland, S. P., Jr.(1971). *Education of the Gifted and Talented-Volume 1: Report to the Congress of the United States by the U. S. Commissioner of Education*.

Washington, DC: U. S. Government Printing Office. Retrieved August 6, 2016, from http://files.eric.ed.gov/fulltext/ED056243.pdf

130. Ibid.

131. 어렸을 때 번뜩이던 영재성을 발휘했던 아이가 시간이 지난 뒤 영재성을 잃고 평범해지는 경우를 우리는 종종 보게 된다. 이처럼 자신의 잠재력에 맞는 성취를 못 보여주는 이들을 '저성취 영재(Underachieving Gifted)'라고 한다. 기존 연구에 따르면 전체 영재의 15~20% 정도가 저성취 영재로 추정된다. 애리조나 주, 켄터키 주, 미네소타 주, 노스캐롤라이나 주는 영재의 정의에 이 저성취 영재를 명시하고, 선별 과정과 교육 방법 등을 지침서에 기재하고 있다.

132. Terman, L. M.(1954a). The Discovery and Encouragement of Exceptional Talent. *American Psychologist, 9*, 221‐230.

133. Terman, L. M.(1954b). Scientists and Non‐Scientists in a Group of 800 Gifted Men. *Psychological Monographs: General and Applied, 68*, 1‐44.

134. Simonton, D. K.(2010). Creativity in Highly Eminent Individuals. In J. C. Kaufman & R. J. Sternberg(Eds.), *The Cambridge Handbook of Creativity*(pp. 174-188). New York, NY: Cambridge University Press.

135. Terman, L. M., & Oden, M. H.(1947). *Genetic Studies of Genius…: The Gifted Child Grows Up; Twenty-five Years Follow-up of a Superior Group*(4th ed.). Palo Alto, CA: Stanford University Press.

136. 박주연(2008. 7. 29). IQ 148 한국 멘사 회원 1000명. 경향신문. Retrieved from http://news.khan.co.kr/kh_health/khan_art_view.html?artid=18058&code=&s_code=n0002.

137. Renzulli, J. S.(2005). The Three‐Ring Conception of Giftedness: A Developmental Model for Promoting Creative Productivity. In R. J. Sternberg & J. E. Davidson(Eds.), *Conceptions of Giftedness*(pp. 246-279). New York, NY: Cambridge University Press.

138. Shaughnessy, M. F.(1998). An Interview with E. Paul Torrance: About Creativity. *Educational Psychology Review, 10*, 442‐443.

139. 리더십을 영재성의 영역에 포함시키고 있는 13개 주는 다음과 같다. - 콜로라도, 델라웨어, 하와이, 아이다호, 인디애나, 아이오와, 켄터키, 메릴랜드, 미네소타, 네바다, 오클라호마, 텍사스, 위스콘신.

140. Gardner, H.(2011). *Frames of Mind: The Theory of Multiple Intelligences*. New York, NY: Basic Books.

141. Borland, J. H.(2004). Issues and Practices in the Identification and Education of Gifted Students from Under-Represented Groups. *The National Research Center on the Gifted and Talented*.

142. Fairfax County Public Schools.(n.d.). *Young scholars: A Model of Success*. Retrieved July 20, 2016, from http://www.fcps.edu/is/aap/ys.shtml

143. 같은 성격의 프로그램도 학군@주마다 다른 용어로 쓰는 경우가 있다. 또한 미국은 사립 학교와 공립 학교의 차이가 한국보다 훨씬 크다. 사립 학교에 다니는 학생 수는 공립 학교에 다니는 학생 수의 10% 정도이지만, 명문 대학교 진학률은 사립 학교가 높다. 그러나 미국에서 영재교육의 목표는 명문 대학교에 보내는 것이 아니다. 여기서는 공립 학교에 주로 적용되는 프로그램을 소개한다.

144. 월반을 결정하는 데 사용되는 대표적인 도구로는 '아이오와 속진 척도(IAS)'가 있다. 10개 부분으로 구성되어있으며, 학생의 나이, 적성, 능력, 학교의 역량 등을 고려한다.

145. 자세한 사항은 AP Course 홈페이지(http://apcentral.collegeboard.com/apc/public/courses/teachers_corner/index.html)에서 확인할 수 있다.

146. 자세한 사항은 미국 마그넷 스쿨 홈페이지(www.magnet.edu)에서 확인할 수 있다.

147. 자세한 사항은 미국영재교육학회(NAGC) 홈페이지(http://www.nagc.org)에서 확인할 수 있다.

148. Moody, A.(2012, May 3). The Education for All Handicapped Children Act: A Faltering Step Towards Integration. *Educ 300 Education Reform Past and Present*. Retrieved from http://commons.trincoll.edu/edreform/2012/05/the-education-for-all-handicapped-children-act-a-faltering-step-towards-integration

149. Office of Special Education.(n.d.). *IDEA 40 Years Later*. Retrieved August 1, 2016, from http://www2.ed.gov/about/offices/list/osers/idea40/index.html

150. CAST.(n.d.). Retrieved August 1, 2016, from http://www.cast.org/

151. Special Olympics.(n.d.). *Rosa's Law*. Retrieved August 1, 2016, from http://www.specialolympics.org/Regions/north-america/News-and-Stories/Stories/Rosa-s-Law.aspx

152. Fairfax County Public Schools.(n.d.). 특수교육 학부모 안내서: 절차, 자원, 서비스들. Retrieved July 28, 2016, from http://www.fcps.edu/otherlanguages/translations/PDF_FILES/specialeducation/specialedhand book/korean.pdf

153. Ibid.

154. Friend, M.(2015). *Special Education: Contemporary Perspectives for School Pro-*

fessionals. Upper Saddle River, NY: Pearson.

155. Department of Education, Office of Special Education Programs, Individuals with Disabilities Education Act(IDEA) database, retrieved October 29, 2015, from http://www2.ed.gov/programs/osepidea/618-data/state-level-data-files/index.html#bcc. See *Digest of Education Statistics 2015, table 204.60*. Retrieved August 1, 2016, from https://nces.ed.gov/programs/coe/indicator_cgg.asp

156. U.S. Equal Employment Opportunity Commission.(n.d.). *Questions and Answers: Promoting Employment of Individuals with Disabilities in the Federal Workforce*. Retrieved June 22, 2016, from https://www.eeoc.gov/federal/qanda-employment-withdisabilities.cfm

157. https://www.ada.gov/greyhnd.htm

158. Kode, K.(2002). *Elizabeth Farrell and the History of Special Education*. Arlington, VA: Council of Exceptional Children.

159. Ibid.

160. U.S. Department of Education.(n.d.). *Key Policy Letters Signed by the Education Secretary or Deputy Secretary*. Retrieved July 25, 2016, from http://www2.ed.gov/policy/elsec/guid/secletter/020724.html

161. Arizona Department of Education.(2013). *AIMS A TEST Samples*. Retrieved July 19, 2016, from http://www.azed.gov/assessment/files/2014/06/test-samples-2013.pdf

162. Leko, M. M., Brownell, M. T., Sindelar, P. T., & Murphy, K.(2012). Promoting Special Education Preservice Teacher Expertise. *Focus on Exceptional Children, 44*(7), 1.

163. Whetstone, P., Abell, M., Collins, B. C., & Kleinert, H. L.(2013). Teacher Preparation in Moderate and Severe Disabilities: A State Tool for Intern Support. *Teacher Education and Special Education, 36*(1), 28-36.

164. Joyce, B., & Showers, B.(2002). *Student Achievement Through Staff Development*(3rd ed.). Alexandria, VA: Association for Supervision and Curriculum Development.

165. Mondale, S., & Patton, S. B.(2014). 스쿨: 미국 공교육의 역사 1770~2000(유성상 역). 학이시습(원전은 2001에 출판). p.xix.

166. Bailyn, B.(1960). *Education in the Forming of American Society: Needs and Op-*

portunities for Study. Williamsburg, VA: University of North Carolina Press, p.14.

167. Reef, C.(2009). *Education and Learning in America, American Experience.* New York, NY: Facts On File Inc.

168. 김한훈 외(2016). 미국의 길. 한언.

169. Lynch, J.(2011). Every Man Able to Read: Literacy in Early America. *Colonial Williamsburg Journal, Winter.* Retrieved September 26, 2015, from https://www.history.org/Foundation/journal/Winter11/literacy.cfm

170. Reef, C. Ibid.

171. 존 로크는 1693년에 출간한 저서《교육에 대한 고찰Some Thoughts Concerning Education》에서 '백지설(白紙說, Theory of Tabula Rasa)'을 주장했다. 즉, 아이들은 하얀 종이와 같으며, 각 개인은 태어날 때부터 감각적인 경험을 통해 지식을 습득할 준비가 되어있다고 여긴 것이다. 로크는 교육을 통한 인성 발달을 중시했으며, 아이들 개개인을 합리적이고 독립적인 인격체로 존중함으로써 이성적인 인간을 육성할 수 있다고 보았다. 또한 외부에서의 강제가 아닌 스스로의 경험을 통해 자제력(Self-Discipline)을 키우는 것이 중요하다고 여겼다. 로크는 교육의 덕목으로 무엇보다 신체의 건강을 중시했으며, 그다음으로 인성과 학습을 꼽았다. Goodyear, D.(2016, May). John Locke's Pedagogy. *The Encyclopedia of Educational Philosophy and Theory.* Retrieved May 20, 2016, from http://eepat.net/doku.php?id=john_locke_s_pedagogy

172. Reef, C. Ibid.

173. Reef, C. Ibid.

174. Persky, J.(2015). American Political Economy and the Common School Movement: 1820-1850. *Journal of the History of Economic Thought. 37*(2), 247-262.

175. Town of Franklin Massachusetts.(n.d.). *History of the Franklin public library.* Retrieved October 10, 2015, from http://www.town.franklin.ma.us/Pages/FranklinMA_Library/libraryhistory

176. Eakin, S.(2000). Giants of American Education: Horace Mann. *TECHNOS-BLOOMINGTON, 9*(2), 4-7.

177. Mondale, S., & Patton, S. B. 유성상 역. Ibid. pp, xv-xvi.

178. 미국 국무부(2004). 미국의 역사: 미국의 개관. Retrieved November 3, 2015, from http://infopedia.usembassy.or.kr/KOR/_f_0907.html

179. Finegold, K.(1995). Traditional Reform, Municipal Populism, and Progressivism. *Urban Affairs Review, 31*(1). 20-42.

180. Saltmarsh, J.(1996). Education for Critical Citizenship: John Dewey's Contribution to the Pedagogy of Community Service Learning. *Michigan Journal of Community Service Learning, 3*(1). 13-21.

181. Finegold, K. Ibid.

182. Mondale, S., & Patton, S. B. 유성상 역. Ibid. p.62.

183. Dewey, J.(2004). Democracy and education. Boston, MA: Courier Corporation (원전은 1916년에 출판).

184. 이성호(2003). 존 듀이(John Dewey)의 사회 철학: 민주주의, 학교, 그리고 자본주의. 아시아교육연구, 4(2), 215-236.

185. Dewey, J.(1980). *The School and Society*(Vol. 151). Carbondale, IL: Southern Illinois University Press.

186. Mondale, S., & Patton, S. B. 유성상 역. Ibid, p.52.

187. Heffron, J. M.(1991). Intelligence Testing and Its Pitfalls: The Making of an American Tradition. *History of Education Quarterly, 31*(1). 81-88.

188. Ibid.

189. Ibid.

190. Mondale, S., & Patton, S. B. 유성상 역. Ibid. p.52.

191. Kliebard, H. M.(2004). *The Struggle for the American Curriculum, 1893-1958.* Florence, KY: Psychology Press.

192. 손다이크는 배고픈 고양이를 상자에 넣고 페달을 밟았을 때 상자가 열려 먹이를 먹을 수 있도록 실험을 했다. 시행착오 끝에 페달을 밟아 먹이를 먹게 된 고양이는 반복을 통해 탈출 시간을 단축했고, 손다이크는 이를 통해 "만족스러운 결과가 있을 때 자극과 반응의 연결은 더 강화된다"고 보았다. 즉, 반복적인 시도가 성공적인 결과로 이어지기 위해서는 각자에 맞는 적절한 보상과 긍정적인 강화가 뒤따라야 한다는 것이다. 교육에서도 개인의 다양성에 맞춘 교육 과정과 지도 양식을 갖추는 것이 필수적이라는 설명이다.

193. Department of the Interior, Bureau of Education(ED). "Cardinal Principles of Secondary Education: A Report of the Commission on the Reorganization of Secondary Education, Appointed by the National Education Association. Bulletin, 1918, No. 35." Bureau of Education, Department of the Interior(January 1, 1918): ERIC, EBSCOhost(2015. 11. 5.).

194. Mondale, S., & Patton, S. B. 유성상 역. Ibid, p.77.

195. Doughty, H. A.(2006). Blooming Idiots: Educational Objectives, Learning Tax-onomies and the Pedagogy of Benjamin Bloom, *College Quarterly, 9*(4), 2.

196. Booker, M. J.(2007). A Roof without Walls: Benjamin Bloom's Taxonomy and the Misdirection of American Education. *Academic Questions, 20*(4), 347–355.

197. Mondale, S., & Patton, S. B. 유성상 역. Ibid, p.83.

198. Sharma, B. R.(2007). *A Handbook of Curriculum Reforms and Teaching Methods*(p.198). NewDelhi, India: Sarup & Sons.

199. 박대권, 이상무(2013). 1950년대 이후 미국 연방정부의 교육 개입 과정에 대한 소고. 한국 교육사학, 35(3), 27.

200. Ibid.

201. Bruner, J. S., & Lufburrow, R. A.(1963). The Process of Education. *American Journal of Physics, 31*(6), 468–469.

202. Bruner, J. S., & Lufburrow, R. A., Ibid.

203. 발견학습은 학생들이 학습하는 과목이나 대상의 개념·원리 등을 능동적으로 발견하도록 안내하는 학습이다.

204. Bowers, M. T., & Hunt, T. M.(2011). The President's Council on Physical Fitness and the Systematisation of Children's Play in America. *International Journal of the History of Sport, 28*(11), 1496–1511.

205. Hunt, T. M.(2006). American Sport Policy and the Cultural Cold War: The Lyndon B. Johnson Presidential Years. *Journal of Sport History, 33*(3), 274.

206. McKenzie, S.(2008). *Mass Movements: A Cultural History of Physical Fitness and Exercise, 1953-89*(p.30). Washington, DC: George Washington University.

207. Kretchmar, R. S., & Gerber, E. W.(1983). Jesse Feiring Williams: A Philo-sophical and Historical Review. *Journal of Physical Education, Recreation & Dance, 54*(1), 19.

208. Bowers, M. T., & Hunt, T. M., Ibid, pp. 1499–1500.

209. Todd, T.(1991). A Pioneer of Physical Training: C. H. McCloy. *Iron Game History, 1*(6), 1–2.

210. Bowers, M. T., & Hunt, T. M., Ibid. p.1504.

211. 박대권, 이상무, Ibid, pp.26–27.

212. McGuinn, P. J.(2006). *No Child Left Behind and the Transformation of Federal*

Education Policy 1965-2005(p.31). Lawrence, KS: University Press of Kansas.

213. 박대권, 이상무, Ibid, pp.28-30.

214. Martin, E. W., Martin, R., & Terman, D. L.(1996). The Legislative and Litigation History of Special Education. *The Future of Children*, 25-39.

215. 염철현(2008). 미국의 Head Start와 한국의 We Start 운동의 비교. 분석 및 그 시사점. 비교교육연구, 18(2), 47-67.

216. 김순양, 고수정(2012). 미국의 교육불평등(Educational Inequality)에 대한 조기 개입 정책. 한국행정연구, 21(2), 103-136.

217. National Public Radio(2016, Jan 12). *Transcript: President Obama's Final State Of The Union Address*. Retrieved from http://www.npr.org/2016/01/12/462831088/president-obama-state-of-the-union-transcript

218 The United States Department of Justice.(n.d.). *Overview of TITLE IX of the Education Amendments of 1972*. Retrieved March 20, 2016, from https://www.justice.gov/crt/overview-title-ix-education-amendments-1972-20-usc-1681-et-seq

219. 김한훈 외(2016). 미국의 길. 한언.

220. Texas A&M University.(n.d.). *History of the University*. Retrieved August 4, 2016, from http://www.tamu.edu/about/history.html

221. 박대권, 이상무, Ibid, pp.32-33.

222. Tyack, D. B., & Cuban, L.(1995). *Tinkering toward Utopia: A Century of Public School Reform*(pp.78-79). Cambridge, MA: Harvard University Press.

223. McGuinn, P. J. Ibid, pp.58-61.

224. Ibid. pp.92-93.

225. Gewertz, C.(2012). U.S. Common-Standards Effort Informed by Ideas from Abroad. *Education Week, 21*(16), 21-23.

226. Robelen, E. W.(2002). An ESEA primer. *Education Week, 21*(16), 28-29.

227. 소경희(2013). 미국의 교육과정에 있어서 국가공통 기준 도입 운동의 역사적 맥락과 주요 쟁점. 교육과정연구, 31(1), 60-61.

228. Ibid. pp.61-62.

229. 공통핵심국가성취기준 홈페이지(www.corestandards.org).

230. 홍원표(2011). 오바마 이후 미국 교육과정 정책의 동향과 쟁점: 국가 교육과정을 향한 긴 여정과 불확실한 결과. 교육과정연구, 29(4), 137-160.

231. 소경희, Ibid. p.69.

232. McCluskey, N.(2010). Behind the Curtain: Assessing the Case for National Curriculum Standards. *Policy Analysis, 661,* 7-9.

233. U.S. Department of Education.(n.d.). *Every Student Success Act(ESSA).* Retrieved June 3, 2016, from http://www.ed.gov/essa?src=rn

234. National Conferences of State Legislators(NCSL).(n.d.). *School Vouchers.* Retrieved June 5, 2016, from http://www.ncsl.org/research/education/school-choice-vouchers.aspx

235. 박세훈(2003). 한국의 자율학교와 미국의 차터스쿨 비교 연구. 교육학연구, 41(4), 210-213.

236. Education Week.(1994, Nov). *Summary of the improving America's school Act.* Retrieved June 15, 2016, from http://www.edweek.org/ew/articles/1994/11/09/10asacht.h14.html

237. U.S. Department of Education.(n.d.). *State Pilot Projects, 1995-2001.* Retrieved June 15, 2016, from http://www2.ed.gov/programs/charactered/lessons.html

238. Character.org.(n.d.). *Character Education Data by State.* Retrieved from June 15, 2016, http://character.org/key-topics/character-map./

239. Hall, J. S., & Jones, P. M.(1998). Elections and Civic Education: The Case of Kids Voting USA. *National Civic Review, 87*(1), 79-84. Retrieved April 1, 2016, from http://www.uvm.edu/~dguber/POLS234/articles/hall.htm

240. Kids Voting USA.(n.d.). *Kids Democracy Quotes & Essays.* Retrieved April 4, 2016, from https://www.kidsvotingusa.org/index.php/kids-democracy-quotes-essays

241. National Association for College Admission Counseling(2014, Feb, 12). High School Grades Matter Most in College Admission. *NACAC Report Reveals.* Retrieved from http://www.nacacnet.org/research/PublicationsResources/bulletin/2014Bulletin/02-12-2014/Pages/High-School-Grades-Matter-Most-in-College-Admission, -NACACReport-Reveals.aspx

242. College Board.(n.d.). *SAT Test Dates and Deadlines.* Retrieved July 27, 2016, from https://collegereadiness.collegeboard.org/sat/register/dates-deadlines

243. ACT.(n.d.). *View Test Dates.* Retrieved July 28, 2016, from http://www.act.org/content/act/en/products-and-services/the-act/taking-the-test.html

244. Public Broadcasting Service(PBS). *History of the SAT: A Timeline.* Retrieved July 28, 2016, From http://www.pbs.org/wgbh/pages/frontline/shows/sats/where/timeline.html

245. Ivy Global.(n.d.). *College Policies for the New SAT Essay.* Retrieved July 29, 2016, from http://sat.ivyglobal.com/college-policies-for-sat-essay

246. College Board. *One Year Since Launch, Official SAT® Practice on Khan Academy® Is Leveling the Playing Field for Students.* Retrieved July 27, 2016, from https://www.collegeboard.org/releases/2016/One-Year-Since-Launch-SAT-Khan-Academy-Leveling-Playing-Field

247. College Board(2014). Getting Ready for the SAT Subject Tests™. Retrieved July 27, 2016, from https://collegereadiness.collegeboard.org/pdf/getting-ready-sat-subjecttests-2015-16.pdf

248. Lindsay, S.(2015, Jun 30). The History of the ACT Test. *SAT Online Prep Scholar.* Retrieved from http://blog.prepscholar.com/the-history-of-the-act-test

249. Marklein, M. B.(2007, Mar 18). All four-year U.S. colleges now accept ACT test. *USA Today.* Retrieved from http://usatoday30.usatoday.com/news/education/2007-03-18-life-cover-acts_n.htm

250. Zillman, C.(2014, Mar 6). The real reason behind the SAT revamp. *Fortune.* Retrieved from http://fortune.com/2014/03/06/the-real-reason-behind-the-sat-revamp

251. College Board.(2003). *A Brief History of the Advanced Placement Program®.* Retrieved July 27, 2016, from http://www.collegeboard.com/prod_downloads/about/news_info/ap/ap_history_english.pdf

252. Shaevitz, M. H.(2013, Apr 11). What College Admissions Offices Look for in Extracurricular Activities. *The Huffington Post.* Retrieved from http://www.huffingtonpost.com/marjorie-hansen-shaevitz/extra-curricular-activities-college-admission_b_3040217.html

253. 심임섭(2000). 시장원리와 학교체제 변환. 한국교육연구, 6(1), 121-139.

254. The Bureau of Consular Affairs.(n.d.). *Foreign Students in Public Schools.* Retrieved August 2, 2016, from https://travel.state.gov/content/visas/en/study-exchange/student/foreign-students-in-public-schools.html

255. Hussar, W., & Bailey, T.(2013, January). *Projections of Education Statistics to*

2021. National Center for Education Statistics. Retrieved July 14, 2016, from http://nces.ed.gov/pubs2013/2013008.pdf

256. The Bureau of Consular Affairs.(n.d.). *Foreign Students in Public Schools.* Retrieved August 2, 2016, from https://travel.state.gov/content/visas/en/study-exchange/student/foreign-students-in-public-schools.html

257. U.S. Department of Education(2005, June). *10 Facts about K-12 Education Funding.* Retrieved July 25, 2016, from http://www2.ed.gov/about/overview/fed/10facts/10facts.pdf

258. Achieve(2013). *Closing the Expectations Gap.* Retrieved June 16, 2016, from http://www.achieve.org/files/2013ClosingtheExpectationsGapReport.pdf

259. Rossell, C. H.(2005, Spring). Magnet Schools [Electronic version]. *Education Next, 5*(2). Retrieved May 24, 2016, from http://educationnext.org/magnetschools

260. Ibid.

261. 송기창(2007). 학교선택제의 이상과 실상: 국내 적용 가능성 탐색을 위한 미국의 학교선택제 분석. 교육행정학연구, 25(3), 151-176.

262. *Numbers and Types of Public Elementary and Secondary Schools From the Common Core of Data: School Year 2010-11*(2012, October). Retrieved July 14, 2016, from National Center for Education Statistics Web site: https://nces.ed.gov/pubs2012/pesschools10/tables/table_02.asp

263. Education Commission of the States(2016, January). *Charter Schools – Does the State Have a Charter School Law?* Retrieved June 5, 2016, from http://ecs.force.com/mbdata/mbquestNB2?rep=CS1501

264. National Center for Education Statistics(2016, June). *Charter School Enrollment.* Retrieved July 14, 2016, from http://nces.ed.gov/programs/coe/indicator_cgb.asp

265. National Alliance for Public Charter Schools(2015, November). *A Growing Movement: America's Largest Charter School Communities.* Retrieved July 15, 2016, from http://www.publiccharters.org/wp-content/uploads/2015/11/enrollmentshare_web.pdf

266. National Alliance for Public Charter Schools(2016). *A Closer Look at the Charter School Movement.* Retrieved July 15, 2016, from http://www.publiccharters.org/wp-content/uploads/2016/02/New-Closed-2016.pdf

267. 김재웅(2009). 미국 사이버 차터스쿨의 정치학: 홈스쿨링과의 관계를 중심으로. 교육정치학연구, 16(1), 219-245.

268. Ibid.

269. National Alliance for Public Charter Schools(2016). *A Closer Look at the Charter School Movement.* Retrieved July 15, 2016, from http://www.publiccharters.org/wp-content/uploads/2016/02/New-Closed-2016.pdf

270. 김한훈 외(2016). 미국의 길. 한언.

271. National Center for Education Statistics(2016, May). The Condition of Education 2016. Retrieved July 14, 2016, from http://nces.ed.gov/pubs2016/2016144.pdf

272. Council for American Private Education.(n.d.). Facts and Studies. Retrieved July 22, 2016, from http://www.capenet.org/facts.html

273. Zhang, A., Musu-Gillette, L., & Oudekerk, B. A. (2016). *Indicators of School Crime and Safety: 2015*(NCES 2016-079/NCJ 249758). National Center for Education Statistics, U.S. Department of Education, and Bureau of Justice Statistics, Office of Justice Programs, U.S. Department of Justice. Washington, DC.

274. National Center for Education Statistics(2016, May). *Private School Enrollment.* Retrieved July 14, 2016, from http://nces.ed.gov/programs/coe/indicator_cgc.asp

275. National Center for Education Statistics(2014, November). *Table 206.10. Number and Percentage of Homeschooled Students Ages 5 through 17 with a Grade Equivalent of Kindergarten through 12th Grade, by Selected Child, Parent, and Household Characteristics: 2003, 2007, and 2012.* Retrieved July 14, 2016, from https://nces.ed.gov/programs/digest/d13/tables/dt13_206.10.asp?current=yes

276. U.S. Department of Education(2012). *Statistics about Nonpublic Education in the United States.* Retrieved July 25, 2016, from http://www2.ed.gov/about/offices/list/oii/nonpublic/statistics.html

강인영

미국 밴더빌트 대학교 교육대학원에서 국제 교육 정책을 전공해 석사 학위를 받았다. 테네시 주정부 산하 기관인 테네시 외국어원에서 교육프로그램 개발에 참여했으며, 교육 관련 비영리 단체에서 국제 학생교류프로그램을 평가·개발했다. 한국에서는 CBS 방송국의 기자로 재직 당시 서울의 주요 대학교들과 교육청, 교육과학기술부 등을 출입하며 각종 교육 현안들을 다루었다. 한국언론재단의 지원으로 독일, 프랑스, 일본 등지의 다문화 교육 현장을 취재했다. 서강대학교에서 신문방송학과 정치외교학을 전공했다. 저서로는《미국의 길》(공저) 등이 있다.

강정애

한국에서 영어교사로 근무하던 중 유학길에 올랐다. 미국 퍼듀 대학교에서 특수교육학으로 석사 학위를 받은 후, 텍사스 주 휴스턴의 공립 중학교에서 특수교사로 근무했다. 노스캐롤라이나 대학교에서 특수교사교육학 박사 과정을 수료했다. 학부생을 대상으로 특수교육개

론과 읽기 수업을 강의하고 있으며, 미국 교육부 지원하에 현직 초등
교사를 특수교사로 양성하는 대학원 프로그램을 총괄하고 있다. 예
비교사와 현직교사 연수·코칭에 참여함으로써 양질의 특수교사 양
성이라는 꿈을 이뤄가고 있다.

김정선

미국 뉴욕 주립 대학교에서 교육심리학 석사 학위를 받았으며, 퍼듀
대학교에서 영재교육학 박사 과정을 수료했다. 제리(GERI) 영재교육
연구소에서 연구원으로 통합모형 영재교육프로그램 개발에 참여했
다. 현재 퍼듀 대학교에서 학생들을 가르치고 있으며, EMV 대학생
리더십 프로그램의 교육 과정을 맡고 있다. 또한 퍼듀 한국학교 교
장으로서 재미동포 2세들을 위한 문화 교육과 한글 교육 프로그램을
진행하고 있다. 한국에서는 영어 교육 전문 기관인 헤이온와이 리딩
빌리지의 대표를 역임했다.

박선영

미국 하버드 대학교 교육대학원에서 청소년문제예방학 석사 학위를
받았으며, 미국 문화에 적응하는 데 어려움을 겪는 이민 2세대 및 유
학생 청소년들을 상담했다. 한국에서 분당중앙고등학교와 용인고림
중학교 과학교사로 재직 당시 경기도 교육감 표창을 수상했고, 경기
도 중등과학교과연구회 및 수업비평교육연구회 연구위원으로 활동
했다. 한국교원대학교에서 화학 교육과 공통과학을 전공했으며, 대학

시절 충북 음성 꽃동네 자원봉사를 통해 소외계층 아이들의 교육에 관심을 갖게 되었다. 현재 인디애나 주 몬테소리스쿨에서 학부모 봉사 단체 회장을 맡고 있다.

이정민

미국 밴더빌트 대학교에서 교육 정책을 전공해 박사 학위를 받았다. 현재 켄터키 주립 대학교에서 교육학과 교수로 재직 중이며, 대학교 장학금의 효과, 대학생들의 졸업·자퇴 등에 관한 연구를 하고 있다. 켄터키 주립 대학교 교육 정책·평가연구 부서의 대학원생 입학위원회와 교육대학의 학부생 성공위원회에서 일하고 있다. 한국에서는 초등학생 대상의 그룹 홈 자원봉사 교사로 활동했고, 미국 테네시 주내슈빌에서 한글학교 교사로 근무했다. 박사 과정 중 테네시 주정부의 장학금 정책 평가 프로젝트에 참여했다. 연세대학교 교육학과를 졸업하고 동 대학원에서 교육학 석사 학위를 받았다.

한은숙

미국 유학길에 오른 남편을 따라 16년 전 펜실베이니아 주에서 미국 생활을 시작했다. 두 아들을 미국에서 유치원부터 고등학교까지 보내면서 학부모로 미국 교육을 경험했고, 대학교 입학을 앞둔 아들을 통해 미국 입시의 흐름을 읽고 있다. 한국에서 중등교사 자격증을 취득했으며, 연세대학교 교육대학원에서 교육학 석사 학위를 받았다. 미국 뉴욕 몬테소리 교사 양성 기관에서 2년간의 교육 과정을 수료했다. 펜실베이니아 주 몬테소리스쿨에서 인턴 과정을 마쳤으며, 펜스테이트 한국학교 교장으로 봉사했다. 현재 인디애나 주의 라피엣 청소년 오케스트라 운영위원으로 활동 중이며, 인디애나 주 몬테소리스쿨에서 협력교사로 11년째 근무 중이다.

황윤정

이론과 실제, 그리고 글로벌 시각을 겸비한 한국 초등학교 교사다. 이화여자대학교 초등교육과와 사회생활과를 졸업한 후 미국 유학길에 올라 텍사스 A&M 대학교에서 교육과정이론 및 다문화 교육을 전공해 교육학 석사 학위를 받았다. 동 대학원에서 박사 과정을 밟던 중 텍사스 주의 사립 초등학교에서 협력교사로 근무하며 역사와 언어를 가르쳤다. 한국다문화교육학회와 다문화교육이론연구회 회원으로 교육과정이론에 대한 연구와 한국형 다문화 교육 탐구에 노력을 기울이고 있다. 서울 언북초등학교 교사로서 '정답이 아닌 해답이 있는 교실, 교사가 아닌 학생 중심의 교육'을 실천하고자 노력 중이다.

김한훈

미국의 교육과 문화, 역사 등을 연구하는 작가다. 아내가 미국 대학원에서 MBA 과정을 잘 마칠 수 있도록 외조하기 위해 테네시 주에 온 것이 미국 생활의 시작이었다. 미국에서 매일 딸을 차에 태워 초등학교에 등·하교 시키고, 다양한 학부모 활동에 참여하면서 미국의 교육 시스템을 알아갔다. 미국 교회의 외국인을 위한 무료 ESL 수업을 들으면서 학교 밖 다문화 교육도 자연스럽게 체험했다. 교육 전문 회사인 로이인스티튜트의 대표를 역임했고, 저술과 강연을 통해 전인 교육의 가치를 전파하고 있다. 고려대학교 경영학과를 졸업하고 동 대학원에서 경영학 석사 학위를 받았다.《미국의 길》(공저) 외 다수의 책을 썼다.

감수 **조세핀 킴**Josephine M. Kim 하버드 대학교 교육대학원 교수

하버드 대학교 교육대학원 교수이자 매사추세츠 종합병원(MGH) 다문화 정신건강 센터 교수다. 미국과 한국은 물론 전 세계를 다니며 자녀 교육 문제로 고민하는 부모와 그 아이들을 상담하고 있다. 미국 리버티 대학교에서 커뮤니케이션학을 전공했고, 동 대학원에서 전문 상담 과정으로 석사 학위를, 버지니아 주립 대학교에서 상담가 교육 및 감수로 박사 학위를 취득했다. 하버드 대학교 교육대학원에서 박사 후 과정을 밟았다. 저서로는《우리 아이 자존감의 비밀》과《교실 속 자존감: 교사의 시선이 학생을 살린다》등이 있고, 감수한 책으로는《9번째 지능: 같은 재능, 전혀 다른 삶의 차이》가 있다.

한언의 사명선언문

Since 3rd day of January, 1998

Our Mission   – 우리는 새로운 지식을 창출, 전파하여 전 인류가 이를 공유케 함으로써
인류 문화의 발전과 행복에 이바지한다.

  – 우리는 끊임없이 학습하는 조직으로서 자신과 조직의 발전을 위해 쉼
없이 노력하며, 궁극적으로는 세계적 콘텐츠 그룹을 지향한다.

  – 우리는 정신적·물질적으로 최고 수준의 복지를 실현하기 위해 노력 하
며, 명실공히 초일류 사원들의 집합체로서 부끄럼 없이 행동한다.

Our Vision   한언은 콘텐츠 기업의 선도적 성공 모델이 된다.

저희 한언인들은 위와 같은 사명을 항상 가슴속에 간직하고
좋은 책을 만들기 위해 최선을 다하고 있습니다.
독자 여러분의 아낌없는 충고와 격려를 부탁 드립니다.

• 한언 가족 •

HanEon's Mission statement

Our Mission   – We create and broadcast new knowledge for the advancement and
happiness of the whole human race.

  – We do our best to improve ourselves and the organization, with the
ultimate goal of striving to be the best content group in the world.

  – We try to realize the highest quality of welfare system in both
mental and physical ways and we behave in a manner that reflects
our mission as proud members of HanEon Community.

Our Vision   HanEon will be the leading Success Model of the content group.